长江传

长江传

朱汝兰 陈松平 著

长江出版社
CHANGJIANG PRESS

长江 母亲的河流

碧 野

　　长江，从源头到海口，奔腾万里。她浩浩荡荡于世界的东方，是人类文明的摇篮，是中国母亲的河流。

　　长江，源远流长，博大深湛，包容万物。她为数众多的支流，嘉陵江、乌江、汉水、湘江、赣江……像血液滋养着中华大地，构成了我国最美丽、最繁荣、最富饶的广阔地区，森林如海，五谷如山，牛羊如云，中华民族有多少亿人口生息其间！长江，她体现着我们国家的伟大、民族的兴盛、人民精神的焕发。

　　自古以来，有多少优秀的中华儿女为开发长江付出了宝贵的青春和生命。为了征服三峡的艰难水程，有多少"舟子"舟覆身亡；为了与"九曲回肠"荆江的洪峰搏斗，有多少人家庐舍倾荡。我就听说有这样一位水利工程师，三十年前，在中国人民解放的前夜，他带着妻子一起在金沙江探测流速，不幸浪打船翻，他被一股惊涛打上了礁石，却只能泪眼模糊地望着那汹涌的江水夺去了他年轻的妻子。

　　牺牲换来了胜利。现在，三峡口南津关升起了长江第一坝。人民成了长江的真正主人，充分利用长江水利资源的时代已经到来了！我国的水利资源占世界第一位，长江是世界第三长河，三峡不仅是由于它的雄奇见称于世，而且是以"水利的宝库"称誉全球。不久，超世界的巨型水电站将在三峡兴建。长江，不但是奔腾万里的河流，而且是光辉灿烂的河流。

长江千百支流像凤凰展翅，像孔雀开屏。中国人民以各种传说来称颂长江，尤以三峡流传着最神奇美丽的传说，巫山十二峰的神女峰最脍炙人口。神女，是三峡的化身，是长江的精灵，美丽多姿，人人艳羡。唐代诗人刘禹锡诗："晓雾乍开疑卷幔，山花欲谢似残妆。"那么，当阳光满峡、山花盛开的季节，三峡不是更加妩媚吗！杜甫诗："三峡楼台淹日月，五溪衣服共云山。"写出了古代山居人民生活的多彩。而热情奔放的李白诗句："朝辞白帝彩云间，千里江陵一日还。"不正是长江三峡奔腾的惊涛和诗人的欢畅心情互相激荡成诗的吗！

"不尽长江滚滚来！"这杜甫的名句写尽了长江的雄伟气魄。长江出自冰雪的江源，在湖光山色中，在奇花异草间，潺潺的溪涧，汩汩的水流，汇成了通天河，然后浪打金沙，穿三峡、过龟蛇、绕钟山，归纳众流，奔腾入海。在万里波涛奔涌的两岸，名城屹立，山城重庆、江城武汉、龙盘虎踞的南京、工人运动发祥地的上海；在水流相通的湖泊，洞庭奔涌，鄱阳夕照，洪泽烟雨；在灌溉水系所到的地方，出现了肥沃的川西盆地、富饶的江汉平原、风光明丽的江南……

长江，名扬古今。她记载着多少动人的历史事迹。屈原躬耕秭归、昭君捣衣香溪、刘备白帝城的托孤、赤壁之战的折戟沉沙、六朝金粉的古金陵……这许多胜景古迹，供人凭吊，发人幽思。

今天，长江已经变成了社会主义的河流。沟通祖国南北、横跨江上的多座长江大桥，像一条条彩虹倒映江流，多么瑰丽；武钢钢铁出炉的红光、镇江炼油厂烟囱喷吐的火焰，映红了千波万浪，多么鲜艳；几千里沿江闪闪放光的灯塔，几千里若隐若现的航标，还有那一座座沿江城市的万家灯火，像繁星一样在辉耀，多么灿烂。呵，长江，你多么雄浑、多么壮丽，你是我们祖国的骄傲！

　　长江，我们母亲的河流，你庄严伟大。千秋万代，你用乳汁哺育着两岸的土地和人民。当帝国主义的军舰侵入下关、炮击万县，当战火烧毁两岸的村庄；当人们流离失所；当人们受到饥饿和贫穷的煎熬；甚至当含冤的妇女飞身投入波心的时候，你不是没有悲伤，落叶的萧萧和芦苇的瑟瑟，不就是你的叹息？但是，你用激愤的涛声唤起了儿女们的斗志，你用一泻千里的气魄鼓舞着儿女们勇往直前的大无畏精神。为了人民的翻身，江姐日夜奔波，她的足迹印遍长江边，她的殷红的鲜血洒在夜雾弥漫的重庆山城；为了人类的解放，十万先烈就义南京雨花台，每天，那闪烁在朝阳下的不是露珠，而是野草上的血珠点点。

今天，只有到了今天，长江才露出了笑颜。不论朝阳或夕照，江波万顷，抖闪金辉。春天，岸上油菜花香，水中浪溅鱼跃；秋天，橘红橙黄，谷子呈金，棉花喷雪。在宽阔的江面上，成串的船只正像水空上一字群飞的大雁，在乘风破浪航行。

如果把世界上所有的河流比作琴弦，长江就是一根主弦。她弹奏出最洪亮的音阶、最美的音色。

我们世世代代生息在长江，一草一木寄深情，一山一水寓诗意。"万里长江飘玉带"，这虽是帝王诗，但也道出了长江的壮美。来，我们拿起笔来抒写长江，来引吭高歌我们的伟大母亲河流！

心热诗情盛，新歌赞长江！

目录

上篇

自然骄子 — 002
横空出世 — 002
造化独钟 — 004
文明摇篮 — 009
穿越历史的隧道 — 009
石破天惊的发现 — 011
远古的长江儿女 — 013
人猿相揖别 — 016
历史回响 — 025
风尘仆仆巴蜀人 — 025
筚路蓝缕古荆楚 — 031
干戈吴钩话吴越 — 037
秦汉明月照长江 — 043
借得安宁竞发展 — 044
迎来经济重心移 — 047
享尽美誉天下扬 — 051
亘古辉煌 — 055
都江古堰耀千古 — 055
绿色丝带代代飘 — 060
千秋功过任人说 — 063

屹立潮头有哨兵	067
青铜写春秋	072
丝织人间色	077
瓷器驰名中外	078
漆器流光溢彩	080
神奇树叶，茶香悠长	082
河川纵横便行船	085
开山辟岭走南北	088
神秘江源	**091**
历史认知的种种	091
揭开神秘面纱	095
冰雪江源也风流	097

中篇

万古风流	**108**
山地千姿百态	108
河川气象万千	125
湖泊璀璨妩媚	144
名楼古刹林立	158
古典园林竞秀	169
钟灵毓秀	**173**
唯楚有材	174
汉赋双星	178
湖湘南阳多人杰	180
魏晋南朝才子多	182
唐风宋韵，气象万千	185
书院光彩耀千秋	191

东南财赋地，江浙人文薮	194
风流人物数长江	200
明珠璀璨	**202**
江边自古繁荣	202
荆扬"户口半天下"	204
水陆交汇，都市繁华	205
资本萌芽，城市应运而生	206
庞大的明珠家族	208
江边的山城	209
大江大湖大武汉	212
虎踞龙盘，古都南京	216
东方明珠大上海	221
闲适成都	224
秀丽春城昆明	227

下篇

新的纪元	**232**
长江洪水，中华民族的心腹之患	232
长江新生	235
描绘长江蓝图	239
地图上从此有了丹江口	241
万里长江第一坝	246
巍巍江堤，水上长城	248
水库，拦洪补枯	250
黄金水道，扬帆起航	252
复兴地标	**255**
旧中国"三峡梦"折戟沉沙	255

中国人民的选择	258
"全球一号水利工程"的建设交响	260
百万移民	265
大国重器，惠泽神州	268

南水北上   **276**

从南方借点水给北方	276
中国智慧筑成"人间天河"	278
南北共饮长江水	289
饮水思源	292

巨川安澜   **295**

长江抗洪壮歌	296
最强防洪军团	300

共抓保护   **302**

一江碧水绿意浓	303
两岸葱茏送青来	305
生生不息翔浅底	305
一泓清流唤乡愁	307

巨龙腾飞   **308**

应运而兴的长江经济带	308
生态优先，绿色发展	311
大江东去，巨龙起舞	312

后　记

大江东去　文脉永续   **318**

長江傳

上篇

- 自然骄子
- 文明摇篮
- 历史回响
- 亘古辉煌
- 神秘江源

自然骄子

横空出世

长江，默默东流。

这条巨龙积聚着无穷的力量，潜藏着无尽的宝藏，奔腾在东方的原野。

两亿多年前，长江流域西部被古地中海所占据。

古地中海很大，又叫特提斯海，地史时期存在于劳亚古陆和冈瓦纳古陆之间。大体沿阿尔卑斯—喜马拉雅褶皱带分布，自西而东包括今比利牛斯、阿特拉斯、亚平宁、阿尔卑斯、喀尔巴阡、高加索、扎格罗斯、兴都库什、喜马拉雅等巨大山脉，然后转向东南亚，并延伸至苏门答腊和帝汶，与环太平洋海域连通。

那时中国的地势东高西低，青海南部、川西、滇西、滇中、黔西乃至桂西的大部分被海水淹没，四川盆地和鄂西是一片广阔的海湾，海湾向东一直延伸到巫峡和西陵峡之间，湖北的秭归当时滨海。

大约距今1.8亿年前，由于一次强烈的造山运动，古地中海海底的岩石挺立出来，昆仑山脉、可可西里山、巴颜喀拉山、横断山脉出现，秦岭突起，长江中下游南半部隆起为陆地。

这是力的争斗，在轰轰烈烈的造山运动面前，古地中海无奈地往西退缩，不仅从西藏、青海南部、川西退出，还从黔西、桂西退出。原始的云贵高原崛起。

古地中海西退后，在横断山脉、秦岭、云贵高原之间的低洼处留下了巴蜀湖、云梦泽、西昌湖、滇池等几处大水域。它们被一条水系串起来了，从东到西，经云南西部的南涧海峡，流入古地中海。

斗转星移，潮落潮起。距今约1.4亿年前，在恐龙称王称霸的侏罗纪，地球上发生了规模更大、频次更密的地壳运动，即古地质史上著名的燕山运动，青藏高原缓缓抬高，并形成许多高山深谷、洼地裂谷，今日长江的发源地——唐古拉山脉正式形成。而在青藏高原东边，四川盆地逐渐凹陷，巫山和大别山等山脉日益隆起。

到距今1亿年前时，四川盆地缓慢上升，云梦、洞庭盆地下降，以巫山为分水岭，西部的古长江流入四川盆地的巴蜀湖，东部的古长江流入云梦、洞庭盆地的湘鄂湖。

距今4000万～3000万年前，地球上又发生了一次强烈的地壳运动。在此之前形成的地层几乎都发生了变化，或褶皱，或变质，或断裂，或上升。这次距今最近的大规模的地壳运动被称为喜马拉雅运动，所形成的褶皱带为最新的褶皱带，直到现代活动仍然强烈，其中分布着世界上最高的山脉。

在这次运动中，长江流域普遍间歇上升。

上游经过剧烈上升，形成高山、高原和一些断陷盆地，伴随着河流下切作用，形成了一些峡谷；中下游的上升幅度较小，形成一些中、低山和丘陵，同时有些低洼地带下沉，形成了两湖、南襄、鄱阳、苏皖等平原。

这时的地貌轮廓已与现代的地貌相似。

这是一次洪荒大裂变。

距今500万～300万年前，在喜马拉雅山强烈隆起的影响下，青藏高原强烈隆起，我国西高东低地势形成。

从湖北西部伸向四川盆地的古长江，溯源侵蚀作用加强，愈加向西延伸，最后切穿巫峡，江水辗转于高山深谷之间，"东西长江"贯通一气。

海陆大变迁，早期独立发展的古长江各原型河段逐步连通，统一的古长江水系基本形成。

　　长江，终于以锐不可当之势脱胎而出，劈开崇山峻岭，气吞山岳，直奔东海，以自强不息的拼搏精神，哺育亿万炎黄子孙。

　　长江的诞生经历了长期水与石的厮杀、柔与刚的拼搏，是如此曲折、艰难而又如此气势磅礴！

　　这是东方原野上诞生的一条巨龙。

造化独钟

　　长江，大自然的骄子，上苍赐给她一方美丽、富饶的栖息地，让她在这片土地上铺洒雄奇和辉煌。

　　她从世界屋脊出发。青藏高原唐古拉山脉主峰各拉丹冬雪山西南侧的两条冰川似腾越出山的玉龙，鳞光闪烁，霞光万道，是长江奔腾万里最初的出发地、长江的故乡。源头本只是涓涓细流，但长江敦厚、宽怀，她不拒细流，汇纳百川，有容乃大，终浩浩荡荡。在劈开千山万壑跋涉6300

上篇 005

长江

多千米之后，到崇明岛注入东海。

　　长江主干流从西向东，横卧中华大地的中部，流经青海、四川、西藏、云南、重庆、湖北、湖南、江西、安徽、江苏、上海 11 个省（自治区、直辖市）。几百条支流，南北延伸到贵州、甘肃、陕西、河南、浙江、广西、广东、福建 8 个省（自治区）。干支流组成庞大的长江水系，流域面积达 180 万平方千米，几乎占中国国土总面积的 1/5。事实上，自 1194 年黄河夺了淮河的出海之路后，淮河的大部分水也通过大运河汇入长江。严格说来，淮河也是长江的一条支流。这样算来，长江流域的总面积就接近 200 万平方千米了。

　　长江慈母般哺育流域内华夏大家庭 1/3 以上的人口，供给灌溉之利、舟楫之便。

　　长江是富有的，她一路热情奉献之后，还把平均每年近 1 万亿立方米的水（年径流总量）交给大海。

　　在世界大江大河的行列中，长江堪称佼佼者。

　　论长度，她比黄河长 800 多千米，在世界范围内仅次于非洲的尼罗河和南美洲的亚马孙河，排行第三。

　　论水量，她的水量是黄河的 17 倍，在世界范围内仅次于赤道雨林地带的亚马孙河和刚果河（扎伊尔河），位居第三。

　　论流域面积，长江虽比不上北美洲的密西西比河（流域面积 323 万平方千米）和南美洲的巴拉那—拉普拉塔河（流域面积 414 万平方千米），但水量却远比它们大，前者只有长江的 60%，后者大约是长江的 70%。

尼罗河分属于埃及、苏丹等九国；
亚马孙河分属于巴西、秘鲁等国；
密西西比河是美国和加拿大共有；
刚果河分属于刚果（金）、刚果（布）等国；
天之骄子——长江，她为中国所独有。

长江，长且深。

长江源头冰川起始地海拔6543米，从冰川末端起，至长江入海口，干流总落差达5400米，为世界大河所罕见。位于云南丽江的虎跳峡，两岸有玉龙雪山和哈巴雪山夹峙，绝壁高耸，峰谷间高差在3000米以上，江面最宽处仅30米，峡长16千米，落差达220米。

长江是个巨人，力大无比。

奔腾于川藏和川滇之间的金沙江河段，是长江流域水能资源最富集的河段。长江流域大部分处于亚热带季风气候区，年平均降水量1100毫米左右。充沛的雨水给长江干支流带来丰富的地表和地下径流。巨大的落差和丰沛的径流蕴藏着丰富水能，使长江成为我国最大的水能宝库。

根据最新的水力资源复查成果，长江流域水能资源的理论蕴藏量达30.05万兆瓦，占全国总量的40%；长江可能开发的水能资源总量占全国可能开发水能资源总量的53.4%。

长江可开发利用的水能总装机容量为2.81亿千瓦，年发电量1.3万亿千瓦时。若与世界上水能蕴藏丰富的国家相比，仅次于巴西和原苏联，是美国的1.46倍。

长江历来被称为黄金水道，水系庞大，水量丰富，是我国南方的水运中心，是构成我国南方经济腹地的重要交通动脉，主流贯通东西，横穿西南、华中、华东三大地区，支流辐辏于秦岭与南岭之间，横纵交织成巨大的树枝状水网。长江干流江阔水深，运输潜力巨大。

长江像一位慈祥的长者，与四邻和睦相处，相济相成。

长江流域的北面是黄河和淮河流域，南面是澜沧江和珠江流域，东南是闽浙水系，源头地区与柴达木内陆水系、藏北内陆水系和怒江流域相邻。

往昔，黄河决口侵夺了淮河的出海水道，携带的泥沙淤塞了淮河河道，长江温顺地接纳了淮河，让淮河借自己的河道归流入海。

长江流域的轮廓，酷似一只两头较窄、中部宽阔的大菱角。

长江是个庞大的家族，得天时地利。

长江众多的支流中，流域面积超过1000平方千米的有469条。其中，超过 3000 平方千米的有 170 条，超过 1 万平方千米的有 49 条，超过 5 万平方千米的大支流有 8 条，分别是雅砻江、岷江及其支流大渡河、嘉陵江、乌江、沅江、湘江、汉江、赣江。

流域面积最大的是嘉陵江，16 万平方千米；其次是汉江，15.9 万平方千米。岷江和雅砻江的流域面积都超过 10 万平方千米。

长度超过 500 千米的支流有 18 条；超过 1000 千米的有 6 条，依次是汉江、雅砻江、嘉陵江、大渡河、乌江和沅江，都比淮河长。

多年平均流量在 100 立方米每秒以上的有 90 多条，最大的 8 条支流多年平均流量大于 1500 立方米每秒，超过黄河。

长江家族的队伍浩浩荡荡，奔向东方。

长江从雪山走来，似天女散花，把一颗颗晶莹的明珠镶嵌在身旁，似群星伴月，绘就了奇异的自然景观，在我国乃至世界的大江大河中别具一格。长江流域湖泊总面积 2 万平方千米，接近全国湖泊总面积的 1/5。长江中下游是我国最大的淡水湖区，占流域湖泊面积的 90%。它们或吞吐调蓄江水，或养殖水产，往往又与名楼名阁相伴，风光旖旎。

文明摇篮

穿越历史的隧道

穿越历史的隧道，寻求古人类的足迹。

科学技术的进步让人类登上月球，又不断地去探索其他星球的秘密。但人类对自己的祖先，确实知道得还太少太少。

人类是从哪里起源的，还在探索研究中。

长期以来，华夏儿女笃信黄河流域是中华古文明的摇篮，这其实是因为我国现代意义上的考古起步于黄河流域。

20世纪中期以后，田野考古推进到长江流域。考古工作者近一个世纪以来，在一次次石破天惊的发掘中，将埋于地下的长江先民的生活图景层层揭开。一系列重大考古发现更证明了长江流域是中华民族古人类的起源和演化地之一。

长江流域也是古人类的摇篮。

关于人类起源的学说，有一元论，即一祖说；有多元论，即多祖说。前者认为全世界人类起源于同一种古猿，后者则认为全世界人种由各种不同的古猿演化而来。

近几十年来，从一系列猿类化石和人类化石的发现以及各人种的解剖学和生理学的研究来看，多元论似乎更有道理。

人类学家根据对一系列猿猴化石和猿人化石的发现地点及现代猿类的生活地区的研究，认为人类的起源在亚、非两洲，时间在更新世早期。更新世属于地质年代的最后一纪，即第四纪，其早期生物95%以上与现存的无异。

人类学家认为，现代人类的进化和发展经过了早、晚期直立人和早、晚期智人几个阶段。

1932年，由美国耶鲁大学发掘队首先在印度发现的腊玛古猿被认为是从猿到人的中间代表——一种"正在形成中的人"。它被世界考古界认为是人类最早的祖先——猿型祖先，也被学术界普遍认为是人类的直接祖先。它们生活在800万~1400万年前，还不会使用工具。

1978年12月，我国著名的古人类学家吴汝康教授带领一支发掘队，在地处金沙江流域的我国云南省禄丰县石灰坝，发现并发掘出一个距今约800万年前的比较完整的古猿头骨化石。因与印度发现的古猿化石处于大致相同的年代，人类学家称它为禄丰腊玛古猿。

发现人类的直接祖先——腊玛古猿的头骨，尚属首次，发掘时间虽晚于印度，却是世界上发现的第一个古猿头骨。

这个头骨非同一般，连有部分上颌骨和牙齿，还有一个保存着除中门牙以外全部牙齿的完整的下颌骨；眼眶、架状孔清晰可见。

科学家们细心鉴定，这具头骨具有从猿到人进化过程中的一些重要特征，是"正在形成中的人"的化石代表，比其他已知的腊玛古猿标本更接近人类的早期类型。

这一重要发现把中国南方古猿活动的时间大大提前，为进一步探索人类起源的时间和地点提供了极为珍贵的科学依据。

同时发现的还有9个颌骨、1000多颗牙齿和少量肢骨化石。如此丰富、完整的发现，被西方学者誉为"人类起源的新光芒"。有学者甚至据此认为"人类起源的钥匙"掌握在中国人手中。

猿人是最早阶段的人类，生活在距今300万~30万年前。

猿人的某些体质形态接近猿类，前额扁平，颅腔较小，眉脊粗大，脑量

700～1050毫升，嘴向前突，颏向后缩，能制造简单的生产工具，已经知道用火制作熟食，主要靠采集和捕猎生活。

有的学者把猿人划分为早期猿人与晚期猿人，猿人的学名叫直立人。

长江流域已发现的晚期猿人——直立人化石，主要有元谋猿人等，比周口店北京猿人早许多年。

> 世界上最早的猿人化石是1891年荷兰人类学家杜布瓦在印度尼西亚中部特里尼尔发现的，有1具头盖骨、2枚臼齿、1根左侧股骨，地质年代属于更新世中期。根据头盖骨推算，脑容量为900毫升。颅骨低平，最宽处接近颅底；臼齿又粗又大；股骨骨干很直，适宜直立行走，这些特征介于猿与人之间。1936—1941年，荷兰古生物学家孔尼华在印度尼西亚三吉岭一带发现多具爪哇直立猿人的头骨和下颌骨。

长江流域广袤的土地上也已发现多处有猿人化石，无疑，这里也是古人类的发祥地。

继猿人之后的人类称为智人，分为早期智人（古人）和晚期智人（新人，通常称为现代人）。

早期智人的体质和现代人已很接近，但保留一些原始特点，如前额低斜、眉脊较现代人突出、颏不明显，脑容量平均为1350毫升。

晚期智人分布于长江流域各地，出现于近5万年前。这个阶段，现代人开始形成。

石破天惊的发现

1986年10月，由中国科学院古脊椎动物与古人类研究所组成的长江三峡考察队，在重庆市巫山县大庙龙坪村龙骨坡的一处洞穴堆积里首次发现了距今200万年前古老人类的右上侧门齿及一段下颌骨化石。

这是一个石破天惊的大发现。

多少年来，无论中国还是外国的古人类学者、人类遗传研究者，都认为占世界人口 1/5 的中国现代人中，大多数人的祖先起源于非洲，也就是说，东亚人中的大多数起源于非洲。

特别是从 1972 年古人类学家们在肯尼亚特卡纳湖东岸发现了由 150 多块颅骨化石碎片组成的肯尼亚"1470 号人"开始，人们又陆续在非洲大陆发现埃塞俄比亚的"奥莫河谷能人"、坦桑尼亚奥都威峡谷的"奥都威能人"、肯尼亚"3733 号直立人"、肯尼亚巴林戈直立人……据此，人类学家普遍认为，人类起源于非洲。

但是，1984—1986 年在中国三峡地区巫山县发现的古人类化石中具有珐琅质光泽的牙齿是上门齿，其齿冠尚未磨蚀，是一个"待字闺中"的"巫山少女"。同时还出土了两件石器：一件是砸击石锤，一件是凸面砍砸器，均应为使用过的劳动工具。

200 万年前长江边上"巫山少女"的出现，动摇了过去人们认为早期直立人生活在非洲的推断。美国的《科学新闻》杂志发表评论："巫山人的新发现，将动摇人类演化的理论。"

<u>从 1988 年到 1996 年，经有关部门测定，基本结论是：这些化石的地质年代是更新世早期，距今约 200 万年。</u>至此，中国科学家们可以向世界公布：我们发现了南方古猿之后、元谋人之前的古人类化石。

"巫山少女"从 200 万年前走到我们身边，让世界吃惊了好一阵。人们疑惑地问：她究竟是猿，还是人？古人类学家再次进行发掘。与"巫山少女"同一地层里发现的石器，明显带有经过人工打击而改变形状的痕迹，证明确实是古人类使用过的工具，是目前已知最早的旧石器，证实了"巫山少女"是人不是猿！

经科学家们鉴定，巫山人的这枚门齿舌侧结显著，齿根齿座发达，不同于晚期的猿人化石。这是我国迄今发现的最古老的人类化石，为人类起源于亚洲，甚至于起源中国的学说提供了新的依据。

元谋人从历史的尘土中走来，同样也是遥远、神秘的。地壳的剧烈运动从根本上改变了腊玛古猿赖以生存的温暖气候地带的生态环境时，为了生存，他们下到地面，两足站立，迈开了生物进化链中关键的一步。横断山脉东侧、大巴山脉一带因此成为人类的摇篮之一。

1965—1975 年，我国学者在金沙江畔云南元谋上那蚌村发现了距今 170 万年的猿人化石，定名为元谋猿人。这个村位于金沙江畔的一个小盆地内，海拔 1100 米左右，龙川江流贯其间，适宜古人类生活。

元谋人化石是同一个体的一左一右两颗上中门齿化石。牙齿粗硕，舌面有发达的铲形舌窝，显示了其原始性，属于直立人早期阶段的类型，具有从纤细型南猿向直立人过渡的特点，被学者命名为直立人元谋亚种。

元谋人已能开始制造和使用原始的工具。同时发掘出的 17 件石器，都是用燧石打制而成的，有刮削器、砍砸器等。1973 年，云南元谋大那乌出土的 3 件较好的刮削器，无疑也是元谋人制造和使用的。在元谋人化石层中，还出土了不少哺乳动物的肢骨碎片，共 29 种。碳屑数量很多，长径一般为 4～8 毫米，含碳层厚达 3 米，有 2 处比较密集，伴有经过燃烧变黑的骨头。这是元谋猿人用火的证据——他们是长江流域第一批懂得用火的人，也是世界上第一批懂得用火的人。

气候温暖、雨量充沛、天然食物丰富的长江流域，无疑是世界人类的一个重要起源地。

远古的长江儿女

长江，不愧是母亲河，哺育了世代长江儿女。

早在 100 万年前，长江流域先民的足迹已经出现在长江中游的广阔地区，当时人类生活的环境是十分险恶的，到处都有凶猛的野兽。

南方古猿人化石——郧阳猿人的生存年代距今约35万年，1989年5月在湖北郧县弥陀寺村被首次发现，引起世界轰动。由于这一化石被农民改田搬移过，有人对此次出土提出疑问。1990年5月，在弥陀寺村的原生层中又发掘出一具古人类的头骨化石，与首次发现的头骨化石同属一个类型。

我国有关专家认为，弥陀寺村"南猿"原生层的化石藏量远远超出北京周口店，其价值不亚于"北京猿人"。经鉴定，"南猿"具有直立人的特征，并已具有一些早期智人的明显特征。

美国著名的人类学家崔格本认为："这是在中国大陆至今发现显示直立人进化为较进步人种的最完整的标本。"中外考古研究者与人类学家们根据郧阳南猿化石的形态特征，比较了非洲和欧洲同时代的人类头骨化石，认为现代人是亚洲、非洲乃至欧洲远古人类交流、融合、演化的结果。这一观点对人类起源于非洲的传统理论提出了挑战，引起了世界各国学术界的极大关注。

越来越多的发现证明，长江流域是古人类的摇篮。

石门人距今30万~20万年。1990年在湖南省石门县燕尔洞发现了1块古人类股骨化石，1993年又发掘出完整的人类牙齿、下颌骨、跖骨等化石，还有10多件旧石器、20多种动物化石。

巢县人距今约20万年。1982—1983年在安徽巢县银山发掘出猿人枕骨化石，还有猿人左半部上颌骨，并带有前臼齿、臼齿、鼻腔底部和硬腭部分化石。从巢县人化石可以窥见长江下游地区早期人类的演化，探索南北古人类的差异。

汤山人距今约10万年。1991年，有关专家在南京市江宁区汤山镇东北角山坡溶洞中发现完整的头盖骨和一些肢骨化石，这些化石被确认为早期人类化石。

桐梓人距今约10万年。1972年，在贵州桐梓九坝云峰岩灰洞发掘2枚人齿化石，其中1枚为青年个体的、1枚为老年个体的，都属于早期智人。同时出土的还有石制品20多件、动物化石25种，动物化石中有19种属现生种，6种为灭绝种；出土的2块兽骨经过烧灼。

长阳人生活的年代距今约10万年。1956年在湖北省长阳县下钟家湾岩洞中被发现，属于早期智人。发现的化石为1块左侧上颌骨断片连同2颗牙齿，还有1颗前臼齿。嘴部和颌面已与现代人相似。长阳人生活在江南丘陵地带，当时这一带气候温暖湿润，同期生存的动物中大部分和现代相似。他们的生产方式属于狩猎型。长阳人的发现增加了新动物属种，为研究长江中下游阶地形成的年代与阶地与洞穴的对比等问题提供了新的重要资料。

西畴人化石是1972—1973年在云南西畴仙人洞中发现的5枚牙齿，属新人化石。臼齿咬合面上具有十字沟纹，是新人的特征。西畴人的发现为进一步分析和研究新人的体质特征提供了重要的材料。

资阳人化石是1951年在四川资阳发现的，头骨上有些部分比较原始，但基本上与现代人相似，其生存年代在距今1万年以内，亦有说距今7000年左右。

1956年、1963年、1964年在云南丽江木桥村相继出土的古人类化石与石器中包括3件人类股骨化石，其形态与现代人比较接近，属于晚期智人。

20世纪以来，特别是20世纪后半叶，人们寻寻觅觅，已经找到许多人类踪迹。

长江流域范围内，人类活动时间之久远、地域之广阔，证明了长江滋润着广袤的土地，哺育了中华民族。

> 可以看出，我国从猿到人渐进过程中的关键性遗迹在长江流域均有发现，且数量最多、比较集中，云南、四川、贵州、湖北、安徽、江苏……这一大片古老的土地是我们祖先繁衍、生息的场所。

从古猿进化到人的过渡时期的群体，活动于热带、亚热带湿润温暖的丛林、洞穴中，使用天然工具，以采集、渔猎为生，属于正在形成中的人。

也有学者认为，它们是原始社会的初级阶段，相当于旧石器时代早、中期的人类社会群。

大量的古人类化石、遗址及旧石器的发现告诉我们，远古人类——我们的祖先早已在便于生产和生活的长江两岸定居、劳动、生息、繁衍。

人猿相揖别

旧石器时代是人类从猿到人自然进化的时期,至此,人猿相揖别。

距今1万年前,人类社会进入新石器时代。新石器时代是以使用磨制石器为标志的人类物质文化发展阶段,地质年代已进入全新世。

一般认为,新石器时代有三个特征:一是开始制造和使用石器,二是发明了陶器,三是出现了农业和畜牧业。在新石器时代,人类社会组织也发生了全新的变化,人类群体由小规模的人群发展为规模较大的氏族社会,婚姻形态由杂婚转变为单偶婚。

事实上,经过旧石器时代200万年漫长岁月的进化,到了新石器时代,勤劳聪慧的长江流域先民已经开始在雨量充沛、气候温暖的长江两岸渔猎捕捞、栽种水稻、饲养禽畜、纺织丝麻,过上了自给自足的定居生活,拥有了不断壮大的聚落(人类各种形式的聚居地的总称),组建邦国,一部分人从农业生产中分离出来,烧制陶器、冶炼青铜、雕琢玉石、主持祭祀……为了抵御自然灾害和保卫劳动成果,建造了巨大的水坝长堤,修筑了结实的城池宫殿。距今1万年前,长江流域出现新石器早期文化。距今9000年前,全球气温普遍升高,人类生存环境得到较大改善,生产力有了较大发展。到新石器时代末期,长江中游出现石家河文化,下游出现良渚文化,这是长江流域早期文明发展的第一次高峰。

时光漫漫,岁月悠悠。祖先们是怎么生活的,我们无从知晓。先民给我们留下来最具真实感的,只有文化遗存,它们是历史的真实,见物犹见人,见物犹见先民。

距今4500年左右,长江上游的成都平原就已经产生作为蜀文化源头的新石器时代晚期文化——宝墩文化。根据对宝墩遗址与川西北营盘山及长江中游地区遗址出土陶器、动物骨骼、谷物种子,以及城壕修筑技术等多方面的考古学研究,宝墩文化当主要源自川西北以营盘山遗址为代表的马家窑文化(仰韶晚期文化),同时吸收了来自长江中游的挖壕筑城、水稻种植技术,以及峡江地区的部分文化因素。

根据宝墩遗址出土的碳化水稻，考古学家推测，距今5000年前，长江中游的屈家岭文化勃然兴起，向西通过水道与成都平原有了文化来往，并将水稻种植技术最早传到了新津宝墩遗址。

经鉴定，在宝墩文化一期的农作物种子中，水稻占比66.8%；到了宝墩文化二期，水稻占比攀升到91.4%。这说明水稻已经成为宝墩先民最主要的粮食作物。同时，宝墩遗址中还出土了家猪、狗、鹿等动物的骨骼。

这些考古证据表明，宝墩先民以稻作农业为主，兼有粟作农业；饲养家猪、狗；猎捕鹿、鱼、鸟、兔等作为食物的补充。稻粟兼作农业体系和家畜饲养奠定了长江上游的古蜀文明，乃至天府之国农耕文明的基础。

与学习水稻栽种一样，宝墩先民也学会了来自长江中游的筑城技术，开始在宝墩村的古河边筑城定居。宝墩古城位于文井江古河道，城墙中间没有后世城墙那种城门式的缺口，斜坡式的城墙更像防洪的堤岸，主要用于防范洪水、保护稻作农耕经济发展。刚开始修筑时，宝墩古城面积不算大，平面为长方形，面积为60多万平方米。随着人口的聚集和迅速增长，宝墩先民在旧城墙的外围筑了一圈更大的方形圆角城墙，使宝墩古城的面积达到约276万平方米，成为新石器时代全国第四大史前古城。

岁月流逝，宝墩，这座成都平原最大的史前古城，因为洪水而成为断壁残垣，湮没在地平线之下。随着以宝墩为中心的这批古城相继衰亡，大多数人口逐渐向成都腹心地带和鸭子河畔的三星堆转移。

考古成果显示，长江上游的文明中心——四川广汉三星堆遗址的存在时间为距今4800～2600年前，其1～4期的堆积在地层上是连续的，文化上是传承延续的。

三星堆文化在2～3期（距今4100～3200年前）达到顶峰，祭祀坑遗址出土的青铜器、玉器的数量、体量、造型艺术的成就都是长江上游同时期中最高的，以神圣、神奇、神秘的神灵崇拜形象面向世人，展示了长江流域三四千年前水平极高的青铜文明。

其中最令人惊叹的是数百件大小青铜器塑像，其人物造型与中原及长江中下游地带的人物形象有很大差别，可能受到中亚、西亚文明的影响。这展示了长江流域在青铜时代初期就以开放的胸襟拥抱世界，堪称人类文明史上的一大奇迹。

从4期（距今3200～2600年前）的考古发掘情况来看，其城墙还在修补加固，遗址范围还在扩大，文化堆积仍然丰富，毫无衰退迹象，3.5平方千米的城池范围仍为西周各诸侯国都城规模之冠。

国家文物局公布的《大遗址保护利用"十四五"专项规划》中，三星堆遗址再次入选，被认为：既呈现独特性，又与中原地区、长江中游地区夏商时期古文化有着紧密联系，生动展示了多元一体的中华文明早期历史的灿烂成就，是中华文明史的核心文物资源。

不只是巴蜀地区，在长江流域上游的云贵高原，新石器时期的文化遗址及石器出土地点不计其数，云南、贵州较重要的遗址还有很多，有待进一步科学发掘。

大溪文化是长江流域新石器文化的瑰宝，1958年10月首先在重庆巫山大溪镇被发现。大溪遗址位于瞿塘峡东口、长江南岸。1958—1975年，考古工作者在这一地区进行了三次发掘，面积约0.15平方千米，发现的墓葬有200多座，为我们展示了一幅远古时期长江先民的社会文明图景。

大溪人用的石器多经过磨制，当然还比较粗糙，如大型石斧、圭形石凿、扁平的石锛等。石斧是大溪文化最有特色的生产工具，有大、中、小型之分。其中最大的一件长、宽、厚分别为43.1厘米、17.5厘米、4.7厘米，重7250克，在国内新石器中未见。

大溪人以农业为主，农业生产工具有石锄和刀，给后人留下了大量的稻禾秆和谷壳，水稻大多是粳性品种。

大溪人已经定居，已有家庭饲养业，以养猪为主，还饲养了狗、鸡、牛和羊等经济类禽畜。

大溪人择水而居，以捕捞水中的青鱼、鲟鱼、龟鳖为食物，还在南方丛林中猎取野猪、鹿、麂等动物作为食物，留下了大量长锥形骨链、石链、牙制鱼钩和砾石网坠等渔猎工具。

大溪人用双手制作陶器，已懂得制作磨光红陶及薄胎彩陶，还懂得用慢轮修整口沿。

大溪人已能适应生活的需要，制作炊具、饮具等。

大溪人已有审美，会用不同的首饰装扮自己，甚至还用首饰装扮死者的各个部位，用美送别离世的人。

大量的文化遗址、出土文物证明，与大溪人处在相当、相同或相似生活、生产水平的长江先民，足迹遍及长江中上游。大溪文化的分布东起鄂中南，西达川东，南抵洞庭，北至汉水中游西段的两岸地区，包括重庆巫山大溪、巫山县城，湖北秭归朝天咀，宜昌杨子湾、清水滩、中堡岛，宜都红花套、古老背，枝江关庙山，江陵毛家山、蔡家台（下层），松滋桂花树，公安王家岗，湖南澧县三元宫、丁家岗，安乡沟安岗等地段，其年代与黄河流域仰韶文化中晚期相当，距今约6000年。

在远古年代，长江中游的人类活动就十分频繁，留下了丰富的古文化积淀，其中最有代表性的是屈家岭文化。

屈家岭文化因首次发现于湖北京山屈家岭（城区西南30千米）内而得名，是新石器时代原始人群的村落废墟，距今约5000年。这种类型文化的中心在江汉平原，同时广泛分布于鄂北及豫南，西至川东，南至湘北。

屈家岭文化遗址面积约4万平方米，地势平缓，呈椭圆形。从文化遗址及相关类似的文化遗址可推知屈家岭人的生活踪迹。

屈家岭人以农业生产为主要活动，普遍种植水稻，留下许多稻谷的印痕，遗址中500多平方米烧土中拌入了密结成层的稻谷壳，而且是粳稻壳，与现代长江流域普遍种植的稻种相近。

屈家岭人使用的生产工具主要是石器，磨光打制的很多，有规整小巧的锛、斧，穿孔的石斧、石铲、石镰，打制的双肩石锄等，前期的比较粗糙，后期的已相当精细，表明屈家岭人的手已很巧。

屈家岭人已能纺纱纺线，制作的彩陶纺轮以扁薄的居多，也有个别偏重较大的，可见纺纱有粗有细。他们心灵手巧，彩陶纺轮上绘有图案、纹饰，还打有圆孔。

屈家岭人手工制作的陶器十分出色，数量极多，形制复杂，彩绘缤纷。蛋壳彩陶器代表了他们制陶技术的最高水平，陶器的着色和彩纹别具风格，为原始文化中所罕见。

屈家岭人的房屋建筑已出现套间，即里外共同一门，通向户外，不仅建筑技术已有了相当的进步，还暗示着家庭组成关系的变化。有的遗址中还发现了象征男性生殖器的陶祖，或许能说明男性社会地位方面变化，可能已进入父系社会。

继屈家岭后，先民在湖北天门市石家河镇一带，留下众多的生活踪迹，被称为石家河文化。

江汉平原到洞庭平原被称为两湖平原，位于长江中游荆江两岸、湖北省中南部和湖南省北部。

从人类进化的踪迹来看，在距今10000~4000多年前的漫长岁月里，在上述范围内，人类活动呈一定的特点：

新石器时代人口逐渐增多，活动范围日益扩大。新石器时代的遗址从早期到晚期有明显增多的趋势，但遗址呈点状分布，尚未形成片状。

人类活动的踪迹由西向东、由北向南，由低山丘陵向湖区平原腹地推进。

人类活动的频繁程度是平原边缘高于平原腹地，河流两岸高于河间洼地。

在两湖平原还发现为数众多的稻作遗存，说明这里也是我国人工栽培水稻最早的地区之一，且种的是粳稻，与今天栽培的属同一类型。

这一带的生产工具已相当进步。

地质年代最后一纪，即第四纪的晚期称为全新世，地球上全部生物的面貌与现今基本相似。在全新世的早期和中期，洞庭湖地区一带属河网交错的平原地带，为新石器时代人类的生产活动提供了极其广阔的场所。今天，在湖区范围内各县，特别是湖区中心的湖南安乡、沅江、南县和大通湖、漉湖、钱粮湖地区，普遍发现了新石器时代的遗址。大通湖农场的各个分场在地面以下5～7米均有遗址发现，石器甚多。

长江中游荆州地区古为云梦泽所在。从沙市等周边地区一批新石器时代的遗址出土看，早在距今5000年前后，就有新石器时代的原始人类迁居云梦泽中的陆地，以渔猎为生。

长江下游的河姆渡文化、马家浜文化、良渚文化和青莲岗文化等显示了早在距今7000～4000年生活在长江下游的古人类的原始文明。

河姆渡人生活在距今7000～6000年前，河姆渡文化是新石器时代早期我国重要文化遗址之一，也是长江流域母系氏族社会的典型代表。

河姆渡人生活在长江下游、杭州湾南岸的余姚河姆渡，遗址南面山峦起伏，东北面是丘陵。大约在7000年前，这一带的气候比现在温暖湿润，属热带或亚热带气候，平原和山丘生长着热带或亚热带植物，山间栖息着热带动物。这一山水环抱、动植物资源丰富的生活场所，为河姆渡人的劳动、创造提供了良好的环境。

河姆渡人的食物主要是稻米。河姆渡遗址中有丰富的稻作遗存，无论是在建筑遗迹上，还是在废墟的灰烬、灰土及烧焦的木屑残渣中，到处可见到稻谷，甚至在釜底内残留的锅巴中也可见到碳化的米粒和稻谷。遗址中稻根、稻秆、谷壳、谷粒等堆积物厚达40～50厘米，是以往新石器时代遗址所没有的。出土的稻谷遗存虽已碳化，但大多仍保留有完整的谷粒外形，颗粒大小已接近现代栽培稻，粒重远远超过野生稻，是迄今我国发现的最早的人工栽培稻，也是亚洲最古老的水稻实物遗存。经鉴定，河姆渡出土的稻谷属栽培稻的籼亚种中晚稻型水稻，品种相当不错。

长江流域是我国栽培稻谷的发源地，栽培和种植水稻是7000年前的河姆渡人为后代作出的巨大贡献，证明我国是世界上稻作物的一个重要发源地。

原始农业是新石器时代的重要标志。

河姆渡人使用的生产工具已十分进步。出土工具多达几千件，其中骨器最多，约占全部生产工具的70%。用哺乳动物肩胛骨加工制成的骨耜，仅在遗址的第四层就出土了170余件。这种骨耜可安上木柄，用于水田耕作——翻耕土地，稍加平整后即可播种。稻熟时使用骨镰收割，骨镰采用兽类的肋骨，将一侧锉磨成锯齿形，一端绑上一个小木柄就可操作，类似现代人使用的铁制小镰刀。耜耕对于水稻种植来说非常重要。事实表明，早在7000年前，长江下游地区已进入耜耕阶段。

河姆渡人在"穿"上是费了心思的，遗址中虽然没有发现纺织品，但出土了许多珍贵的纺织工具，如陶、石纺轮，还出土了数量较多的骨针和一些细小的骨锥，这些都是用于缝纫的工具。有一枚骨针孔径仅0.1厘米，可知当时使用的线已很细，从一个侧面反映了纺织技术发展的水平，也可见当时纺纱捻线已相当普遍。

河姆渡人为了改善居住条件，作了相当多的努力。旧石器时代，人们或穴居，或把房屋建在大树上。随着时代的发展，人们的房屋逐渐向地面过渡。受原始农业和地理环境等客观条件的影响，我国长江流域特别是中下游地区出现了极富特色的原始建筑。河姆渡人已有早期的打桩、立柱、架空的干栏式木构建筑，木架的连接采用榫卯技术，上架的木板拼合采用企口技术，十分精细巧妙。这是已发现的我国最早的干栏式建筑遗址。把榫、卯、企口运用到建筑上，是河姆渡人的杰出贡献，也是建筑发展史上的一大进步，足见河姆渡人不仅勤劳，而且聪明。

河姆渡人的生活已相当丰富多彩。他们已经开始饲养家畜，主要是狗和猪，可能还有牛。他们从树上、水面上采集菱角、芡实、橡子、酸枣等果实，还留下了保存相当完好的葫芦。他们开始懂得审美，想方设法在器物上加上一定的纹饰或一些出于装饰目的的器物创造，开始出现原始的文化艺术。他们采用各种制作技法，以象牙、骨和木为原料，制作出许多造型独特、寓意深奥的艺术作品。遗址出土的象牙雕刻精品有12件之多，精磨细刻，细腻动人，结构严谨，线条流畅，堪称绝品。他们制作的陶塑作品题材广泛，动物形象的陶塑十分生动，如陶猪、陶鱼等。出土物中还有骨哨等音响器具。

在人类的孩提时代，河姆渡人就用自己的聪明才智创造了灿烂辉煌的文化。

> 河姆渡文化是长江先民的骄傲。它的发现，彻底结束了华夏民族远古文明仅仅在黄河流域的历史，证明早在6000～7000年前，相当于仰韶文化的早期或中期，长江流域也已经创造了光彩夺目的中华原始文明。

长江下游的良渚人创造的良渚文化距今约5000年，属于新石器时代的文化，由马家浜文化发展而来。1959年首次发现于浙江余杭的良渚，类似的文化遗址密集地分布于太湖流域，包括良渚、浙江钱山漾、杭州水田畈上层、江苏吴江梅堰、吴县草鞋山等。特别是在埋废了的太湖流域的一些湖盆中心发现的新石器时代文化遗址，与良渚文化有某些关联。

良渚人的农业很有成就，农作物有籼稻、粳稻、花生、芝麻、蚕豆、甜瓜等。他们使用的生产工具，如三角形犁状器、扁薄穿孔石铲、耘田器、长方形穿孔石斧、半月形穿孔石斧、扁平石锛等石器，都磨制得十分精细。

良渚人不仅饲养家蚕，还生产纺织品新品种，出土物中不仅有麻布残片，还有绢片和绘带。残绢经纬密度每平方厘米达48根，是我国目前已发现的最早的纺织品实物之一。

良渚人手很巧，心很灵。良渚遗址出土的玉器不仅数量多，而且质量好，为我国其他新石器文化所罕见，常见的有珠、管、坠、珙、瑗、镯、璧等。其中，玉琮和玉钺是早期制玉工艺中的稀珍。玉琮、玉璧是礼器，既是贵重财富，又是权力的象征。1986年出土的一件玉琮，高88厘米，射径17厘米，重6500克，体形硕大，内圆外方，饰有弦纹和兽面纹，精作规整，打磨精细，纹饰凝重典雅，堪称原始玉器中一绝。

良渚古城是在一片浅水沼泽上兴起的，其兴旺与丰富的水系不无关系。粮食种植需要水源灌溉，手工业的技术交流和产品运输也需要水道参与交通。为此，除了本身的河道之外，人们还在原本水系的基础上开挖了不少人工河道。古城外郭以内的河道，大多数不是天然水道。而这些人工河道的长度，叠加起来已经达到3万多米。古城中的百姓夹河而居，在沼泽上堆起高地，石头堆砌起河岸，用竹篱笆、竹编精心编织成优美的护岸。这种生活模式如今仍然能在绍兴、乌镇、周庄找到踪迹。良渚古城可谓"江南水乡"的源头。

水系发达也会带来洪水灾害，良渚古城西北部分布着由11条水坝和长堤组成的宏大而完整的外围水利工程，控制范围达100平方千米。这是我国迄今为止所发现的最早的大型水利工程体系，更是世界上最早、规模最大的防洪水坝系统，比"大禹治水"还要早1000年。中华民族的治水史，从4000年前的"大禹治水"提前到5000年前的"良渚文化"。

2019年7月，"良渚古城遗址"被列入世界遗产名录，标志着中华民族五千年文明史的实证被联合国教科文组织和国际主流学术界广泛认可。世界遗产委员会认为：良渚古城遗址展现了一个存在于中国新石器时代晚期的以稻作农业为经济支撑并存在社会分化和统一信仰体系的早期区域性国家形态，印证了长江流域对中国文明起源的杰出贡献，符合世界遗产真实性和完整性要求。

从历史范畴来讲，良渚文化是新石器时代的一座文明高峰；从世界范畴来讲，是当之无愧的东方文明曙光。

"共饮一江水"的长江先民，凭借优越的自然条件，发挥聪明才智，在新石器时代，不仅创造出上、中、下游各区段的文明，还依托滚滚长江，产生了某种隐秘的联系。

2021年9月，在三星堆遗址所公布的最新发掘成果中，两块玉琮赫然在目，形制为外方内圆，考古证实其起源于长江下游的良渚文化，主要用作祭祀。

川浙两地相距千里，两地之间的玉琮存有怎样的联系？昭示着什么？

据公开信息，三星堆遗址出土的玉琮之一，外壁上清晰地刻画着一棵通天神树——玉琮与良渚文化联系密切，神树则是古蜀文化的一种重要象征物，这两种属于不同地域文明的特质在同一件器物上出现，证明了处于长江上游的三星堆先民在古代交通不便的情况下，与下游文化之间存在着内在联系，也进一步印证了中华文明多元一体、互相交融的发展过程。

历史回响

长江流域的先民走过了史前既遥远又辉煌的石器时代。

长江流域的远古人类告别猿猴之后，农业文明逐渐发展起来。

人类的生存与发展离不开经济活动，而人类的经济活动，一直与河流密切相关。江河为农作物的生产提供了充足的灌溉资源，所以农业最早得到发展。

长江流域地域辽阔，江河纵横，雨量水量充沛，气候温暖湿润，为古代人民提供了广阔而优越的历史舞台。

4000多年前，中国历史进入夏商周时期。这时，长江流域已初显繁荣。

风尘仆仆巴蜀人

长江上游地区十分辽阔。青藏高原及江源部分由于自然条件的限制，相当长时期内处于荒芜状态。云贵高原古代民族被称为西南夷。这里只讲巴蜀部分。

巴、蜀先是两个古老的部落名，后来又是两个国家名，也是两个区域名。

人类在这一带的活动已有较长的历史。从四川盆地腹地的汉源、绵阳、南充、阆中、铜梁等地发现的旧石器文化和川东以忠县地区、川西以广汉地区为代表的新石器文化，可以看出与后来巴蜀文化相承的痕迹。

古代的巴蜀地域广阔，先民经常举族迁徙。

古代的巴不只指今川东地区，也包括从汉水中游到长江中游的广大地域。巴地的人叫巴人。

古代蜀的地域大约北起今陕西与甘肃的南部，南至今云南与贵州的北部。蜀的活动中心一直在川西，早期在川西北的岷山山区，后期在川西平原。著名的蚕丛、柏灌、鱼凫、杜宇、开明等古代蜀王，都以川西为活动中心。

从蚕丛到开明，据说其间经历了3万～4万年的悠悠岁月。

传说蜀开国时就碰到大洪水，水之大若尧之洪水，所幸碰上两个好国君。

最早的蜀王蚕丛可能是个山地民族的首领，或是古代氐羌的一支。他曾教民众养蚕，活动在岷山之中（今阿坝藏族、羌族自治州的茂汶一带）。文献上有记载，柏灌氏是蚕丛氏中向平原地区迁徙的一支，其活动中心在川西向平原过渡的今天的灌县。

鱼凫氏也可能是一支古蜀先民，在水边生活，其活动范围在成都平原。在广汉鸭子河与牧马河之间的台地上，月亮湾—三星堆文化遗址出土的陶器中有好多个鱼鹰头像，不少学者认为三星堆遗址应当就是古代鱼凫国的都城。

在几位古代的蜀王中，最著名的要数杜宇氏与开明氏。

传说有一天，一个名叫杜宇的人从天而降，自立为蜀王，号称望帝。望帝统治的地方在今岷江边郫县一带，当时蜀地时常发生水灾，人民颠沛流离。

杜宇称王百余年后，有一个叫鳖灵的人死后，尸体竟溯江而上，漂到郫县岷江边苏醒复活了。望帝与其相见，随后邀其出任宰相。正碰上岷江大水，望帝束手无策，命鳖灵治水，成功，民得以"陆处"。望帝自以为才德不如鳖灵，年老时遂传位给鳖灵，称其为"丛帝"，号开明氏。

正如夏禹继帝舜位，鳖灵继望帝位是因为治水有功于天下，足见远古时人民对治水的重视。

望帝禅位后，隐居于川西山林中，死后变成了子鹃鸟，后来人们称子鹃为杜鹃。

望帝在位时教民众务农，死后还念念不忘人间的耕作，每到春天，望帝的亡灵就不断地鸣叫"布谷、布谷"，以提醒人们开始耕作。因此杜鹃鸟又叫"布谷鸟"。望帝情真意切，不断地嘶叫"布谷、布谷"，直至满口啼血，血洒在山间，化作一丛丛红色的杜鹃花。于是，"杜鹃啼血"的故事千古流传。

后来，巴蜀人被杜宇的赤诚感化而努力务农，所以至近代，巴蜀人民农时总是先祭祀杜主君。

望帝啼鹃的传说不仅仅是一个哀婉动人的神话故事，还隐隐让我们看到历史的踪迹。

杜宇的时代大约在西周后期至春秋中期。

杜宇氏本身不是一个族系，而是从南边北上的一支与川西原有的一支融合而成的。融合之后，就以成都平原为活动中心。至今郫县城北鹃城村境还有个叫"杜鹃城"的古城遗址。成书于东晋的《华阳国志·蜀志》中说，杜宇称王教民众务农时，朱提（今云南东北部昭通一带）有个姓梁的女子，名叫利，游江源（后称江原，今四川崇州一带），与杜宇一见钟情，遂结合。成书于蜀汉的《蜀王本纪》也说："杜宇从天堕，止朱提，有一女子名利，从江源井中出，为杜宇妻，乃自立为蜀王。"不管哪一种说法，都与南边的朱提有关系。

再则，杜宇时，蜀地已以农耕为主，耕作水平已相当高，应比川东的巴人先进，所以巴人"亦化其教而力务农"。也就是说，蜀的农业较巴先进，影响了巴人。

还有，杜宇氏称王的蜀国，疆域已相当辽阔。《华阳国志》记述当时蜀疆域，北到今陕西汉中盆地，西到今宝兴、芦山一线，南到今云南、贵州的北部，东边因蜀与巴的边界很难分清，相互交错，经常变化。杜宇教民众务农的一个重要内容是"其相开明决玉垒山以除水害"，实际上可能就是都江堰的早期工程。都江堰所在地岷江边上的那座山至今仍叫玉垒山。远古人类就已感知治水对于农耕的重要意义。

当然，这些只是传说。

但是，传说往往是民间长期流传下来的对过去事迹的叙述和评价，有的以特定历史事件为基础，有的纯属幻想的产物，在一定程度上表现了人民群众的要求和愿望。剔除这些神话传说的神秘色彩，可以看出，传说不仅仅反映了远古人类战胜自然的强烈愿望，也反映了先民的聪明才智和斗争精神。

传说是美丽的，故事是动人的。

传说故事往往反映了社会发展中的一个阶段。

在我国殷商时期的甲骨文中尚未见到长江上游有关巴蜀的记载，但若干先秦史籍中有不少关于巴和蜀的反映。

《竹书纪年》记载，周夷王二年时，蜀人向周夷王献了琼玉。

我国古代的地理名著《山海经》中也几次提到"巴""巴国""巴人""巴蛇"等。

《华阳国志·巴志》中说，周武王伐纣时，实得巴蜀之师。《尚书·牧誓》记载，跟随周武王伐纣的西土八国就有"蜀"，不少学者认为《尚书》中记载的"彭"就是巴。并且还说，巴的兵很勇猛、精锐，边打仗边歌舞以侮辱、讥笑殷人，殷兵纷纷倒戈，即常说的"武王伐纣，前歌后舞"。武王打败殷王后，封巴为"子爵"。

由此可知，殷末周初，巴与蜀作为一个部族或早期国家，已经在古老的政治舞台上活动了，而且是一支相当活跃的力量。他们很可能是我国西南地区、长江上游一个力量相当大的部族集团。部族很可能不止一个，后来的小国也不止一个，中原人把他们笼统地称作巴或蜀。

殷周时期，今四川地区还不是中原华夏族政权直接统辖的行政区域，而是当时中国境内若干个方国中的一部分。

在巴蜀历史上，开明氏是治水英雄，因治水业绩取代了杜宇氏在川西的统治地位，成为最后的蜀王，开始了古代蜀国的开明王朝，共12世，历时300余年，大约相当于中原地区的春秋中期至战国后期。

开明时期是古代巴蜀历史上的重要时期。当时开明国力强盛，已成为巴蜀地区若干小国或部落的控制者。而且，北边多次与秦作战，一直统治着汉中盆地；东边曾打败楚国，夺取了位于今湖北松滋的兹方。

开明王朝曾以今天的乐山、郫县、双流中兴镇等地为都，最后徙治成都。从开明王朝时期起，成都一直是巴蜀地区的首府。

此时的巴蜀已成为当时"得其地足以广国，取其财足以富民"的战略要地。北方的强秦虎视眈眈，某些谋士认为"得蜀则得楚，楚亡则天下并矣"。强秦为了在统一天下的进程中取得一个重要的前进基地，派张仪和司马错等率兵伐蜀，后又伐巴，不到三个月，公元前316年，将巴蜀统一到秦王朝之内，随后设置巴郡和蜀郡，又在原巴蜀北部（今汉中盆地）置汉中郡。

至此，巴与蜀作为一个国家已不复存在，成了地区的名字。

秦统一巴蜀之后，开明王朝的余部进行了约30年反抗后，逐步退入川西、川南山区。最后的一支辗转于今云南、广西达50年之久，后经滇、桂，到达今越南北部地区，古称交趾。开明氏后裔及其跟随者6万多人，其中可作战的3万多人，曾在今越南地区建立"瓯骆国"，自称"安阳王"。

历史永远不会忘记杜宇与开明曾对长江上游四川地区的开发有过的重要贡献。

巴蜀地区被誉为天府，当然是后来之事，但该区域之发展、发达却可追溯至遥远的古代。

古代巴蜀的发展、发达与其优越的自然条件有关。巴蜀地区的水资源极为丰富，是江河把华夏西南地区编织得色彩斑斓。巴蜀的江河是个大家族，仅就今四川地区而言，大大小小河流1400多条，除了少数奔向黄河之外，绝大多数投入长江母亲的怀抱，结成一张稠密的水网，给远古的先民以灌溉之利，农业得以发展。当然，江河众多也不时给先民带来水患。

传说中，治水英雄大禹出生在岷山之中的石纽。杜宇时代有水灾，其相开明决玉垒山以除水害，文献亦有记载。这些是蜀人很早就开始治水的可靠记录。

古代川西水患之苦远较今日严重，先民与大自然斗争的主要内容是治水，而治水的主要战场在岷江。岷江是蜀地水量最大的河流，从岷山奔腾而下，一出山口，猛然转入平原，流速锐减，必然出现泥沙沉积、水流不畅、扇面自由分流等情况，川西因此长期遭受水灾。

"除水害"是当时的头等大事，治水有功就可以得王位。

经过多年的治水斗争，长江上游的先民才能逐渐在川西平原生活、繁衍、开发；多年来的治水，也为后来李冰修建都江堰奠定了基础。

长江上游的古巴蜀、今天的四川，是一个很大的盆地，约有30万平方千米，单是盆地的底部就有约20万平方千米，相当于湖南省的总面积。

这样广大的地域，刚好处在我国青藏高原与江汉平原的过渡地带，处在黄河流域与云贵高原的过渡地带。无论从东西方向看，还是从南北方向看，这块盆地在宏观上都是先民进行交流往来的桥梁式的地区，自古与汉中盆地关系密切，相当时期内，属同一行政管辖。

虽然蜀道难，但蜀道开通应当是很早就存在的事实。

三星堆文化在时代上属于新石器时代及殷商，但已具有明显的外来因素，出土了大量只可能出产于印度洋中的海齿贝，可能是蜀地当时与印度、缅甸已有交流，也可能是通过欧亚草原流入；还出土了几十根完整的象牙，当时最近也应来自今云南南部。

古代巴蜀先民有过几次大的迁徙。

在生产力低下的古代，我们的祖先为了追寻方便的食物、生存的资源和良好的生活环境，为了躲避自然灾害的侵袭和瘟疫的虐害，往往举族迁徙，如黄帝，又号轩辕氏，在中原大地不断迁徙。又如商先祖从契到汤共14世，可以确知的大迁徙就有8次。

巴蜀先民在殷之前就已经与中原、云南等地有交往，也就是说，蜀道是通的，因为最早的蜀王可能是自氐羌来的一支，鱼凫是从长江中游上去的，杜宇是从云南北部北上的等。传说中有着现实的影子。

有关史料中有"五丁移山、石牛开道、武都担土、山分五岭"等神话传说，都是巴蜀先民奋力开通山道事迹的折射。

在3000多年前，巴蜀地区的栈道已经开创。

闻名世界的栈道，在巴蜀地区出现最早、里程最长、作用最大、遗迹最多，这一点早已为世界所公认。

筚路蓝缕古荆楚

长江流域中游，古称荆楚。

这是块辽阔的地域，自然条件也十分优越，自古以来有许多美丽的传说，而且留下了永恒的踪迹。

传说华夏族的老祖宗之———炎帝，就诞生在这一带。据考证，炎帝姓姜，号神农氏、烈山氏，又称厉山氏，诞生在今湖北随州厉山镇。他是一位极慈祥的大神，既是太阳神，又是农业之神、医药之神，把温暖与幸福带给人类。炎帝在的时候，人类数量已经很多，自然界的食物越来越不够吃了，炎帝教人们播种五谷，人们尊称他为"神农"。为了给人们去除病痛之苦，他用一种名叫"赭鞭"的神鞭鞭打各种各样的草，可试出草有毒无毒、或寒或热的性能，然后用分辨出来的药草给人们治病。保存有不少自然科学资料的古籍《淮南子》记载，神农氏为尝百草之滋味，一天70次遇到毒草。还有的说炎神在尝百草的过程中遇到了一种剧毒的断肠草，最终献出了生命。相传神农氏曾在长江中游、湖北省西部、大巴山区（今称神农架）的地方采药，因峰高壁陡，伐木搭架而上，故称神农架。传说炎帝还是掌管太阳的神，他每天要驱赶太阳按时上班，让太阳鸡啼而出，月升而归，年年月月把光明和温暖带给人间。

炎帝创耕耘、植五谷、尝百草、疗民疾，使人们由游猎走向农业，由蒙昧走向文明，功德盖世。

炎帝的传说是美丽的，炎帝属于长江流域应该无疑。神农氏的遗迹，在今江汉地区较为多见。

在远古时代，长江流域范围内已有分布广泛的人类活动，新旧石器时代的文化遗存已充分说明了这一点。

随着岁月的推移，加上长江中游一带的自然地理环境，密布的水网及大江大河提供了充足的水资源，长江流域的先民在这一带的活动更频繁。史前时期就有了许多氏族和部落，可称为原始民族。

《战国策·魏策》中，吴起说："昔者三苗之居，左有彭蠡之波，右有洞庭之水"，这个"三苗"，就是两湖平原、江汉地区最早的居民。后来，三苗民族屡遭北方民族的打击，被迫南迁、西迁。《史记·五帝本纪》也提到三苗在江淮、荆州数为乱，迁徙到三危（今甘肃一带），变成西戎。

三苗，别称"有苗"或"苗民"，是一个庞杂的族系。

"三"，说明种族纷繁、部落众多。考古学家考证，中华民族的远祖可分为华夏、东夷、苗蛮三大文化集团。三苗属于苗蛮。

苗蛮集团活动于今湖北、湖南、江西一带，即大溪文化、屈家岭文化分布区，若向东延伸，河姆渡文化、良渚文化也可归于此。

由此看来，远古之世，长江中游一带的土著，可能就是传说中的三苗。

远古，长江中游一带的先民部落流徙不定，不同族类之间消长进退为历史所常见。

从目前已知的资料来看，"三苗"与后来在江汉地区发展起来的"楚"之间的关系不太明显，楚的主源并不在江汉地区。

到目前为止，比较传统的看法认为楚人的先民来自祝融部落集团。

《国语》中的《郑语》篇说，楚人是祝融的后裔。《史记·楚世家》也说，楚人是祝融的后代。楚人奉祝融为始祖，其地位极为崇高。

祝融是什么人呢？司马迁的《史记·楚世家》视他为高辛的火正。高辛、帝喾实际上指的是一个人。火正这个官，生为大官之长，死后为大官之神。这样看来，祝融为火神，高辛与祝融之间还是君臣关系。这是分别奉高辛和祝融为始祖的两个部落集团之间主从关系的神话投影。因此，在楚人的心目中，高辛是宇宙主宰，能差遣日月，他们认为"帝允乃为日月之行"。

古时，火正这个官的主要职责是察看天象、安排农时，也就是每当春季，点第一把火来烧荒，直接服务于刀耕火种的原始农业，可以说，长江中游一带楚人的先祖是我国古代最早的天文学家。

长期以来，祝融部落集团一直在强邻的胁迫之中挣扎。后来在夏人战胜高辛部落集团之后，祝融部落集团转而依附于夏朝。到了夏末商初，祝融八姓分崩离析，陷于周围都有强邻的境遇之中，在上古民族流徙和氏族冲突的漩涡中逐步解体。

在殷人灭夏的斗争中，该集团既受殷人的文化熏陶，又受殷人的武力打击。

商代，殷人称分布在南边的祝融部落为荆。《诗经·商颂·殷武》中写："维女（汝）荆楚，居国南乡。"这里的南乡，本来是指大别山、桐柏山以北，伏牛山以东的中原南部，后来随殷人向南开拓而同步向南展宽。到周时，殷遗民仍念念不忘先祖南征的业绩。

当殷人的势力推进到大别山、桐柏山以南时，汉水以东的三苗后裔慑于殷的武力，有的臣服，有的逃散，还有的西迁至汉水以西。

殷商人的活动踪迹在长江流域以南地区也已被发现。

江西省樟树市山前区吴城村曾发掘出一座商代文化遗址，出土了大量的生产工具和生活用品，有不少青铜器和铸造青铜器的石范、铜渣，还发现了石范和陶器上刻画的60多个古代文字和符号。文字的笔法与外形基本上与商代甲骨文相似，但其中有的保存了近于象形文字的风格。专家们认定这种文字当时已被较为普遍地运用。

吴城遗址是我国长江流域第一次发现的大规模的商文化遗址，既反映了当时长江流域与中原地区有着密切的联系，又证明早在3000～4000年前长江流域中游地区的生产力就已相当发达。

江西新干大洋洲商墓的发掘，也揭示了长江中游地区商文化的发达。该商墓出土青铜器480余件，其中有礼器、乐器、工具、兵器、生活用具等，风格与中原相近，又不完全相同，带有浓郁的地方特色。其中最珍贵的是一件铜瓒，为重要的礼器。

这些发现对深入研究吴城文化有重要意义，至少说明中原以外的长江流域商文化发展水平也相当高。

商末周初，祝融部落后裔、荆人残部的主力西迁至丹江与淅水（老灌河）一带，以丹阳为中心，酋长名鬻熊。鬻熊很有政治头脑，他举部脱离日益腐朽的商朝，归附方兴未艾的周，颇受周王的青睐。及至鬻熊四世孙熊绎时，被周成王封在楚蛮之地，才有了"楚"这个正式国号，同时又兼族名。

从西周早期楚国始封,到东西周之交楚国日臻强盛,历时近三个世纪。

"筚路蓝缕""问鼎中原",这两个因楚国而产生的成语,就是楚国跌宕起伏、波澜壮阔的立国、发展、崛起过程的见证。

楚国刚开始的地域相当狭小,仅弹丸之地,只有周王室划拨的方圆五十里的穷乡僻壤,却要对周尽许多义务,如守燎以祭天、贡苞茅以缩酒、献桃弧棘矢以禳灾,等等。

《左传》记载楚灵王时右尹子革的话说:"昔我先王熊绎,辟在荆山。筚路蓝缕,以处草莽。跋涉山林,以事天子。"

筚路是一种用荆竹编的简陋的柴车,蓝缕就是敝衣。熊绎虽为楚君,但生活清苦,居处荒凉,穿戴寒酸,驾着简陋的柴车奔波于国都丹阳与周京城镐京之间,努力尽到种种职分,以效力于周天子。对先祖的追忆可谓情凄凄,意切切。

楚开始时都丹淅之会,由于地域关系,周楚颇多交往。楚又尽了许多进贡的职责,与周保持了良好的关系,有了发展的机遇。

楚的先民积聚力量,艰苦拼搏了漫长的岁月之后,有了转弱为强的势头。

熊绎五传至熊渠时,正值周夷王在位,周王室已衰落了,许多诸侯国根本不理睬周王室,不朝贡,相互攻伐,形势很乱。而熊渠当时在江汉一带很得民心,他用自己的勇气和胆略,趁着中原王室动乱的机会,征讨蛮夷,扩大了楚国的疆土,揭开了吸收蛮夷文化的序幕。楚国周围都是楚蛮,其主体是三苗后裔。

这一阶段,楚国用武力兼并了西南的濮巴和东南的扬越、庸国和鄂国。楚武王时又灭了权、州、蓼等国。楚文王秉承武王遗志,吞并了邓、申、息等国。楚文王传到成王时,已"楚地千里"。

楚国在兼并四围的中小国家时,其民族政策是比较开明的。当时,诸夏的民族政策是"兼人之国,堕其城廓,焚其钟鼓,布其资财,散其子女,裂其土地",可以说是相当残忍的。楚国的政策却是"兼人之国,修其四廓,处其廊庙,听其钟鼓,利其资财,妻其子女",即使对蛮夷也不例外。这与楚国版图的扩充、国力的强大有着密切的关系。楚成王中期以后,楚国主要的红铜冶炼基地在今铜绿山和附近地区，青铜铸造基地则在郢都和其他通都大邑。约在春秋中期与晚期之际，楚国的铜器生产从采掘、冶炼到铸造、焊接，都已超越华夏与吴越，居列国之首。

西周时，周王朝屡次征伐楚国，有时周天子还带兵亲征，足见日趋强大的楚已渐次构成对周王朝的威胁。

富有进取精神的楚人，在胸怀"王不加位，我自尊耳"抱负的国君带领下，继承先祖"筚路蓝缕"精神，于春秋战国的大争之世里，奋力开拓，参与群雄逐鹿，走上扩张之路，南下吞并江汉、湖湘，西出进击云贵、巴蜀，东扩占据吴越之地，从原本的蛮夷小邦一跃成为雄跨江、汉、淮三江之地的泱泱大国，至楚庄王时两度饮马黄河，强势问鼎中原，跻身"春秋五霸"之列。

鼎盛时期的楚国疆域包括今湖北、湖南、江西、安徽、江苏、浙江六省，以及陕西、河南、山东、广东、广西、四川、重庆、贵州、云南等省（自治区、直辖市）的部分区域，几乎囊括大半个中国，是当时地域最广阔、实力最雄厚的诸侯国，有"地方五千里，带甲百万，车千乘，骑万匹，粟支十年"的煊赫声势。这也为后来秦汉建立大一统国家奠定了基础，为多元一体的中华文明历史进程作出重大贡献。

楚国的崛起，除了融入楚人血液的"筚路蓝缕"精神外，更得益于滚滚长江的滋养。

人类的生产与发展离不开经济活动，而人类的经济活动一直与河流密切相关。在农耕社会，长江流域纵横交错的水系为农作物栽培种植提供了充足的灌溉水源，为商贸往来和文化交流提供了便捷的水运交通。雄踞长江南北的楚国，既拥有丰富的矿藏物产，又具备发达的运输水网，还有人才辈出的能工巧匠，焉能不兴！

比如铜器的生产，楚国据有包括当时天下最大的铜矿——铜绿山（位于今湖北大冶市）在内的十几座铜矿，背靠优质资源，从采掘、冶炼到锻造、焊接各个环节，在春秋中晚期便已全面超越吴越，也超越了中原，居列国之首。著名的曾侯乙墓中出土了4640余件青铜礼器、乐器、兵器、车马器，重达10吨之巨，消耗的铜、金、锡、铅等金属约12吨。这些青铜器物造型之复杂、

青铜尊盘

纹饰装潢之精美，世所罕见。现代科学鉴定，其制作工艺综合使用了浑铸、分铸、锡焊、铜焊、雕刻、镶嵌、铆接及熔模铸造技术。这些铜器中最令世界惊艳的，并不是编钟，而是一件青铜尊盘，尊与盘的口沿均饰以蟠虺透空花纹，玲珑剔透，层次分明。令人吃惊的是，该尊盘为失蜡法铸造，是我国目前发现最早采用失蜡法的青铜铸件，铸造工艺达到先秦青铜器制作技术的最高峰，反映了中国古代科技的杰出成就。

"楚地千里，饮马黄河，问鼎中原"的霸业，将原本只是边缘文化的楚文化推向辉煌和极致，发展成为华夏主流文化之一。在楚国长达800余年的发展历史里，楚人创造了绚烂多彩的荆楚地域文化，不仅青铜冶炼和铸造水平居于领先，丝织刺绣技术也后来居上，还有木竹漆器流光溢彩、老庄哲学独树一帜、屈子文学独领风骚、编钟音律动人心弦、荆楚成语鲜明生动……楚文化不仅与中原文化比肩而立，竞趋争先，还有很多方面可与同处于鼎盛时期的古希腊文化媲美。其实，当时楚国的青铜冶炼和锻造工艺及漆器制作都早于希腊而处于世界领先地位。楚人的土木技术也达到了当时世界建筑艺术的最高水平，其他如数学、天文、历法、医学等，都走在当时世界前列。

楚庄王六传至楚昭王时，与长江下游的吴国矛盾加深，多战伤了元气。昭王八传到楚怀王时，楚国日趋下坡，国家大权掌握在极少数权贵手中。他们破坏政令，相互倾轧，争权夺利，楚国慢慢地由强盛走向衰弱。再加上西方的秦国自采用商鞅变法以后日益强大，不断侵略楚国，楚国出现政治与经济危机。

伟大的爱国主义诗人屈原在这个时候出任楚怀王的左徒，他看到了列强之间的纷争，看到了楚王所处环境、政治地位的岌岌可危，更目睹楚内政的腐败，因此一心想改革政治，变法图强，但也无可奈何。

楚怀王最后上当受骗，客死秦地，他的儿子顷襄王继位，11年后，秦将白起攻破郢都。

在历史上，楚国是春秋五霸、战国七雄之一。从早期中原王朝的一个方国到公元前 223 年秦灭楚，延绵约 1000 年，是我国古代历史最长的政权之一。

楚国以纪南城（即郢）为都城的几百年是最兴盛的时期。这一阶段，经济、文化发展很快，楚国以自身的古老文化为基础，不断吸收南方各部族的古老文化，逐步形成具有独特风格的楚文化系统，在长江流域的古老文明中领尽风骚。

楚文化在很长的历史时期内与中原华夏文化并驾齐驱。战国时，荀况说"居楚而楚，居夏而夏"，说的就是当时并列发展的南北两大文化系统。

在春秋后期的诸侯中，数秦、晋、楚三国力量最强，而晋在一分为三后江河日下，所以当时有望完成统一全国大业的，只有秦与楚。

干戈吴钩话吴越

长江流域下游，古称吴越。

古代的吴越区域指的是今天江苏、上海、浙江、安徽和江西的部分地区，其文化影响所及更为辽阔。

吴古称句吴，其祖先生活在今苏南、皖南、浙北一带。

越，古称于越、於越，其先民最早的活动地区在今浙江北部及太湖一带。

句吴与于越在太湖东南一带错居。吴的区域东临大海，西临彭蠡，与楚接壤，南至新安江上游，北与南淮夷隔长江相望。

句吴与于越同属于古越族——百越，是百越的分支。

百越是我国的一个古老民族，秦汉以前已广泛分布于长江中下游东南及以南地区，部落众多，所以被称为"百越""百粤"。越南北部的广大地区也有百越的足迹。他们从事渔猎、农耕，以善于金属冶炼、水上航行著称，有断发文身的习俗。随着长期的发展过程中时代的变迁、社会的变化，百越的各支有消有亡，有的被融合，有的迁移他乡。

春秋战国时，吴为越所灭，越为楚所灭。越亡后，其后裔在浙南、闽北、闽浙沿海的岛屿上分化成闽越与瓯越。

秦汉后，百越中的部分分支与今壮、黎、傣等族有着密切的渊源，还有少数散居于两广、福建、江西、湖南及浙江等地山区，被称为山越。有少数迁入台湾等岛屿，今日高山族的祖先与当时流寓到台湾的越人也有渊源关系。

由于长江以南广大地区的气候、地理环境宜于稻作，所以百越的共同特征是种植水稻。浙江河姆渡、钱山漾和水田畈，上海青浦的崧泽、江苏无锡的仙蠡墩、吴县的草鞋山等遗址都有稻米、稻谷的遗存。

作为族属，吴与越是同属百越族的。

吴国的开国先祖是从中原来的。

吴的开国先祖本是古代周族领袖周太王（也就是古公亶父）的长子。周太王就是周文王的祖父。周太王喜欢小儿子季历，而周王朝实行的是长子继承制，古公亶父的王位日后当由泰伯继承。泰伯作为长子，贤德有加，为避免家庭纷争、兄弟阋墙，就与弟弟仲雍自周奔吴，定居梅里，改从当地风俗，断发文身，成全了父亲的愿望。

其实，早在泰伯、仲雍奔吴之前，吴地已有句吴族，已有自己的文化。为什么会出现接受逃奔来的泰、仲并义之，归之者千余家的现象呢？原因也许在于泰、仲两人摒弃了中原人对南方土著的歧视，入乡随俗并尊重土著。泰、仲两兄弟为避"王位"、尽孝道而出奔，他们为人谦让、真诚、超凡，为世人所尊崇；泰、仲两人给南方土著带来了中原的先进文化，对吴产生了巨大的影响。

泰、仲两人带来的先进的耕作技术促进了吴地农业的发展，"数年之间，民人殷富"应该是有事实根据的记载。

泰、仲两人来吴之后，受到土著的拥戴。当时正值殷末乱世，中原王朝多次用兵，威胁吴地生民。泰伯立国后开始筑城，周长三里二百步，外廓三百余里，名曰故吴，人民都在城内耕田。

泰伯所建之城位于无锡梅里。这城的规模不会很大，可能就是一个城堡。正是因为有了城堡，才会逐步产生城市，才会有日后的吴小城、吴大城。可以说，吴地城市起源于泰伯城。

泰伯死后葬在梅里平墟，后世不少著作中有记载。

泰伯使吴人有机会接触先进的中原文化，不断发展。

吴王阖闾登上王位后，内则强国，外则扩张。

阖闾筑城，首先是为了谋求霸业，不为消极防守，所以在城门的设置上，对楚、越防范甚严。越在吴之南，属蛇位，于是吴就在城南立蛇门，"南大门上有木蛇北向首内"，表示越要对吴臣服。楚在吴之西北，吴在此方位建了一个阊门，又名破楚门。城内还建有兵库、仓库等。此外，齐门是针对齐国的，意在制服齐国。

阖闾城内街宽道广，河网密布，交通发达，是吴国政治、经济、文化、军事中心，反映出吴国经济、军事实力之雄厚。

吴王为了加强军事力量，听从伍子胥的建议，请齐人孙武负责"选练士，习战斗"，甚至连后宫中的王妃也受训，练习射、骑、战、御等战争技术。同时大造战船、刀剑，吴国兵库逐步充盈、兵将精良，所以后来能西败荆楚，北迫齐晋。

吴王还下令百姓大力垦荒，兴修水利，有效地利用沼泽地带的土地修建排水设施，使沼泽地变成良田。

由于连年用兵，吴国国力受损，在周边各国中又很孤立，虽曾以重兵争得霸主之位，但只是昙花一现。随后更是每况愈下，最后夫差身处逆境，自刎而亡，称雄一时的吴国被宿敌越攻破，宣告灭亡。

越国，亦称于越，又称"大越""内越"，最早在史书《春秋》中有记载。于越在百越中发展得比较早，文化程度也比较高。早期越人的活动范围，大概是南到诸暨，北到嘉兴，东到宁波鄞州，西到太湖。

古越地留有不少关于舜和禹的传说和遗址。舜是我国古代神话传说中一位圣明的君王。在黄河流域中原地区，有极其丰富的关于舜的传说。古越地传说舜因避尧之子丹朱之乱，曾到会稽（今浙江绍兴）巡狩，并在此耕耘、游憩，会稽山上传说留有虞舜的巡狩台。传说舜的七个儿子分别封在余姚、上虞等地。

舜在越的时间也许不长，没有留下太多的故事，但舜在越地的传说却流传已久，越人还有祀舜的遗俗。

禹对越的影响比舜更大，且已流传千古。秦始皇东巡会稽，亲自祭祀大禹；司马迁为撰《史记》，亲临会稽，探访禹穴，搜集有关禹的传说。

越人一直把禹当作自己的祖先，世世代代顶礼膜拜。

吴与越虽同属一个族源，但为各自的利益互相仇视、互相征服。春秋时晋楚两个霸国为了各自的利益需要，想吞并长江下游这片沃土，于是各拉拢一个国家，楚国拉拢越国，晋国联盟吴国，不断地挑动纵容，使吴越两国之间更加仇视，终于爆发了激烈的吴越之争。

越王勾践灭吴后，与齐、晋会于徐，即今山东滕南县。周王室派使臣封勾践为"伯"，赐越以"胙"（古代祭祀时供的肉），越国成为春秋末年最后一位霸主。

勾践死后约半个世纪，越国依然地广数千里，人众数百万。后不断发生内乱，国势日衰，范围缩小到仅有吴越的疆土。

前333年，越被楚打败，越王无疆被杀，越沦为楚的属国，领地只有原来的越国旧地，勾践打下的吴地江山被楚尽取。

位于长江下游的古代吴越，地理环境、气候条件与今大体相似，雨量充沛，气候潮湿，土地肥沃，河网纵横，这些都决定了吴越发展的独具特色，既不同于黄河流域的中原地带，也不同于长江中上游的荆楚与巴蜀。

吴越开始强大之时，正是多事的春秋时代。动荡的年代、动荡的环境血雨腥风，各国为争生存与发展，必以军事立国。吴越为此发展了一系列适合自身特点的军事设施。

吴越重水战甚于陆战，他们都是"一日不可废舟楫"的国家，一向以"水行而山处，以船为车，以楫为马，往若飘风，去则难从""习于水斗，善于用舟"而著称。

吴王阖闾时，已经建立了一支强大的水上舰队，还制订了一整套完整的水师编制和水战之法。吴水师主要由大翼、小翼、突冒、楼船、桥船等组成，分别相当于陆骑军的重车、轻车、冲车、楼车、轻足骠骑。当时的战船已具备相当大的规模。用今天的尺寸来计算，大翼长20余米，船上有士兵近百人，有整齐的装备，能攻能守，有一定的战斗力。

吴越水军不仅能在吴越之地的江河里作战，还能跨海远航作战。前485年，吴国曾用水师从海上入齐，讨伐齐国。越国水师首创一种名为"戈船"的战船，速度很快，成为一种便于近战的快艇，后传至中原。

吴越还有建造大船的船场，吴谓之"船宫"，越谓之"舟室"。所造之船既有军用也有民用。

他们还开辟了水军的通道。在这方面，吴走在越前面。

前514年—前495年，伍子胥为适应吴王阖闾对楚战争的需要，凿通东坝一带的冈阜，沿荆溪上游向西开挖运河，形成一条连接东西水道的人工运河。这条运河"东南连两浙，西入大江，舟行无阻"，可使船队从苏州通太湖、达长江。后人为纪念伍子胥的功绩，名其曰"胥溪"。这条运河在吴国攻楚战争中发挥了作用。前506年，吴师入郢，伍子胥在纪南城和华容县两处开渎，名曰子胥渎。前者可能在吴师围郢时用于引水灌城或入城后用于城内供水，后者可能和吴师的军事运输有关。公元前495年，吴与越争雄，又命伍子胥凿河，"自长泖接界泾而东，纳诸水，后人名曰胥浦"，实际上是把太湖及周围天然河川与大海相连接。前486年，吴王夫差为了北上与齐、晋争霸，开邗沟，南起扬州以南的长江边，北抵淮阴以北的淮河。这是我国开凿最早的联系长江和淮河的人工运河，现仍为南北大

古邗沟示意图

运河中重要的一段。前482年，吴国又开凿了连接沂水、济水的运河。吴军通过这些水上通道，凭借强大的水师。称霸黄池，争得霸主的地位。

越晚一步，前475年，越伐吴时，越大夫范蠡在原无锡县的边界线上开漕河，向西与太湖相接，以供军粮运输。此河亦名蠡河、蠡渎。越也是借水师之力大败吴军，并因此夺得霸主之位。越王勾践曾派兵砍伐树木，制造大型战船。越王迁都琅琊时，有楼船卒2800人之众。

吴越重立城郭，严守备。吴越之地在春秋时期建造了许多城，高筑墙，进可攻，退可守，俨然军事城堡，这些城多属于政治、军事性质。

正因为吴越创造了一系列适合自身特点的设施，国力和军事才不断强大、不断发展，得以称霸一时，创造了自己辉煌的文化。

吴越先后亡国后，长江下游一带大部分归属楚国。

上述种种可以说明，夏商时期，长江流域已有了初步的开发、繁荣，商的势力已延伸到四川及江西南部一带。西周的政治势力和文化影响一直南伸至长江下游的江苏，对长江流域的直接控制并不十分显著，这使土著的巴蜀和楚有了独立发展的机会。

春秋战国时期，社会急剧变革，长江流域的发展步入快车道。沿江的巴蜀、楚和吴越等区域的政治、经济、文化互相影响、交流、融合。长江三角洲、江汉平原和四川盆地成为文化发达地区，但随后的战争又使它们的发展趋于缓慢。

纵观上下五千年，长江流域风云变幻，王旗林立。

秦汉明月照长江

公元前 221 年，秦始皇统一中国，建立了第一个中央集权的多民族封建国家。秦时全国分为 36 郡，后增至 46 郡。长江流域有 13 郡，辖 57 县。

秦初，长江流域还属于封建王朝较边远的疆域。秦以后，长江流域在全国的重要地位逐步显示出来。以上游为例，战国后期中原仍十分轻视巴蜀。司马错曾与张仪在秦惠王前争论巴蜀的作用，只承认用巴蜀的财富可以富民缮兵。秦并巴蜀之后，得到了大量的物资，于是轻视其他诸侯。司马错率领巴蜀力量几十万人和大船上万艘、米 600 万斛，沿长江东下伐楚。张仪原来是极为轻视巴蜀的，但此后他到楚国跟楚王谈到巴蜀时口气却变了，他说："秦西有巴蜀，方船积粟，起于汶山，循江而下。"这是巴蜀的经济力量向外界的初步显示。

后来，楚汉相争，刘邦夺取天下主要的经济来源就是巴蜀。刘邦引兵东定三秦时，萧何以丞相的身份在后方负责后勤供应。汉高祖从汉中出三秦伐楚时，萧何运蜀地粮食一万船作军粮。刘邦在成皋地区激战的时候，军粮输给还是"蜀汉之粟"。当刘邦与项羽展开决战时，"诸侯之兵四面而至"，军需供应仍然是"蜀汉之粟方船而下"。

凡此种种，可见当时巴蜀之地经济发展之一斑。

西汉前期，关中、山东或江南地区出现饥荒、遭遇天灾时，支援粮食或安置灾民的，都是巴蜀地区。

巴蜀之地被称为"天府之国"由来已久，主要指的是四川盆地，不包括现在四川省西部的高山高原区。

历史上第一次称巴蜀为天府，出于杰出的政治家诸葛亮的《隆中对》："益州险塞，沃野千里，天府之土，高祖因之以成帝业。"

巴蜀经济的发展与一些地域的逐步开发相关。

汉初，巴蜀地区的雅安、雅砻江下游和安宁河流域开始垦殖，经秦汉两朝的开发已相当富庶，"家有橘柚之园，户有盐泉之井"。成都平原灌溉田畴的渠道以千万计，足见农业之发达。当时的成都已非常繁华，人口发展到7万多户，仅次于京都长安。成都与长安、洛阳、南阳、邯郸、临淄并称为六大名城。

可以说汉代是四川历史上最辉煌的时期。

长江中游以两湖平原为主体。秦灭楚后，两湖平原的开发相对缓慢。因此，司马迁说两湖地区"火耕水耨"，属粗放型耕作。

终汉一代，时间漫长，内战边患多发生在北方，长江流域相对安定，加上自然条件优越，长江流域不断发展。当时，江陵已是重要的商业都会，洞庭湖及湘江流域人口增加了5倍。

汉王朝建立后，为了巩固统治和迅速恢复生产，实行重农政策，倡修水利，推广牛耕和铁制农具等。长江最大支流汉江中上游的南阳、襄樊、汉中地区开沟挖渠，迅速发展，是当时著名的农业灌溉地区。当时的南阳已是通都大邑。

长江下游地区也有了较大的发展。东汉时，太湖平原已是"沃野千里"，号称"乐土"。

两汉时期，江西、安徽等地的盐业和冶炼业快速发展起来。

秦汉时期，长江流域正在发展中。

借得安宁竞发展

博大的胸襟，让长江文化更具有包容性。特别是当北方中原文明受到游牧民族的铁骑冲击时，长江流域不仅是华夏衣冠的缓冲后方，也是多种文化要素融合的熔炉。东汉末年，中原动荡，文化中心洛阳残破不堪。当时管辖江汉、洞庭一带富庶之地的荆州相对稳定，聚集了数以千计从"关西、兖、豫"南下的士人，一时替代洛阳成为全国的人文学术中心。

> 自东汉末年起，北方就陷入战乱状态，刀光剑影，硝烟弥漫，政局动荡，经济受到严重的摧残。魏晋南北朝时期，全国都处在长期的不安定之中。

这个时期长江流域的开发主要在中下游地区。

当时，由于整个黄河流域和淮河流域处于长期战乱和灾害的困境，大批不堪战火骚扰的北方民众涌向地广人稀的长江中下游。据《晋书》记载，东晋时流入荆州的人口有十余万户，流入扬州的有数十万户。

这是我国历史上第一次大规模向长江以南移民，主要线路有三：一是从渭河谷地到益州，即四川盆地；二是从河南北部沿白河谷地顺流而下到达荆州，即江汉平原一带；三是从中原到长江三角洲、太湖流域。

这次大移民使得长江的重要支流，如嘉陵江、汉江、湘江、赣江及江南长江下游三角洲地区获得了很大的发展。

三国鼎立时，曹魏、蜀汉分别屯垦于江淮、四川，孙吴屯田则遍及长江中下游一带，长江流域的社会经济地位显著上升。

长江上游在三国蜀汉时期有过一段难能可贵的安定时期，但在301年—581年，四川地区经历了九个政权的更迭统治，兵祸连接，人口大量减少。

直到唐代，因外地大量移民入川才迅速复苏。

这时期长江中游一带大量屯田，成为南方政权倚仗的重要粮仓。同时，农业发展也促进了商业的繁荣。荆州郡治江陵成了"江左大镇"，但与长江下游相比，仍属落后。

长江下游尤其是长江三角洲地区，由于中原人口不断移居，不仅大量荒地得到开垦，也得到了先进的生产技术和经验。三国时孙吴分别于海昌（今浙江宁海）、溧阳（今江苏溧阳）置屯田都尉。又于毗陵（今江苏常州）设典农都尉，大兴屯田。其中，毗陵典农校尉领有今江阴、无锡、武进、丹阳、丹徒等地，拥有屯民"男女各数万口"，规模最为广大。由于劳动人民的辛勤开垦，至孙吴末年出现了左思在《吴都赋》上说的盛况："其四野则畛畷无数，膏腴兼倍……国有再熟之稻，多贡八蚕之绵"。东晋政府继续推行屯田，于今嘉兴置屯田校尉，亦收到良好效果。至南朝时，太湖流域已发展为"地广野丰""余粮栖亩"的粮仓。

位于长江中下游的江西鄱阳湖地区在这一时期也得到了较好的开发，成了东晋和南朝的粮仓。鄱阳湖平原又称赣北平原、豫章平原，由长江和鄱阳湖的赣、抚、信、修、饶五大支流水系冲积和淤积而成，地势平坦，土地肥沃，河渠交汇，水网密布，具备良好的地理、交通条件。

> 东晋和南朝宋、齐、梁、陈等王朝延续270多年，其政治中心都在长江中下游地区。从这个时期开始，南方经济逐渐赶上北方，形成了又一个经济中心。

这一时期长江中下游地区"荆扬二州，户口半天下"的说法，也是可信的。

据《后汉书·郡国志》，前2200年，夏禹治水后，为了弄清全国的人口和土地情况，把全国分为九个州，对土地和人口进行了统计和调查。宋人郑樵在《通志略》中对夏禹时代人口进行推算，约为1300万人。《汉书·地理志》记载，西汉平帝元始二年，西汉共有家庭12233062户，人口总数59594978人，这是我国历史上第一次完整记载全国各州、郡的户数或人口数。这一数字被看作我国最早的人口统计数。

根据《宋书》记载推算，南朝宋时，整个长江流域约有500万户，正好是西汉时全国人口1000多万户的一半。

当然，年代久远，这些统计数字只是个概数。不过，窥一斑见全豹，还是可以看出长江流域在这一时期的变化。

随着全国经济重心的南移，长江及其支流汉水、湘江、赣江成为当时主要的交通路线。大大小小的水道不仅把大城市同重要的农业区连在一起，也加强了各大城市之间的联系。

此时，长江流域的经济中心网络逐渐形成。

两汉时，江东只有一个大城市—吴，即苏州。

公元211年，孙权将都城从吴迁都秣陵（今江苏江宁县），第二年作石头城，改名建业（今南京），后又迁都鄂城，改名武昌。于是，南京和武昌成为两个军事和经济中心。

江陵一向是西部重镇，此时成为长江流域第三个经济文化中心点。

京口（今镇江），东通吴会，南接江湖，西连都邑（即南京），也是一个都会。

夏口（今汉口），成为江汉交汇和洞庭湖流域农产品转运的必经之地。

襄阳为江汉重镇，是南北物资交换的通商据点。

长江上游的益州成都，不仅是与西南各民族交换的重要市场，吸引了不少商贾，还有西域商人经凉州前来贸易。成都是蜀锦的产地与交易中心，各地商人千里迢迢到四川采办货物。

南朝后期，江淮间的寿春、长江南面的豫章（即今南昌）、浔阳（即今九江）等地，商业也非常繁盛。

总之，三国两晋南北朝300多年，由于特定的历史背景，长江流域的经济发展很快，经济中心的地位开始形成，同时，也逐步发展成为全国新的政治文化中心。

迎来经济重心移

隋唐宋时期，长江流域的发展走向鼎盛。

在我国社会经济发展史上，特别是长江流域的社会经济发展史上，隋唐宋时期是一个极重要的阶段。凭借六朝以来的开发积累，此时长江流域的发展赶超北方，特别是安史之乱给我国北方带来浩劫后，全国的经济重心又一次南移，形成了"国家财赋，仰给东南"的局面。

长江上游四川地区在唐代再一次位居全国前列。

陈子昂在《上蜀川军事》中说，"国家富有巴蜀，是天府之藏。自陇右及河西诸州，军国所资，邮驿所给，商旅莫不皆取于蜀"。这指的是平时的情况。中原发生战乱，帝王总是避祸入川。如安史之乱时的唐玄宗、朱泚之乱时的唐德宗、黄巢起义时的唐僖宗，主要原因是"蜀中府库充实，与京师无异，赏赐不乏，士卒欣悦"。

直到北宋初年，在制定统一全国的战略时，宋太祖仍然主张"先取四川，次及荆、广、江南，则国用富饶矣"。

唐代统治者对水利特别重视，唐代尚书省工部下设有水部郎中和员外郎，"掌天下川渎陂池之政令"，凡堤防、塘堰、舟楫、灌溉等，一并管理。

灌溉事业的发展保证了农业的丰收，促进了社会经济的发展。

在手工业方面，四川是全国丝织业的中心之一，锦、罗、绸、绫，不少是中央政府指定的贡品。

在唐代，四川的造纸、制笺居全国前列，宫廷及中央政府所用的麻纸多由蜀中供给。造纸业的发达促进了印刷术的发明与发展。古代的四川曾经是我国造纸业的中心地区，也曾经是印刷业的中心地区，还是世界最早的纸币交子的发源地。

唐代的四川，产盐业继续发展，盐井几乎遍布全川，最大的一口井（今仁寿县的陵井）"纵广30丈，深80余丈"，每天可产盐1800多斤。

唐代以后，四川地区的经济文化发展速度明显降低，再也没有出现过汉唐时期的盛世。而且，四川经济在全国的地位急剧下降。

隋唐时期，两湖平原经历了重大转折，其标志为兴建了大量堤防，围起了垸田，稻作的生产方式有很大进步。沿江滨湖的易洪易涝地、周边的丘陵岗地及易旱地，广为利用。兴修水利、疏浚河道也是为了漕运。当时荆湖甚至岭南通往关中、中原的漕运路线都取道汉江，溯流北上至襄阳，再水陆兼运抵长安、洛阳。此时，这一带已出现稻麦复种制，已成为重要的产茶区之一。此时，中游一带尚未全面开垦。

唐代，武昌、汉口因倚临长江，水运便利，贸易十分兴盛，已是相当繁华的城市。

隋唐宋时期，长江下游航线四通八达。据《通典》记述，江、淮、河、海四大水系沟通之后，"自是天下利于传输"，"其交、广、荆、益、扬、越等州，运漕商旅，往来不绝"，江浙一带很快成为全国财赋集中的地区。

事实上，江南大运河的建成是一个历史过程。大运河从无到有，从分段通航到全域通航，自春秋至隋代，历时1100多年。开通大运河出于统治者政治与经济的需要，但在客观上促进了长江流域下游乃至全国的经济发展。自江南运河开通后，江南的丝绸、铜器、海产，四川的布匹，两湖的稻米，广东的金银、犀角、象牙等，都从这条航道络绎不绝地运到西面的长安或是北方的涿郡。隋代在运河沿线的枢纽地点还修建了大型粮仓，用来储藏从江南等地区运来的漕米。随着航运的发达，运河沿岸的商业都市也日益繁华，杭州、镇江、扬州和开封等都是当时著名的商业都会。

到了唐宋时期，大运河的经济价值更为显著，统治者已懂得要更加充分地利用长江下游通江达海的航运条件，聚资敛财，为自己服务。《新唐书·食货志》说："唐都长安，而关中号称沃野，然其土地狭，所出不足以给京师，备水旱，故常转漕东南之粟。"史书记载，每年由运河运往北方的漕粮有200万石以上，天宝初年达到400多万石。安史之乱后，唐王朝在税赋上更依赖江淮。当时有诗说：东南四十三州地，取尽脂膏是此河。

唐代，由于内战与边患主要发生在北方，南方，特别是长江下游，不仅受战争影响较少，又系王朝赋税所依仰，因而得到了进一步的开发。出于敛收漕粮的需要，唐代十分注重塘堰灌溉的建设。长江流域以塘堰为主的各类水利工程共约130项，江南道居首位，有27项。江南道的辖区包括今浙江、福建、江西、湖南及江苏、安徽、湖北、四川的江南部分和贵州的东北部。不过，一般所说的"江南"指的是江苏、浙江之间的太湖一带。唐代江南道的堰塘在前代的基础上进一步发展，分布也广，其中又以太湖周围最为密集，这就为太湖流域的全面开发奠定了农业基础。

宋代大运河漕运又大大超过隋唐。宋初，汴河每年的漕运量都在600万石以上，宋仁宗、真宗时，竟达到800万石。由于宋建都开封，地域接近江淮，在漕运运程上更依赖汴河和邗沟段，在大运河的汴河至邗沟段设了79座斗门和水闸。

到了宋代，"国家根本仰给东南"，逐渐把长江流域的经济发展推向了一个新的高潮，因此更加依赖江南，也就更致力于南方，特别是长江下游的经济开发。

北宋时期，长江下游一带两浙路的经济持续发展，盛产稻米的太湖地区被称为"国之仓庾"。苏、湖、常、秀诸州"岁漕都下米百五十万石，其他财赋供馈，不可胜数"，稻有早晚，一岁再熟。

北宋时期，特别是中期，太湖地区的水旱灾害较多。终北宋一代，太湖地区兴修水利史不绝书，重点是解决农田的排灌和航运问题，曾在苏州、松江、昆山、宜兴一带大兴水利，做了不少筑堤、建桥、开塘、置闸的工程，大力推广旱作种植。

这时期，长江下游的塘田工程在沿江与湖区垦田面积迅猛增加，有的规模很大。今江西、皖南和苏南丘陵山区的塘堰灌溉及江西的梯田大量兴起。

由于经济上的需要，宋代对大运河的漕运特别重视，运河上大量兴修堤堰闸坝，有些河段上曾设置了内外两层的新式复闸，漕运效率大大提高。宋时还对整个江西地段这一南北交通枢纽加强了经营和管理。

据研究，两宋时期太湖地区的水稻产量一般每亩为2～3石，平均为2.5石，约合今亩产180～270公斤，平均为225公斤，为当时全国水稻最高产量区，于是有了"上有天堂，下有苏杭""苏湖熟，天下足"的美誉，又有"今之沃壤，莫如吴、越、闽、蜀"和"苏、常、湖、秀，膏腴千里"之说。此时，这一带的造船业也已相当发达。

由于耕地的扩大和粮食产量的提高，太湖流域一带已成为全国最富饶的地区，中央政权的税赋更加依赖该地区。

南宋偏安临安（今杭州），江浙地区在当时最为富饶，漕运路线比北宋建都开封时短得多，湖、广、蜀等地的粮食，只要沿着长江干支流就可以运往沿江各军事重镇，不费转运之劳。因此，南宋控制的疆土虽不及北宋的2/3，但国家的岁入却与北宋相等，甚至高于北宋。

北宋末年，北方被辽金所占后，大运河南北航行中断，航道淤塞，扬州大港很快衰落。国内贸易为真州（今江苏仪征）所代，国际贸易让位于杭州和明州（今宁波）。

客观地说，长江流域取代黄河流域的位置，中国经济重心南移，开始于南宋，完成于元、明、清。

宋室南渡之后，太湖水利治绩较多，做了不少疏浚港浦与围田置闸之类的工程。但南宋前期，湖区大量围垦，导致排水不畅，涝溢成灾。后来，屡次禁止新围田，或废田还湖。这种围了又废、废了又围的状况，反反复复一直延续到元代。

南宋亡后20多年，元代的一个水利官员盛赞亡宋南渡150多年间只发生景定年间一两次水灾，原因是重视水利建设，并尽心经略，使高田、低田各有治水之法。

南宋时，苏州、杭州等地的官办织锦院以规模宏大、人数众多、织机齐备而著称于世，也以其丝织品精致美观而受人注目。这时，江南地区的棉花种植及棉纺织业开始普及，制茶、造纸、印刷、制盐、矿冶业也都很发达。如江西丰城、萍乡的煤矿开采，安徽繁昌的冶铁业，景德镇的瓷器制造，两浙、江西的刻版印刷及苏州的刻书等，均超过了北方。

南宋时期，江南经济迅速发展，改变了我国经济的原有布局，是我国经济发展史上的一个重要的里程碑。

<u>经过隋唐和宋的开发，整个长江流域成为我国经济、文化最发达的地区，为我国经济发展以长江流域为主体的总格局奠定了深厚的历史基础。</u>

享尽美誉天下扬

长江中游的两湖平原，元明清时期，社会经济得到较大发展。

首先表现为两湖平原的湖荡洲滩被大面积围垦为农田，原有的水系自然格局被严重改变，湖容量明显减少，平原湖区已不再是长江中游江河的纯天然调节水库，而成了长江中下游农垦区的重要组成部分。

其次，两湖平原农业生产技术和水平明显提高，作物结构更加多样化，农产品的商品趋向突出，"湖广熟，天下足"民谚的出现和流传，生动地反映了这种变化对全国经济发展的影响。

再次，城镇网络已经形成，市场体系开始发育。

湖荡洲滩被大面积地围垦为农田，也就是用堤坝围湖造田，有些地方叫垸田、院田、圩田，就是对低洼地的开发。垸田（圩田）是对两湖平原丰裕肥沃的水土资源进行有效开发利用的水利田，兴起于南宋后期。随后，开发的重心由平原周边丘陵和湖内部土墩地移向河间洼地、沼泽地、江边洲滩，农耕区域迅速扩大，促进了长江中游一带城镇的兴盛。商业的繁荣为两湖在全国经济地位的进一步提高奠定了坚实的基础，也使其成为我国封建社会后期长江流域先进经济区的重要组成部分。

大面积围垦为农田，大致可分为截河和围湖两类。截河实际上是占水道为田，被占的有的是平原上的重要河流。"荆江九穴十三口"和"汉江九口"的消失，就是典型例证。清代中后期，荆江及汉江下游大堤外出现了大量兴建在洲滩上的滩垸，就是在原来种植芦苇、柴草的田地基础上，将简单的田埂逐年增高扩宽为垸堤而成。汛期，这些滩垸就成了江面。实际上，滩垸愈多，江面愈窄，江流愈易受阻，埋下隐患。围田就是筑堤保护滨湖地，围田的增多使得湖面缩小。

截河与围湖，一方面让人们获得了大量的土地，发展了农业生产；另一方面，围湖造田过程中改变了中游地区两湖平原的自然地理结构与江湖的正常功能，导致日后遭受自然灾害。明清时期，长江水灾较为频繁，防洪排涝问题突出。围湖造田，产生了正负两方面的效应。

农业生产大发展的结果是明清时期出现了"湖广熟，天下足"的民谚，形象地反映了当时两湖平原的粮食生产在全国的重要地位。这一民谚至少在明弘治年间（公元1490年前后）已在民间出现，清代由民间流入宫廷，不止一次出现在皇帝谕旨、大臣奏折之中。

这一切说明，最迟在明弘治年间，长江中游、两湖地区在全国粮食流通中的重要地位已经显示出来。

这一时期，长江下游、江浙一带社会经济发达，棉、麻、桑等经济作物广泛种植。因为种桑获利高于种稻，所以湖州等农村俱以蚕桑为业，已经是"无尺地之不桑"。由于桑棉种植面积的扩大，粮食作物的种植面积相应缩小。自宋代以来，这里变成缺粮区，靠两湖一带供给。《清实录》记载涉及输入粮食之省区，清代内地18个省的绝大部分地区与两湖形成了以粮食供求为主的经济联系，其中长江下游发达的经济区对两湖米粮的依赖最强。这些地区为国家财赋重地，每年所产除去供粮赋所剩不多，日常民食及地方赈济仓谷多赖客米，如果湖广等省客米不至或数量不多或到期过迟，江浙等省米价立即上涨，民食便出现困难。因此可以说，没有湖广持续大量的米粮供应，江浙就不会有国家财赋重地之称。"天下足"更多的是指南半个中国，即长江、珠江流域对湖广粮食的依赖。

明初，建立了以金陵（今南京）为中心的水运网。明成祖迁都北京后，大运河经治理后广泛应用船闸，江南漕运改经运河运往北方。因大运河水运便利，通都大邑林立两岸。

长江中上游的成都、重庆、汉中、南阳、江陵、襄阳、武汉、长沙等已成为国家重要城市；长江下游的九江、安庆、淮阳、扬州、镇江、常州、无锡、苏州、嘉兴、杭州等均以物阜民丰著称于世。长江中下游地区已发展成为我国农业、手工业最发达的地区，粮食产量居全国第一。

沿海的松江、上海、嘉定、太仓已发展成为主要产棉区。安徽沿江地区开始大量种棉，丘陵地区则推广了茶、桑、麻等。

太湖流域的蚕桑生产进一步趋向集约化，当时，在湖州等地，种植蚕桑已上升为主业。苏、杭、嘉诸府之富靠的是蚕桑，人们称湖州最富，也是因其种桑养蚕最多。杭州成为全国重要的丝织中心。

湖北已成为全国重要的产粮区；蕲州（今蕲春）、鄂州（今武昌）、归州（今秭归）的茶，蕲、黄（黄冈）两州的麻，荆、黄、襄等州的丝，也较著名。

随之，以加工为主的手工业大发展。特别是在元代松江纺织女工黄道婆从海南岛引入棉织工具和生产技术之后，松江地区（包括上海）逐渐成为全国最大的棉织业中心，安徽沿江地区由于大量种棉，手工棉纺织业随之兴起。

南京、苏州为全国最大的丝织中心，手工业占相当优势，苏州东北半城全是经营丝织业的手工业工厂和作坊。

湖南浏阳、醴陵的夏布，长沙、湘潭、衡阳的纸伞，邵阳的竹器，益阳的篾席，浏阳的鞭炮等，都是当时著名的手工艺品。

四川内江一带大力种植甘蔗，出现了若干数百工人的糖坊。

明末清代，采矿业有了很大发展。湘南耒阳的铁，宜章的锡，桂阳、郴县、常宁的铜铝，永顺、龙山、石门、慈利的硝，湘乡、安化的硫黄，云南东北部会泽、巧家、永善和西北部丽江、中甸的银，浙江平阳的明矾，江西进贤、新喻、分宜的冶铁业，南昌、九江、抚州一带的炼铜铸币业，都很著名。

尤占重要地位的是江西的瓷器制造业与造纸业，瓷器生产规模很大，官窑民窑已近3000座，白天白烟蔽空，夜间红烟熏天，每年可制造瓷器几十万件。

商品经济空前繁荣，传统自给自足的自然经济受到冲击，各类生产集中了大量掌握专门技能的雇佣劳动者。城镇、市镇广为兴起。

亘古辉煌

长江，是一首流动的诗！她流过历史，流向无限的未来，给子孙们留下了亘古辉煌。

都江古堰耀千古

都江堰是世界水利科技史上的一顶皇冠，历经2000多年，仍然熠熠生辉。

都江堰是人们所熟知的我国古代最伟大的、举世闻名的水利工程。

都江堰是长江的骄傲！是历史的奇迹！

都江堰坐落在长江所有支流中流量最大的岷江上。

岷江，发源于今四川省阿坝州松潘县弓杠岭岷山山脉中，岷江水量主要在大渡河，岷江上游水较少，从崇山峻岭之中奔腾而下，经340千米，从海拔数千米高的山地，在今都江堰地区（原称灌县）进入海拔只有几百米的成都平原，顿时泛滥而不可收拾。成都，这个冲积扇平原成了水潦之地。蜀地的古代先民若想在平原上生存，首先必须治水。而治水的最佳位置，只能在岷江的出山口，即山地与平原的接合处，也就是今天都江堰的所在地。

古蜀先民大量的治水传说，是从与岷江洪水作斗争开始的。传说，大禹是四川汶川县人，他在汶川铁豹岭一带疏导岷江，然后开金堂峡口，分岷江水入沱江而在泸县流入长江，以减缓进入成都平原的水势。

都江堰是一座具有综合利用效益的水利工程，其主要功能有灌溉、防洪、航运三项，以灌溉为主。

岷江水量充沛，夏季水量更大。都江堰工程的重要任务之一是保证以成都为中心的成都平原良田沃土不被冲毁，成都不受洪灾。

<u>都江堰渠首工程由鱼嘴和金刚堤将岷江分为内江和外江，内江的水由人工开凿的宝瓶口进入成都平原，如果水量过大，就由飞沙堰泄入外江。金刚堤、飞沙堰、宝瓶口三道设施，控制了宝瓶口的进水量。</u>

一般进宝瓶口的水流量不会超过700立方米每秒，在高洪峰时期也只占岷江总流量的10%左右，可以保证成都城及成都平原免遭洪患。有人对成都历史上可以确知的25次水灾作了分析：成都受灾的原因，主要是"当地暴雨成灾"，其次是"灌县至成都区间降雨"形成。至于灌县以上的洪水，由于有都江堰工程的调节，"对下游成都一带的直接威胁较小"。可见都江堰对成都及成都平原的防洪作用十分显著。

都江堰的主要功能还有运输。今天，人们参观都江堰实际上只是看看渠首工程。但渠首工程只是主体，渠首以下的条条渠道，也是整个工程的重要组成部分。

岷江水道漂流木材，通过宝瓶口直达成都，从战国末年延续至今。

更重要的是，"穿二江成都之中，此渠皆可行舟"。二江，即检江和郫江。检江即今锦江，古代水量比今天大得多。自战国末年以来，借岷江的充沛水源，成都向东向南的主要运输方式一直是水运，主要通道一直是从锦江下至重庆这条水道。

杜甫诗云："门泊东吴万里船"，指的就是检江（锦江）流经杜甫草堂前的一段，亦称浣花溪。马可·波罗游成都时，留下了"江广半里，通海大船往来上下游"的记叙，看来也是写实的。

锦江上的万里桥,从汉代起,长期作为蜀人远行登舟之地。三国时,诸葛亮派费祎出使东吴,就在此处亲自为之饯行。

都江堰最重要的功能是灌溉。四川之所以被称为"天府之国",很大程度上得益于都江堰对成都平原万顷良田的自流灌溉。都江堰的海拔为731米,成都只有495米,沱江穿过成都平原东缘的山口金堂峡时,只有440米。都江堰工程从渠首开始,由若干渠道在下游组成一个河道网、灌溉网。

都江堰的灌溉面积有多大,古代无具体数字。据估计,进入宝瓶口的江水如全部利用,可灌溉田地2000万亩。《宋史·河渠志五》第一次明确指出了都江堰的灌溉区域为导江、新繁、金堂、成都、华阳等10个县。清代后期,灌溉面积曾达300万亩。由于灌溉渠道年久失修,淤塞垮漏,到民国时期,只能灌溉200万亩。

都江堰通过宝瓶口进入成都平原的江水,经过仰天寓闸之后分为两股,再经过蒲柏闸和走江闸分为四股,以下又按干渠、支渠、斗渠、农渠、毛渠五级,愈分愈细,形成密如蛛网的灌溉网。余水一部分流入沱江,一部分回到岷江,即外江。灌溉面积的大小全在于灌溉网的大小和畅通程度。新中国成立后,先后修建了人民渠、东风渠等,灌区已扩大到29个县市,灌溉面积达1100多万亩,还保证着成都市的工业用水。

都江堰工程之所以能长期发挥巨大作用,关键在于渠首工程高度的科学性。

都江堰渠首工程的布局,按照河势和水流规律,巧妙、适当地布置了分水鱼嘴、飞沙堰、宝瓶口三大工程,比较完善地起到了分水、引水、排沙和泄洪的作用。

分水鱼嘴选择安排在岷江从山区转入平原的这个最佳位置,在江心河床上人工修建了鱼嘴,实际上是江中分水堤的堤首,鱼嘴后面是犹如鱼身的金刚堤。江水通过鱼嘴之后,被分成内江和外江。外江主要用于排洪排沙,也可以灌溉;内江主要用于灌溉,也兼排洪排沙。如果在鱼嘴的两边用杩槎(三根圆木扎成一个三脚架,架中压上重石)按一字形排列江上,可改变内外两江的分流比例。枯水期内六外四,保证内江用水;洪水期内四外六,减轻内江的压力,也就是

都江堰

后人总结的都江堰治水"三字经"中的"分四六，平涝旱"。

　　宝瓶口是都江堰渠首工程的关键部位。想让岷江水既能在成都平原被利用，又能加以控制，是当初修建都江堰工程的主要目标。先人看到岷江左岸的玉垒山有一支余脉插入岷江之中，即虎头岩（今伏龙观，离堆公园的最前部分），就在此用火烧水激的办法凿开了一个缺口——宝瓶口（古时较窄，今底宽17米），虎头岩离开了玉垒山，孤立江中，即著名的"离堆"。

　　宝瓶口凿开之后，江水由此进入成都平原为人们所利用。由于瓶口宽度有限，过量的洪水无法进入，所以基本上是"水旱从人"，长期受益。这个控制内江流量的咽喉是从山体中开辟出来的长80米、深40米、宽20米的引水渠首。

　　飞沙堰在鱼嘴以下700米的内江河段，口宽240米，堰高2.1米，位于金刚堤与离堆之间，作用是排洪排沙，也可在春季将江水拦进宝瓶口，供灌溉之用。飞沙堰是一个低平而宽阔的泄洪道，但与其他水利工程的孔状泄洪道截然不同。当内江水枯时，水平面低于或相当于飞沙堰，江水就会流入宝瓶口，保证成都平原的用水。内江水涨时，飞沙堰自动泄洪。遇大洪水时，飞沙堰泄走内江洪水的大部分，使宝瓶口不会进入过量的洪水，以保证成都平原的安全。

飞沙堰还具有极为重要的排沙功能。从岷江上游冲下来的江水中不仅有泥沙，还有若干卵石。卵石的淤积是当今国际水利界难以解决的问题，但都江堰这个问题解决得很好，使若干到都江堰参观的外国水利专家望堰惊叹，认为是不可思议的奇迹。根据现代水利专家的研究，飞沙堰之所以能排出沙石，是因为内江河口至飞沙堰是一右弯河段，有弯道环流作用。关键还在于江水直冲离堆，出现"壅水"，产生"横向漩流"，就有了侧向排沙的效果。洪水愈大，宝瓶口愈无法通过，横向漩流也就愈大，侧向排沙的作用也就愈明显，大量的沙石就从飞沙堰溢泄到外江去了。在外江中，经常可以看到从飞沙堰溢出的直径达到30厘米的大卵石。

对于飞沙堰这种奇特的"飞沙"现象，成都科技大学的专家们做过实验，结论是洪水中98%的沙石能从飞沙堰自动排出，这的确是都江堰具有高度科学性的具体体现。古代的人们通过实践懂得了泥沙学、水力学、水工学、流体力学等方面的许多原理。

历代治蜀者均以李冰为标杆，以治水为重任。西汉蜀郡太守文翁主持复修都江堰，率先扩大了都江堰灌区；三国时，蜀汉丞相诸葛亮认为"此堰农本，国之所资"，遂专门设置堰官，并"征丁千二百人主护"，对都江堰进行经常性的管理维护；唐代尚书右仆射高俭在原有渠道和工程整治的基础上，布置和扩建了许多分支渠道，扩大灌溉面积；元代吉当普、明代施千祥均在渠首分水枢纽鱼嘴结构和材料上进行革新尝试。先贤在治水实践中总结出"深淘滩，低作堰""遇弯截角，逢正抽心"等蕴含"人水和谐""道法自然"理念的治水经验，直至今天依然被世界水利界奉为圭臬。

"岁修"是都江堰每年一次的大事。古代竹笼结构的堰体在岷江急流冲击之下并不稳固，而且内江河道尽管有排沙机制但仍不能避免淤积，因此需要定期对都江堰进行整修，以使其有效运作。宋代订立了在每年冬春枯水、农闲时断流岁修的制度，称为"穿淘"。

史书记载，每当隆冬时节，由上万民工组成的岁修大军，从四面八方来到都江堰岸边安营扎寨。江上大小船只川流不息，岸上鼓声雷动响彻云霄。根据李冰留下的"深淘滩，低作堰"岁修准则，内江要清淤，堤岸要加固，什么时候看见埋在河床上的三根"卧铁"了，就算达到内江岁修的标准了，那是"深淘滩"的标记。淘得过深，宝瓶口进水量大了，会引起涝灾；淘得过浅，水量又达不到灌溉的需求。"低作堰"是说飞沙堰的标准，从卧铁到堰顶不高不矮只能是 2.15 米。据说有一年因农田面积增加，需要加大灌溉水量，岁修时将飞沙堰加高了 80 厘米，这年春汛时成都北部就超过了警戒水位，人们赶快拆掉加高的水泥围堰，恢复古制，水位才降了下来。

从现代眼光来看，都江堰工程是一个巨大的灌溉水网，其灌溉效益全在于灌溉水网的大小、长度和畅通程度。从 20 世纪 50 年代起，都江堰灌区先后修建了人民渠、东风渠等重要渠系及水利工程，成都平原的土地全部得到了浇灌。如今的都江堰已成为四川省不可或缺的水利基础设施，承担着 7 市、40 县（市、区）、1131.6 万亩农田的灌溉任务，以及 2300 多万城乡人民生活、生产及生态环境的用水任务，在灌溉、城乡供水、防洪、水产养殖、种植、旅游、环保等多目标综合服务保障中，焕发出无限生机与活力。

2000 年，都江堰被联合国教科文组织列入世界文化遗产名录；2018 年，被列入世界灌溉工程遗产名录。

著名社会活动家赵朴初先生曾在参观都江堰后赋诗曰："长城久失用，徒留古迹在；不如都江堰，万世资灌溉。"这一赞誉，都江堰完全担当得起。

与都江堰兴建时间大致相同的古巴比伦纳尔—汉谟拉比灌溉渠系、古罗马远距离输水道，都因沧海变迁和时间的推移，或湮没，或失效。只有我国的都江堰，泽被后世，造福千年，至今运行不辍，是一个属于中国也属于世界的数千年奇迹。

绿色丝带代代飘

灵渠，一条永不飘落的丝带！

灵渠是我国古代著名的水利工程，也是世界上最古老的运河之一。灵渠所设的斗门，为船闸的先导，也是世界上最早的通航设施。

灵渠沟通了湘江和漓江，把长江和珠江连接起来。

史载，前221年，秦始皇继灭六国之后，派遣屠睢带领50万人马分五路向岭南进发，一路经过今兴安地区。

为了解决军需供应问题，秦始皇下令在湘江与漓江上游之间"凿渠而通粮道"，并派史禄主持。渠道修成后以灵巧著称，故名灵渠。从此，秦军的粮草兵械便经长江入洞庭湖，溯湘江，过灵渠，顺漓江而下，入珠江，源源运往岭南，有力地支援了秦的南征。

根据史书记载，灵渠的开凿在秦始皇二十六年至三十三年（前221年—前214年）。秦始皇三十三年（前214年），秦统一了岭南，"略取陆梁地，为桂林、象郡、南海三郡"。桂林也因灵渠的开凿成了"南连海域，北达中原"的重镇。西汉元鼎六年（前111年）于桂林置始安县。梁大同六年（540年），于始安郡置桂州，桂林之名始于此时。秦汉以后，中原地区与岭南的交通多取道于此。

灵渠是一条人工运河。兴安地处五岭山脉的越城岭与都庞岭之间，是湘水、漓水上源的河谷地带。站在这里可以看到湘江北去，漓水南流。由于这里地势较低，历史上称其为湘桂走廊，历来是中原、江淮和岭南地区经济文化交流的重要通道。

湘江上游海阳河发源于广西灵川县海阳（洋）山，由南向北流经兴安县城附近，再向东北流经洞庭湖，汇入长江。湘江在兴安县城有一小支流叫双女井溪。

漓江发源于兴安县猫儿山南，由北向南流至大溶江镇附近，与灵渠汇合，至梧州入西江，也就是珠江干流。灵渠在兴安县城有一条小支流叫始安水。

双女井溪与始安水之间相距约2千米，水位差仅数米。中间的一些小分水岭，如太史庙山、始安岭、排楼岭等，宽仅300～500米，相对高度仅20～30米。

如果选择适当地点筑坝抬高海阳河水位，再挖通分水岭，就可以引湘入漓，沟通湘漓二水。

工程建设者们先在兴安县城东南五里的龙王庙山下的美潭（即分水塘）用

长方形的料石在海阳河（湘江）中筑坝拦截海阳河水位，使其壅高，再挖通太史庙山。坝的前端尖锐，形如犁铧，所以称为铧嘴。铧嘴高约6米、长74米、宽23.4米，把湘水劈开，一分为二。挖通太史庙山后，开南渠引水入漓，开北渠通湘江，于此沟通了湘漓二江，也沟通了长江与珠江。大致是三分入漓，七分归湘。紧接铧嘴尾端，北面为大天平，长380米；南面为小天平，长120米。铧嘴和大小天平呈"人"字形，全用巨石砌成，而且大小天平不作直线延伸，目的在于使堤坝的抗压能力增强，也在一定范围内增加天平的长度，提高天平的泄水能力，并减轻洪水对天平的压力。

天平的作用主要是拦截湘江上游来水，抬高湘江水位，减少南渠过分水岭段的开凿量。枯水时可以保持南渠、北渠的通航水深；当洪水暴发，渠道不能容纳时，可以通过天平泄入湘江故道。大小天平的高度很有讲究，通过大小天平两道石堤的调节，形成"夺三分湘水而成漓江"的奇观。由于天平具有平衡水量的巧妙作用，故名天平。

灵渠全长34千米，分南渠和北渠。

南渠全长30千米，大部分利用灵渠天然河道，人工开挖的只有分水塘至铁炉村附近约5千米的一段。南渠首段还有两处泄水天平，飞来石附近的叫大泄水天平，兴安县城马嘶桥下的叫小泄水天平。泄水天平就是渠道的溢洪道，通过它可以宣泄由山涧进入渠道的多余水量，保证渠道安全。因此，泄水天平略低于堤岸。

北渠长约4千米，是连接湘江和漓江的一段航道。因为湘江已被铧嘴和大小天平截断，行驶在湘江的船只不能越坝而过，湘江坝下的船只也不能进入漓江，于是顺大天平一端另开北渠，接通湘江，使湘漓通航。北渠自分水塘向北蜿蜒于湘江故道之旁，至洲子上村附近复入湘江，直线距离不过2千米，但落差高达8米。为了减缓北渠坡度，以便于航行，开挖时采取了曲折迂回的线路，增加了渠道的长度。

为解决湘漓要通航而湘江的水位低于漓江的问题，灵渠上建有陡门，亦叫斗门，可以说是最早的船闸门。就是在南渠堤岸内侧，两边相对各砌一个半圆石墩，因其形如门而称作陡门。当船驶进陡门后，随即下闸，水位很快升高，用水涨船高的原理，层层闸水，逐级引航，使湘漓通航的船只得以"顺崖而上，建瓴而下"，通南北之舟楫。从秦至清，每天都有数十艘船只通过灵渠。灵渠一直是中原和岭南水路交通运输的大动脉。

关于灵渠的神话传说很多。数千年前，建造灵渠这样的工程，不能不说是一个奇迹，必然衍生出许多神话传说。

灵渠南渠岸边有个三将军墓，传说埋葬着三位修建灵渠的将军的尸骨。南渠岸边耸立着一块飞来石，传说是建渠困难重重，感动了峨眉山的神仙，于是从峨眉飞来巨石镇妖怪，助人建渠。临渠而建的四贤祠是为纪念开凿和修建灵渠有功的史禄、马伏波等人。

2000多年前修造的灵渠曾为沟通长江、珠江两大水系，为沟通中原与岭南的关系，为发展岭南经济作出了巨大的贡献。随着历史的发展，灵渠的水上交通功能已逐步让位于陆上交通，但其灌溉功能还在发挥作用，特别是新中国成立后，灌溉面积已从过去的2000多亩发展到3万多亩。

灵渠还吸引了海内外无数的文人墨客咏叹经久不绝，吸引了无数人前来观光。在特定的时期，灵渠仍然可以通航。

泛舟渠上，两岸青山碧透，渠旁万紫千红，渠内一带黛绿，怎不叫人发思古之幽情？

千秋功过任人说

大运河，中华文明史上光彩夺目的一页。

> 我国在隋朝开通的京杭大运河是世界航运史上开凿最早最伟大的运河。南起杭州，北达北京，贯穿浙江、江苏、山东、河北、天津诸省市，把钱塘江、长江、淮河、黄河、海河五大水系连接起来，全长1794千米。

之所以说大运河是世界上最伟大的运河，是因为它比沟通红海和地中海的苏伊士运河长 10 倍多，比沟通太平洋和大西洋的巴拿马运河长 20 多倍。

京杭大运河是我国古代南北交通的大动脉，曾有力地促进了社会和经济的发展。

京杭大运河也称南北大运河，并非隋代才开凿，隋炀帝是在历代开凿运河的基础上，先后征集二三百万人，用了六年时间建成的。

大运河从分段到全线通航，自春秋至隋代，历时 1100 多年。大运河流长地广，地势有高低，水源有大小，先民采用各种办法，疏湖导河，建闸筑坝，改变自然地理状况，达到了通航的目的。

京杭大运河属于长江流域的部分主要有两处：邗沟和江南河。

邗沟就在长江北岸的扬州附近，因为古时扬州也称邗城。邗沟是运河的重要组成部分，是大运河工程中接通江淮最早的一段，原是春秋时吴国开凿的，隋时称为山阳渎或山阳河。隋时大力加深拓宽邗沟。

江南河也是大运河的重要组成部分，在长江南岸，自京口（今镇江）至余杭（今杭州），全长 400 多千米，宽 30 多米。

江南运河建成于隋代，但据史籍记载，早在春秋末期就已开挖，秦汉时期也作过挖掘。这段运河沟通了长江与钱塘江水系，纵贯整个太湖平原，并穿过江北与邗沟相通，连接通济渠与永济渠，构成隋代大运河。今天的江南运河在历史上几经变迁，是在原有基础上经过自然条件的变化和人为不断改造的结果。

江南运河也是沟通长江与太湖流域的重要水道，不仅便利了水上交通，而且促进了太湖平原水利的普遍发展，直接促成了当地经济的发展。唐宋以后，太湖流域能发展成为我国最富饶的地区之一，江南运河功不可没。

江南运河至今仍是大运河中最繁忙的河段之一，除当地的客货运输外，近几年来又成为全国著名的水上旅游线。自镇江沿江南运河向东南行，依次经过常州、无锡、苏州、嘉兴等城市，直抵杭州的拱宸桥。"家家门外泊舟航，小橹摇过屋中堂。"这是江南运河独具的风情。常州的舣舟亭、无锡的黄埠墩、苏州的宝带桥、嘉兴的长虹桥等，都是沿河的风景名胜。江南运河中与钱塘江连接段原有 7 千米河道淤塞不通，1983 年已疏浚沟通。江南运河与钱塘江沟通后，与嘉兴、杭州、金华、绍兴、宁波等地区的水路脉脉相通。这一段，至今仍是江南重要的内河航运线。

江南运河正在为长江三角洲的崛起发挥重要的作用。

唐宋时期对大运河进行了大力的维修。唐代对大运河进行修整疏浚，改进了管理，曾提出"分段运输法"。宋代在运河上大量兴修堤堰闸坝，有些河段上曾设置内外两层的新式船闸。如江南河及仪征河段，当时在邗沟河段就建筑了 79 座斗门和水闸，足见大运河的航道技术已达到了较高的水平。

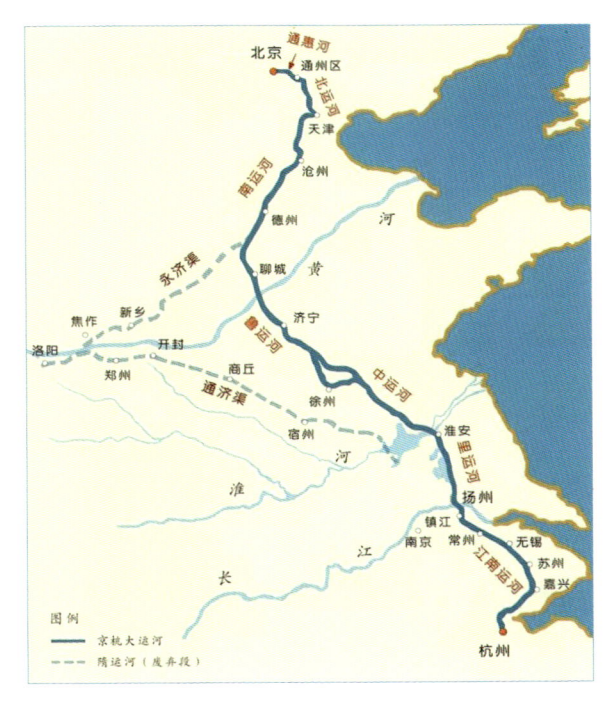

京杭大运河示意图

后来因津浦铁路兴建，运河逐渐被冷落，有的河段已被淤塞。

新中国成立后，特别是 1958 年以来，国家制订了改造大运河的计划，投资对大运河进行了大规模的分段疏浚与整治，航运效益逐渐恢复。大运河同时担负部分南粮北运的任务，江南段已经拓宽和疏浚，江苏、浙江、上海的用煤，大部分通过运河从北方运来。

如今，大运河已是南水北调东线工程的输水线路，沿途建有 13 个梯级泵站，逐级提水北送，输水干线长 1150 千米。2013 年 12 月，南水北调东线一期工程正式通水。

京杭大运河正在逐步恢复青春！

京杭大运河纵贯南北，将历代京都和最富庶的地区紧密相连，对经济发展、文化交流、国家统一，都曾起过巨大的作用。

大运河的通航曾促进沿岸大批城市的崛起和商业的繁荣。从杭州北上，有嘉兴、苏州、无锡、常州、镇江、扬州、淮阴、徐州、济宁、聊城、临清、德州、天津、北京，都是历史上著名的商业都会。特别是江南运河段，流经的常州、无锡、苏州、嘉兴，自隋唐以来都是我国最富庶的地区。

"半天下之财富，悉由此路而进"，作为沟通我国南北的大动脉，大运河弥补了我国几大天然河流多为东西走向的不足，在历史上起过重大作用。

历代君王之所以如此重视大运河，主要是为了巩固自身的统治，为了王朝经济上的需要，为了漕运。隋代曾在运河沿线的枢纽地点修建了大型粮仓，用来储藏从江南等地运来的漕米。唐宋时期，大运河的经济价值更为显著。史书记载，唐玄宗时每年由运河运往北方的漕粮就有 200 万石以上，天宝初年达到 400 多万石。安史之乱以后，北方藩镇割据，整个唐王朝"赋取所资""仰于江淮"。唐代李敬方诗云："东南四十三州地，取尽脂膏是此河"，这是泣血的写照。宋初，汴河每年的漕运量都在 600 万石以上，宋真宗、仁宗时竟达到 800 万石。由此可见，唐宋时期，大运河是统治者维持政权的生命线。

大运河几乎与隋炀帝的名字连在一起。隋炀帝开凿大运河除了漕运外，还有一个重要的目的，就是为了自己的"游幸"，寻欢作乐。他是在扬州发迹的，当了皇帝后千方百计寻思故地重游，炫耀自己的穷奢极欲。他在征用二三百万百姓开凿运河的同时，就下令为他的南游建造了许多舰船。《资治通鉴》记载，他"遣黄门侍郎王弘等往江南造龙舟及杂船数万艘"，"东京官吏督役严急，役丁死者什四五，所司以车载死丁，东至城皋，北至河阳（今河南孟县南），相望于道"。100 多万人死于苦役，尸骨遍道，惨不忍睹。

隋朝妄图以开凿大运河来维护其统治，只能是一枕黄粱。隋炀帝最后是在各地起义军的沉重打击下，在扬州被其部将杀死的。随之，隋朝也灭亡了。

但从另一个角度看，运河的兴建适应了我国社会发展的要求，在中国封建社会的历史长河中，它对于经济的发展、文化的交流、国家的统一，应该是有百利而无一害的。封建王朝开凿运河有他们自己的目的，他们奴役民工写下的是一部斑斑血泪的运河史。所以说,京杭大运河呈现的是一种复杂的社会现象。

对于大运河的功过,必须历史地来看待。

古人就已知道把运河的功绩与隋炀帝的罪行区分开来。

唐末诗人皮日休曾写《汴河铭》称赞运河说:"北通涿郡之渔商,南运江都之转输,其为利也博哉!"他在《汴河怀古》其二中说:"尽道隋亡为此河,至今千里赖通波。若无水殿龙舟事,共禹论功不较多。"皮日休比较深刻地分析了运河现象,高度肯定与赞扬了运河造福后世的意义,当然也并没有掩盖隋炀帝的罪恶。

明人于慎行在《谷山笔尘》中认为,隋炀帝"为后世开万世之利,可谓不仁而有功矣"。

清初历史学家谈迁也说:"吴隋虽轻用民力,今漕河赖之。西门豹曰:'今父老兄弟患苦我,百岁后期令子孙思我。'谅哉!"

从根本上看,大运河的开凿反映了社会发展的要求,是政治经济文化发展的结果,如果不是国家统一、有一定的实力、科学技术发展到相当的水平、对自然地理环境的认识达到一定的深度,京杭大运河的开通是不可能的,没有一定的气魄也是不可能的。

大运河展现了人民的聪明与才智,它属于时代,属于科学,属于人民的聪明与才智,属于付出了辛劳、鲜血乃至生命的人民。

屹立潮头有哨兵

江浙海塘,屹立长江口潮头的哨兵。

海塘是我国东南沿海地区的人们为阻挡海潮的侵袭而修筑的海防大堤。江浙海塘在我国长江三角洲及东南沿海地区的经济开发过程中,占有相当重要的地位,其中,以浙江杭州湾海塘成最大。

江浙海塘北起常熟，南至杭州，全长约400千米，分江苏海塘、浙西海塘两大部分。

江苏海塘大部分濒江，小部分临海，所经之地为常熟、太仓、宝山、川沙、南汇、奉贤、松江、金山等县，长约250千米。

浙西海塘经平湖、海盐、海宁至杭州钱塘江口，长约150千米。

海塘是人工修建的挡潮堤坝，是沿海岸以块石或条石等砌筑成陡墙形势的挡潮、防浪的堤，又称为陡墙式海堤，是中国东南沿海地带的重要屏障。它的建造是人类征服大自然的伟大举措，显示出了人类的气魄与力量。

江浙海塘的修建开始于东汉末年。相传杭州有个叫华信的人很有钱，建议在钱塘江口修建海塘，承诺民工一担土给钱一千。于是，招致很多人运来土石。华信却言而无信不给钱，民工们一气之下丢下土石就走了。这些土石堆积成的海塘，汉代就叫钱塘。这是根据《水经注》转引的《钱塘记》的记载。

其实，秦始皇时就曾设置钱塘县。东汉时，为了防止涌潮的侵袭，构筑海塘工程是完全可能的。东汉王充在《论衡·书虚篇》中就曾对钱塘江涌潮的成因作了确切的科学分析。

江苏海塘起始于东晋咸和年间，《晋书·虞潭传》作了如下记载："又修沪渎垒，以防海沙，百姓赖之。"垒即海塘，沪渎垒在今上海市宝山区境内。

至唐代，江浙海塘开始有较大发展，主要由于这一时期江浙沿海逐步得到开发，人口和耕地面积都在增加，涌潮对濒江沿海一带的威胁日益严重，海塘工程也逐渐增多。

到五代时，吴越王钱镠对海塘下了大功夫，曾在杭州候潮门和通江门外筑塘，方法也是新的，以木栅为格，填进砖石，经涨沙充淤后，成为远比土塘坚固的土石塘。这种方法叫"石囤木桩法"，可以说是从土塘到石塘的过渡。

到宋代，江浙沿海的海岸线变化很大，不是沦为沧海就是淤积成为陆地。为了适应其变化，海塘工程比唐代更多。北宋大中祥符、景祐、庆历、嘉祐年间，南宋乾道、嘉定、嘉熙年间不断加以修筑。江苏海塘也有发展，范仲淹知泰州时曾在前人的基础上筑泰州捍海塘143里，把塘线稍作移动，以避海潮冲击。工程做得很坚固，自此潮不能侵，百姓感其德行，称其为"范公堤"。此后，江苏长江以北沿海一带捍海堤堰工程统统名曰"范公堤",堤线也东南逶迤至通州境内。宋时,塘工技术得到较大发展,曾把土塘改为竹笼装石筑塘。又因竹朽石散,海塘易毁,改用柴土为材料的卷埽式"柴塘",但仍然不能抵御海潮。景祐中有一年夏天,大风夹潮,昼夜不止,其势越趋越烈,堤之土石被大海吞噬了大半,于是只好动用江淮南路江浙福建的驻军,又调动周围七个县的壮丁5000人,开山凿石,用了近一年的时间筑成新堤,用工30万,足见其规模之大。

相传王安石任鄞县县令时,在筑石塘的沙技术上作了重要改革,采用"坡陀法",即斜坡石级式。这样一来,塘身稳定性优于壁立式,海塘坡阶起到消力作用。后来,在有些堤段的石塘内侧还另筑土塘作为第二道防线,通称土备塘。

元代,江浙海塘工程虽然不多,但塘工技术仍在发展,主要是用"探海法"。可以说,修筑海塘的材料和技术经过了漫长的历史岁月才臻于完善。

明清时期,对江浙海塘投入的人力物力之多及技术上的进步,超过了其他历史时期。

《续海塘新志》卷三中有一句话颇令人深思:"东南财富半出于江浙钱漕,是海塘实为目前第一要务。"

明末清初思想家顾炎武曾说:"韩愈谓赋出天下而江南居十九。以今观之,浙东又居江南十九,而苏、松、常、嘉、湖五府又居两浙十九也。"

顾炎武还指出:以苏州一府计算,其耕地仅占全国耕地的八十八分之一,而所纳田赋却占全国田赋收入的十分之一。

作为江浙农业区屏障的海塘,显得更为重要。

明清时期,江浙海塘的修筑重点在海宁、海盐、松江、宝山、太仓、常熟等地。这些地区险工最多,筑而复坍,塘工非常频繁。

明末,海盐平湖两地海塘基本改成石塘,塘工技术有很大改进,已发展为用"长六尺,厚两尺,琢必方,砥必平"的大石头砌筑五纵五横共18层的鱼鳞状石塘,已开有备塘河,还制定了维护海塘的管理制度,设专款维修。

清代，曾征集无数人力、耗费巨额财资修筑江浙海塘，重要的有海宁老盐仓鱼鳞石塘，开始于康熙末年，乾隆四十八年竣工，70年间从未间断。这是一种重型海塘，每丈所用石料约为17立方米，重达47吨以上，塘身一般为18层，每层用厚一尺、宽一尺二寸、长约五尺的条石砌成，高一丈八尺，顶宽四尺五寸，底宽一丈二尺，是一种塘身内填块石、外砌条石的条石块石塘。还有一种五纵五横的鱼鳞状石塘，平均每丈石塘用银约300两。由所用石料、木材都从外地运来，石料多来自绍兴、武康、苏州、太湖洞庭山等处，木料主要来自钱塘江流域，有些还来自长江中上游。清乾隆年间已有鱼鳞海塘40余千米。

涌潮是江浙沿海比较普遍的现象，而以钱塘江潮最为壮观。一股大的涌潮，其前坡壁立高度可达3米，当两股涌潮在岸边交汇时，交汇点水位瞬时可达八九米；落潮时，急流沿塘扫过，严重威胁沿海人民的安全和生产。

涌潮本来是一种自然现象，在古代，人们还不能认识这种现象的形成原因时，往往把涌潮说成是"海龙王作怪"或"潮神的呼吸"。传说春秋时吴王夫差杀伍子胥后，将其投入江中，伍子胥怀恨，在江中推波助澜，形成涌潮。于是沿海一带造了"子胥庙""海神庙""镇海铁牛"和"六和塔"等，还经常演出祭海神的剧目。

关于钱塘江涌潮形成的科学原理，古代先民不断地进行探索，逐渐提高了对涌潮现象的认识。早在东汉时，著名思想家王充便在《论衡·书虚篇》中指出："涛之起也，随月盛衰。"他认为钱塘江涌潮为月亮盈亏所致，他的观点是符合科学道理的。潮汐现象主要是太阳和月亮引潮力的作用，以及地球自转产生的离心力之故。每逢阴历初一、十五，地球和太阳、月亮差不多在一条直线上，天体引潮力特别强，所以易形成大潮。

地理学家、气象学家竺可桢认为，江潮的学名称"涌潮"，"凡江中有怒潮者，必具有以下三个要素。第一，河须滨海；第二，河口必须箕形，外口极宽，内行逐渐狭减；第三，河口必须甚浅，且须有沙礁横梗口外。"钱塘江正好三者兼备。

钱塘江外为杭州湾，宽达100千米，继而两岸渐缩，至澉浦只宽20千米，进入海宁盐官时，江面仅3千米左右，潮水层层相叠，最高达8.92米，蔚为壮观。由于钱塘江口发育成一个巨大的堆积体拦河沙坝，河床又比较高，潮波被迫分成南北二段，绕沙滩成直角交汇，形成十字形的交叉潮。

如此奇伟壮观的潮水，全世界只有两处。

除钱塘江外，另一处是巴西亚马孙河河口。

自古以来，钱塘江涌潮就是世界一大奇观。

潮初起，蒙蒙的水天之间，一条雪白的素练横江而来，继而潮头滚滚，呼啸澎湃，铺天盖地，如巨雷轰鸣，气势磅礴。到了江面最狭处，涌潮如笔立山头，排空出世，掀起蘑菇云般的巨浪。

钱塘江涌潮是奇妙的，它把人们引进了奇妙的宇宙空间，惊涛排空，雪山滚动，人们可以强烈感受到冰雪的冷气和自然的威力。

钱塘江观潮始于春秋战国时期，汉魏六朝时期逐渐兴盛，南宋因偏安杭州，观潮之风达到了极盛。

当时观潮从阴历八月十一日开始，一直要到八月二十方休，又以八月十八日为最盛。

潮水奔腾而来时，江浙一带的游泳健将断发文身，手举大幅彩旗或红绿伞，一个个迎着海潮翻涛踏浪，出没于鲸波万仞之中，腾身百变，而手中的旗尾一点不湿，各显神通，人们称其为"弄潮儿"。

南宋以后，钱塘江观潮一直延续至今而不衰，吸引了一代又一代的名人。

孙中山、毛泽东等伟人都曾亲往观潮，领略这大自然的奇观。

如今，当人们沿着鱼鳞石塘拾级而上时，往往驻足凝思。身后是无边无际的大海，茫茫复茫茫；前面，杭、嘉、沪正在迅速崛起，长江口三角洲、江浙沿海，仍然是国家的经济重地，举世瞩目。

青铜写春秋

1954年，百年不遇的特大洪水席卷长江流域，中游重镇武汉被洪水围困近百天，人们在武汉北郊盘龙湖畔一个叫王家嘴的地方取土筑堤抗洪时，发现了一座青铜文明时代的古老城池——盘龙城。

这座被大水冲出的惊世古城，夯土遗下的城基累累叠叠。经过1974年以来的历次大规模考古发掘，盘龙城遗址宏阔的城池、豪华的宫殿、专业的手工作坊，以及精美的青铜器、玉器、陶器等出土文物，穿越3500年的光阴重现于世人面前。其中1989年10月发现的特大青铜圆鼎，高达85厘米，口径55厘米，重24.36千克，是迄今所见我国商代早期最大的铜圆鼎，其最薄之处壁厚仅为0.5厘米，可见早商时期铸造工艺确实精湛。

盘龙城是长江流域发现的第一个大规模青铜文明遗址。在长江上游成都平原发现了被誉为"比秦代兵马俑更不同凡响的青铜文明"的三星堆遗址，在赣江和湘江流域也发现了吴城等青铜文明遗址。

这些都是长江流域的先民在红铜和青铜的采掘和冶炼、铸造和焊接方面创造的奇迹。

铜绿山古铜矿是我国现已发现的年代最早、规模最大且保存最好的古铜矿。它的开采年代上限可能在商代晚期，下限约在两汉之际。最迟从周初起，这里就是一个产铜基地，之后仍在断断续续开采中。现已发现的古矿井和古炼炉多数是春秋战国时代的，从出土器物来看，主要的开采年代也在春秋战国时代。那时，铜绿山古铜矿的发展已达相当的水平与规模，在楚的统治下达到了极盛。"铜绿山"因为"每骤雨过时，有铜绿如雪花小豆点缀土石之上"而得名。经探查，山中有丰富的铜铁矿床，而且有金、银、钴等共生。

铜绿山地处长江中游湖北大冶西北3千米处。古矿区从西南部到东北部，长约2千米，宽约1千米。在这个范围内，所有的山头都在海拔100米以下。几千年前，先民经过长期的摸索，积累了探矿的经验，得以舍贫矿而取富矿。

古矿井的竖井由原地面垂直向下开挖，深度可达 40～50 米，挖到有富矿的地方，就向旁开挖横巷。他们还懂得边掘进边装支架以避免坍塌，可见采掘水平是很高的。

春秋中晚期，楚国的铜器生产，从采掘、冶炼到铸造、焊接都已超过中原，超过吴越，居列国之首。

在长江中游湖北随县曾侯乙墓出土的青铜器，总重量达 10 吨之多，这也是当时这一地域青铜的开采和冶炼已达到较高水平的标志。

曾侯乙墓所出土的编钟无论是冶炼水平，还是铸造工艺，均为世界罕见。

编钟属于战国早期的青铜乐器。曾侯乙出土编钟 65 件，其中纽钟 19 件、甬钟 45 件、镈钟 1 件，最大钟通高 153.4 厘米，重 203.6 公斤。全套钟总重 2500 多公斤，分三层八组悬挂于曲尺形钟架上。钟架铜木结构，由七根横梁六个佩剑铜武士组成。横梁、钟钩、钟体之上共刻有铭文 3755 字。铭文内容涉及钟的编号、铭记、标音及乐律。镈钟系楚惠王所赠，正面有铭文。测音结果表明，绝大多数的钟所发乐音与钟铭文所标的音名相符。用于演奏的全套 5 组甬钟，基调属现代 C 大调，总音域跨至 5 个八度，只比钢琴两端各少一个八度，其中心部 12 个半音齐备，全部音域的基本骨干则是五声、六声以至七声的音阶结构。总之，整套编钟音色丰富优美、音域宽广、音列充实、音律较准，能演奏采用和声、复调以及转调手法的乐曲，显示了中国先秦音乐艺术的高超水平。

长江流域现存的一些青铜器令世人瞩目。

1983 年在湖南省宁乡出土的四羊方尊是现存我国商代青铜器中最大的方尊，是商代青铜器中工艺最杰出的

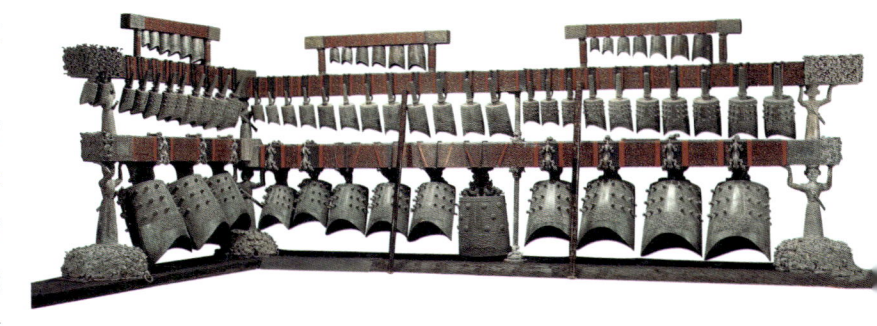

曾侯乙编钟

代表，在铸造方法上采用了分铸与合铸相结合的技术，集中了绘画、线雕和浮雕等各种工艺，把器皿和动物形态有机地结合起来，在喇叭形口的方体上，肩腹部四角各铸一只卷角山羊，用身体稳健地扛起了大铜尊，形态十分逼真。总重量达 35 公斤，通高达 58.3 厘米。

剑在长江下游古代吴越人的心中，是一种力量的象征。铸剑是一种非常神圣的事业。剑锋利、短小，便于随身携带，既可用于装饰，又可防身杀敌，古人常有佩剑的嗜好。

四羊方尊

吴越之地所产的金、锡是铸剑必不可少的原材料。许多著名的冶铸家聚集在吴越之地，使吴越的铸剑技术日益精湛，超过了中原地区。

相传名匠欧冶子在铸剑时得天地相助，"赤堇之山，破而出锡；若耶之溪，涸而出铜；雨师扫洒，雷公击橐；蛟龙捧炉，天帝装炭；太一下观，天精下之"，于是欧冶子铸出五把宝剑，人们分别命名为"湛卢、纯钧、胜邪、鱼肠、巨阙"，都是削铁如泥的稀世珍宝。其中湛卢、鱼肠、胜邪三把曾为阖闾所得，后因吴王无道，湛卢流失，最终为楚庄王所有。

吴国最著名的冶铸家是干将、莫邪夫妇。干将与欧冶子同出一师，他铸剑规模很大，并已使用了一种用皮革制成的鼓风工具——橐。相传春秋吴时干将与莫邪夫妇两人曾在天目山与支脉莫干山上铸剑。吴王阖闾令干将精心铸剑，限期三年。时间到了，铁汁倒不出来。干将妻莫邪很为丈夫担心，问该怎么办，干将道："前我师兄，欧冶子铸剑时，曾以女人配给炉神，铁汁就出来了。"莫邪听干将这么一说，剪发断指投入炉中，果然铁汁就出来了，铸成两把锋利异常的雄雌剑，雄剑叫"干将"，雌剑叫"莫邪"。

据初步统计，如今仅铸有越王名的青铜剑就出土了十余把，吴王剑、夫差剑也相继在山西、湖北、河南等地被发现。一柄自湖北江陵县楚墓出土的越王勾践剑，全长55.7厘米，宽4.6厘米，剑上刻有错金鸟篆体铭文："越王鸠浅 自作用剑"，鸠浅即勾践。这把剑距今2400多年，依然十分锋利，一次可裁割十几层白报纸。据化验分析，勾践剑用青铜、锡铸成，还含有少量的铅和镍，剑柄中还含有硫元素。就其铸造工艺而言，堪称我国青铜兵器中的精品。吴越争斗时的刀光剑影，从这把剑中依稀可见。这把曾把握于"卧薪尝胆"的越王勾践之手、光泽悦目的宝剑，实为国宝。

这些在地下沉睡了几千年的宝剑，仍锋芒锐利，寒光凛凛，光洁细腻，不失旧时风采。

在长江上游，四川广汉三星堆祭祀坑出土的青铜器和金器之精美，也令人震惊！

大型的金器有4件，一件是金杖，用纯金皮包卷而成，全长142厘米，直径2.3厘米，重量超过500克。另三件是金面具，用纯金皮模压而成，面具大小与真人头部相仿，两眉、两眼镂空，鼻梁突出，生动逼真。其中一件直接罩在青铜人头像之上。3000多年前就有如此巨大的金器，举世罕见。

三星堆出土的青铜器有400多件，主要是表现人物形象的青铜器群。单是完整的就有82件，分为三大类：全身整体人像10件、头像40多件、面像20多件。有一尊巨大的全身整体铜像，身高189.2厘米，加上脚下的底座，高达260厘米。据有关专家研究，这是目前全世界古代青铜人雕像中最高大的，也是现存的完整的古代青铜人雕像中年代最古老的。青铜人头像和一般人的头部大小相仿，形态及装饰各异。最大的青铜人面像宽138厘米、高64.5厘米，造型手法十分夸张，是当今世界之最。青铜铸造的植物中，有一棵神树高达4米，是难得的艺术珍品。

三星堆出土的青铜器说明，3000多年前蜀地的铸造技术和工艺水平是很高的，不仅采用了浑铸法（多范合铸），还采用了先铸、后铸、嵌铸等分铸法，以及铜焊、热补、铆接等先进技术。这些青铜器的合金成分除了一般的铜、锡、铅之外，有的还含磷。青铜器中含有微量的磷，可以提高青铜的流动性、硬度、

青铜人面像　　　　　　　　　　　　神树

强度和弹性。

　　三星堆青铜器及其他文物的出土，将长江流域古蜀文化的发展史翻开了新的一页，也使中华文明的早期起源与发展增加了一个十分重要的领域。事实上，三星堆重要文物的发现始于20世纪30年代。20世纪80年代进行了七八次一定规模的发掘后，出土各类文物几万件，珍贵文物亦有上千件。2021年3月和5月又有新发现，12个"祭祀坑"发掘出千余件重要文物。这是世界考古史上罕见的重大发现，国外评论说："从中国西南传出的消息，那里的考古发现可能是世界上最引人注目的。随着沉睡在地下的文物走上平台，随着人们研究与探索的深入，中国古代文明史的若干篇章，诸如文明起源、民族构造、文化交流、科技发展、造型艺术等等，都将需要重写。"

　　三星堆出土文物具有鲜明的地方文化特征，自成一个文化体系，已被中国考古学者命名为"三星堆文化"。

丝织人间色

早在新石器时代，长江流域的远古先民就开始了纺织活动，在距今6000多年的河姆渡文化中，除了纺轮以外，还有管状骨针、打纬木刀和骨刀、绕线棒等纺织工具，是世界上迄今为止发现的最早的原始织布工具。春秋战国时期，楚地的丝织品和刺绣品尤为著名。

> 根据考古学家夏鼐考证，我国是世界上最早生产丝织品的国家，商时已能生产有一定水平的丝织品。春秋战国时期，中原的丝织业发展很快。史载"齐纨鲁缟"，从有关资料看，南方的楚国从春秋中期到战国早期，丝织业至少可与齐鲁并驾齐驱。战国中期到晚期，楚国丝织业处于鼎盛期。楚国的丝织业足以代表当时我国丝织工艺技术的最高水平。

现藏于湖北省荆州地区博物馆的"凤鸟花卉纹绣黄绢面锦袍""凤鸟花卉纹红棕绢面锦裤""小菱形纹锦衣""龙凤虎纹绣罗单衣"等，服式各异，构图丰富，纹样多彩生动，色彩艳丽，织工绣工精细，代表了当时楚国丝织与刺绣业的发达水平。

从文献记载和考古资料可以看出，战国时期楚国的纺织生产实现了进一步的发展，规模迅速扩大，缫丝、纺纱、织造、染色等一整套的工艺技术和手工纺织机械都已经形成。楚国丝织品的应用更广泛了，丝织品的品种也更繁多了。屈原在《楚辞·招魂》中描绘楚宫的景象时，就提到了相当多的丝织品。

秦汉时期，我国丝绸提花技术达到了相当高的水平。长沙马王堆汉墓的出土物中有一批对鸟纹绮、花卉、水波纹、夔龙、游豹纹锦和第一次发现的绒圈锦等。这些花纹和图案的组织结构相当复杂，需要上千束甚至更多的综束，如绒圈锦有 8800 ~ 11200 根，织造之艰巨繁杂可想而知。

而同在马王堆出土的织物素纱襌衣长 128 厘米，单色、纤细、稀疏，薄如蝉翼，重仅 49 克，不到一两。领和斜襟、袖缘皆用织锦制作，既美观又耐用。这是我国迄今发现的年代最早、最轻薄的衣服，堪称稀世珍品。

南北朝以前，我国古代内地用以织成布帛的原料一直是丝和麻。用麻织成的叫"布"，用丝织成的叫"帛"。古时一般百姓无钱穿丝绸衣服，只能穿用麻织成的衣服，于是有了"布衣"之称。

谈到长江流域乃至全国的纺织业，黄道婆的名字是不能不提的，她是一位杰出的纺织技术家。

宋末元初，江苏松江乌泥泾镇（今上海华泾）妇女黄道婆，少年时受封建家庭压迫，流落海南岛，向黎族姐妹学习了先进的棉纺织技术。1295 年，她 50 岁时回到家乡，着手改革纺织生产工具，传授有关轧花车、弹棉椎弓、纺车和织机等技术。她把用于纺麻的脚踏纺车改成三锭棉纺车，总结提高了织布中的"错纱、配色、综线、挈花"技术，使松江地区成为当时著名的棉纺织中心，所产"松江布""乌泥泾被"行销全国。

明代又出现了能织造绚丽多彩的四川蜀锦和南京云锦等极复杂图案的提花机，当时堪称世界第一。

直到近代，长江流域的纺织业（包括丝织业）、刺绣业（不管是蜀锦还是湘绣苏绣）、印染业（包括蜡染、石染、草染等），一直在全国占有举足轻重的地位。

瓷器驰名中外

"雨过天青云破处，这般颜色做将来。"这句诗歌咏的正是玲珑莹然、纯净优雅的中国瓷器。

中国是瓷器的故乡，瓷器是中国古代人民的伟大发明，也是中国对世界文明的一大贡献。正因为瓷器在古代中国的特殊地位以及对世界的特殊贡献，英文中"瓷器"与"中国"同为一词"China"。这说明，在大部分西方人眼中，精美绝伦的瓷器完全可以作为中国的代名词。

纵览中国陶瓷发展史，长江流域历代窑场竞胜、名品辈出。

至迟在商代，中国已经出现瓷器的前身——原始青瓷，它是由陶器向瓷器过渡的产物。在江西、湖北等地的商代遗址中，就有原始青瓷出土。

中国真正意义上的瓷器产生于东汉时期，发源地在今浙江上虞一带。至隋唐时期，瓷器制作技术和艺术创作已日臻成熟，南方青瓷与北方白瓷并驾齐驱，号称"南青北白"。

宋代是中国瓷器烧造业的黄金期，名窑遍及大半个中国，钧窑、哥窑、官窑、汝窑和定窑并称"五大名窑"，名瓷精品层出不穷。其中，长江流域瓷器产地，与浙江较近的有越窑、龙泉窑，江西景德镇窑更是当时国内首屈一指的瓷器产地。

元代是中国瓷器生产承前启后的转折时期，在瓷器烧造方面有很多创新和发展。1278年，元朝政府在江西景德镇设立了"浮梁瓷局"，为景德镇瓷业的发展创造了有利条件，并为其在明清两代成为全国制瓷业中心和饮誉世界的"瓷都"打下了坚实的基础。元代景德镇瓷器最突出的成就是青花和釉里红的烧制，特别是青花瓷釉质透明如水，胎体质薄轻巧，洁白的瓷体上敷以蓝色纹饰，素雅清新，充满生机，成为景德镇名瓷中的精品之作。

明清两代是中国瓷器生产的鼎盛时期，瓷业从制坯、装饰、施釉到烧成，技术上都超过前代，瓷器生产的数量和质量也达到了高峰。明代，景德镇"集天下名窑之大成，汇各地良工之精华"，发展成为中国最著名的瓷都，所产瓷器"行于九域，施及外洋"。景德镇窑统治明清两代瓷坛长达数百年。

在历史不同阶段，中国陶瓷均形成了独具特色的制瓷中心。隋唐时期，北方的邢窑白瓷如银似雪，南方的越窑青瓷像玉类冰；两宋以降，以五大名窑为代表，陶瓷艺术发展到顶峰，瓷器生产遍布全国；元明清之际，青花、彩瓷成为主流，绘画风格绮丽多变，制作工艺巧夺天工，瓷器生产发展到另一个高峰。

中国制瓷业长久不衰，时至今日，江西景德镇、湖南醴陵、广东石湾和枫溪、江苏宜兴、河北唐山和邯郸、山东淄博等仍是我国重要的瓷业基地。

回首中国瓷器的发展轨迹，不难看出长江流域在中国瓷器发展史上的巨大贡献与重要地位。

漆器流光溢彩

漆器是中国古代人民的伟大发明之一，具有轻便、美观、坚固、耐用的特点，是我国古代著名工艺。

将生漆涂于各种器物的表面制成日常器具和工艺品等，就是漆器。

生漆，俗称大漆，又称国漆、土漆。生漆产自漆树。我国漆树资源十分丰富。据调查统计，我国漆树分布的中心区域，主要包括秦岭、大巴山、武当山、巫山、武陵山脉一带，这些地区分布着大面积的天然漆树林。比较著名的有鄂西自治州的毛坝漆，因产于利川市的毛坝镇而得名；建始漆；陕南的平利漆，质量好，色泽佳，享有"国漆"之名，蜚声中外。

可见，长江流域是我国漆树的主要分布地区。

中国古代漆器工艺手法多样、工艺精湛，主要有描金、填漆、螺钿、点螺、金银平脱、堆漆、雕漆、斑漆、平漆、戗金、堆红，等等。

中国古代漆器用途也非常广泛，从亭台楼阁、日常生活用品，到战场甲胄兵器，皆可使用，其用量之大、范围之广、种类之多，令人惊叹。

直至今日，漆器仍是我国民间工艺的重要组成部分，如扬州螺钿漆器、成都银片罩花漆器、安徽中溪犀皮漆器等，远近闻名。

中国漆器工艺还具有世界性的重要影响，大约在西汉时期，中国漆器工艺就已经传入朝鲜半岛、日本及东南亚等地，影响了周边地区和民族的漆器工艺，为世界物质文化的丰富作出了卓越贡献。

据文献记载，早在虞夏时期，先民就已开始在器物上涂漆。而考古发掘所见的漆器，则比文献记载还要早很多。1978年在浙江河姆渡遗址中出土一件漆木筒，经鉴定是目前所知最早的木胎漆器，距今六七千年。可见，长江流域是中国漆器的重要起源地。目前，全国80%以上的古代漆器出自长江流域。特别是战国秦汉时期，中国漆器工艺得到迅速发展，进入茁壮成长的繁荣时期，地处长江中游的楚地漆器最为发达，引领潮流。无论从历史，还是从工艺来看，长江流域漆器在中国古代漆器发展史上，绝对占有重要而又突出的地位。

春秋战国时期，楚国漆器产量之多、品种之备、制作之精、分布之广，都远超前代。迄今为止的战国漆器绝大部分出自楚墓，漆器在楚文化中占有重要地位。楚国漆器流光溢彩，美不胜收。东周列国之中，楚国的漆工艺是最为发达的，大量使用漆器随葬，是楚墓的重要特色之一。

湖北随州曾侯乙墓出土的漆器可以说是楚国漆器的一次重大发现。这批漆器保存较好，种类丰富，包括箱、盒、豆、杯、碗形穿孔器、桶、勺、禁、案、俎、几、架、鹿、透雕圆木器、藕节形器等，涵盖生活用器的方方面面。其中的二十八宿衣箱，盖与身分别用整木剜凿而成，器内桑红漆，器表髹黑漆，盖面正中朱书篆文"斗"字，周边按顺时针方向用红漆书写二十八宿的名称，盖顶两端绘青龙、白虎，是我国迄今发现记有二十八

二十八宿衣箱

宿，并与北斗、四象相配的最早的天文实物资料，具有极其重要的科学价值。

曾侯乙墓出土的鸳鸯形盒，头与身分别雕成，首颈与身椎接，头能自由转动。器身肥硕，内部剜空，背上有一长方形孔，承一长方形盖，盖上浮雕翼龙，全身以黑漆为地，彩绘艳丽，腹两侧有两幅漆画，左侧绘撞钟图，右侧绘击鼓图。

秦汉时期，在长江流域，竹木漆器基本上取代了墓葬中的铜器陶器，成为主要的随葬品，这间接促进了漆器工艺的进一步发展。如在湖北云梦、江陵，湖南长沙，江苏扬州，浙江绍兴等地的秦汉墓葬中，就出土了大量精美绝伦的漆器。

同春秋战国时期相比，秦汉漆器在品种、器形方面都有了飞跃发展，制作更为精美，并且广泛应用于社会生活。同时，秦汉漆器的产量很大，商品生产的性质明显，促进了漆器新工艺的出现，对漆器的发展产生了深刻影响。

唐代，襄州（今湖北襄阳）是一个声名最高、影响最大的漆器产地，有"襄漆"一说。唐宋以后发展起来的雕漆、螺钿、金漆等创新品种也各具特色、各显精妙。嘉兴的雕漆，扬州的螺钿，苏州、宁波等地的金漆闻名遐迩。明代安徽著名漆艺家黄成全面总结漆器创制经验，所著《髹饰录》为我国现存唯一一部古代漆艺专著。

神奇树叶，茶香悠长

中国是茶叶的故乡，茶文化的发源地。历代以来，上至帝王将相、文人墨客，下至挑夫贩卒、平民百姓，无不以茶为好。

茶叶之所以能够从中国走向世界，成为与咖啡、可可并列的世界三大无酒精饮料，茶文化之所以成为中国文化的符号象征，离不开长江的滋养。

茶是山茶科山茶属植物，其生长需要一定的自然条件。一般认为，经济栽培茶树的地理环境不能过于寒冷，年平均气温要在13℃以上；雨水应充足，年降水量在1000毫米以上；土质以酸性土壤为宜，唐代陆羽《茶经》认为以烂石（风化土壤）、砾壤（砂粒多、黏性小，有机质和矿物质丰富，透水和透气性好的土壤）为上，黄土最下；空气要湿润，相对湿度80%~90%最适宜；风速不能过大，光照不能太强烈，以较多的漫射光为宜，即《茶经》所言"阳崖阴林"；海拔要适中，宜多山、多云雾。

中国是世界上最早发现茶树、栽培茶树和利用茶叶的国家。《茶经》记载，"茶之为饮，发乎神农氏"。传说神农氏为了掌握草药特性，亲自品尝百草，一天之内中毒七十二次，生命垂危。幸亏找到一种叫"荼"的植物，用它解毒才化险为夷。从此，茶，正式登上了中华民族文化的高堂邃宇。

"神奇树叶"茶的发现、利用，与长江流域密切相关。长江流域大部分地区属亚热带季风区，热量资源丰富，四季较为分明，春季万物萌发，最适宜采茶，夏秋也可采，这就确保了采摘周期和产量。地势以山地、盆地、峡川、平原为主，交错起伏，小气候较多；有蒙顶山、巫山、巴山、峨眉山、大别山、霍山、天柱山、天目山等名山，这些山区既适合茶叶生产，又在儒释道各家中享受特殊地位，实现山、茶、人的精神文化融合。长江流域的另一特点是面积大，干支流遍及19个省、自治区、直辖市，横跨东中西三大板块，占中国国土面积的18.8%，容易形成茶叶经济带，产生聚集效应。

茶树原产于中国西南，但因地处边陲，交通和人员

茶园

往来有限，不为外界所知。自秦惠王兼并巴蜀后，这一带的饮茶习俗开始向外传播，顾炎武《日知录》云："自秦人取蜀而后，始有茗饮之事。"茶叶有两种传播方式，一是自然扩散，即通过雨水冲刷、河流漂流、鸟兽携带等，茶树种子可以从原产地云南传播到很远的地方；二是人为传播，即茶树或茶籽通过人口的迁移被带到了新的生长地。这两种扩散方式有不同的路线，其中较为主要的是从云南经四川、重庆、湖北、安徽到江苏、浙江，或者是从云南经贵州、湖南、江西、福建到台湾。两条传播路线不同程度地借助长江水系的力量，从西向东传播。

茶叶的栽培和种植经历了从野生到人工种植的驯化过程，最早开始这项工作的或许是西南一带的边民，但作出最大贡献的是唐代在长江流域劳动的人民。晋代诗人杜育《荈赋》描绘，茶叶成片野生于山岗和山谷之中，"灵山唯岳，奇产所钟，厥生荈草，弥谷被岗"。《太平御览》引《续搜神记》，称晋时宣城人秦精入武昌山采茗，王浮《神异记》也有"山中有大茗"的记载。可见，晋代长江中下游地区野生茶树比较常见，甚至不乏大茶树。即便到唐代，陆羽还指出在巴山峡川之中有两人合抱的大茶树。到中唐时期，在人们的观念中，野生茶品质最高，茶园种植的茶要次之。这反映出一个问题：唐代人工茶园数量在增加、产量在提升，故野生茶物以稀为贵。根据文献资料判断，中晚唐时期唐代出现了众多茶园，类型包括官办茶园、寺庙茶园、私人茶园、小农茶园等，茶树也从高大乔木被培育成一尺两尺的低矮灌木。这说明人类对茶叶的认识和驯化能力有了实质性提升，也反映出唐代茶叶消费不断扩大的社会现实，采摘野生茶的原始生产方式已经不能满足人们对于新型饮品日益扩大的需求。据万美辰等统计，唐代长江上游地区共66个州，其中有25个州及南诏地区产茶，共计60种茶；唐代长江中游地区共43个州，其中有27个州产茶，共计42种茶；唐代长江下游地区共28个州，其中有20个州产茶，共计47种茶。这大致可反映出茶叶沿着长江自上游向下游、自西向东的传播轨迹。

长江流域名茶荟萃，茶香四溢。著名茶叶有西湖龙井、洞庭碧螺春、黄山毛峰、庐山云雾茶、君山银针等。从制作工艺方面分，大致有六大类茶，即绿茶、红茶、青茶、黑茶、白茶、黄茶。

绿茶：我国产量最多的一类，主要产地为安徽、浙江、湖南、湖北、四川等。名茶有西湖龙井、太湖碧螺春、六安瓜片、信阳毛尖等。

红茶：属于发酵茶，安徽祁红和云南滇红享有盛誉。

青茶：也叫乌龙茶，属半发酵茶，主要产自福建、广东、台湾等地。名茶有武夷岩茶、安溪铁观音等。

黑茶：一般原料较粗老，加之制造过程中往往堆积发酵时间较长，因此叶色油黑或黑褐。主产于湖北、湖南、四川、云南、广西等地，是少数民族喜爱的主要茶类。

白茶：属轻微发酵茶，主产于福建等地。名茶有白毫银针、白牡丹等。

黄茶：特点是"黄汤黄叶"，这是制茶过程中进行闷堆渥黄的结果。名茶有蒙顶黄芽、黄山黄芽、君山银针等。

谈到茶叶出口，就必须提及出自江南的茶叶，以及将江南茶叶辗转运输的晋商。在明清特别是清朝，晋商对中国茶叶出口、茶叶转型（发明砖茶）作出了突出的贡献。他们从江南收购茶叶，一路跋山涉水，披荆斩棘，越过蒙古国到达俄罗斯。这就是著名的"万里茶道"。

西方国家每年运来白银、棉毛织品、胡椒等货物交换中国的茶叶、丝绸和瓷器。如今，茶已风靡世界，饮茶者遍布全球。

源于长江流域的中华茶文化蕴藏丰富的内涵，因此茶文化的功能和作用也是丰富多彩的，无论是文人士子生活中的"琴棋书画诗酒茶"，还是平民百姓生活中的"柴米油盐酱醋茶"，茶都是不可缺少的。

时至今日，长江流域的茶文化仍有蓬勃生命力。可以说，茶文化已经渗透到中国社会的方方面面。

河川纵横便行船

长江流域河川纵横，自古就便于行船。

古代长江流域的造船业和水运业都很发达。春秋战国时，就已有了专设的造船工场——船宫。南朝时已能制造大量的战船。当时造的船，载重可达 2 万斛。宋元时期，江南许多地方设有官造船场。扬、楚、杭、衡、婺、明、温、吉、赣等州年造船总量都很大，吉州造船曾达到年产 1300 只。

先民从大自然得到启示，"观落叶因以为舟"。1958 年，在长江下游江苏武进（今属常州）乡下的河中，挖掘出一只独木舟，是用一段整木挖成的，长 11 米，口宽 90 厘米。在良渚文化遗址，还曾发现约 2 米长的木桨，验证了古籍上人们挖木为舟、削木为楫的记载。"舟楫之利，以济不通"，说明远古的人们为求生存求发展，逐步进行了适应自然、制服自然的活动。

秦汉时期，可以视作我国造船史上的第一个高峰期，舟船种类较多。

唐宋时期，是我国造船史上的第二个高峰期，这一时期，仅来往于长江上的航船就达二三十万艘。

明朝造船业分布之广、规模之大、配套之全，都达到了史无前例的水平，是造船史上的第三次高峰期。最能反映明代造船水平的，要数郑和下西洋所乘的宝船。大型宝船长约 150 米、宽 60 米，舵杆长达 10.07 米。郑和下西洋是我国航海史上的一个顶峰。

著名科学史家李约瑟曾评价说，中国古代在造船和航运方面的许多原理比西方早 1000 多年，船尾方向舵的使用早于西方 400 年，航海用罗盘针早于西方 200 多年。这说明，我国古代在航海事业上取得的成绩是领先于世界的。

郑和下西洋是从长江下游苏州刘家港（今江苏太仓东浏河镇）出发的。郑和下西洋是明初大规模的远洋航行，是世界远程航海史上的创举。

明永乐三年（1405 年），明成祖朱棣派宦官郑和与副使王景弘率水手、官兵 2.78 万人，乘宝船 62 艘，远航西洋。他们从太仓出发，到了越南南部、爪哇、苏门答腊、斯里兰卡等地，经印度西岸折回，1407 年返回中国。

之后又于永乐时期 公元 1407—1409 年、1409—1411 年、1413—1415 年、1417—1419 年、1421—1422 年和宣宗宣德期间的 1431—1433 年出海。

前后28年，共七次远航，共经过40多个国家，最远曾达非洲东岸、红海和伊斯兰教圣地麦加，所乘的船最大的可容1000人。

这些航行比哥伦布等人的航行早半个世纪以上，舰队规模与船只之大，都超过他们几倍。

无疑，郑和下西洋的壮举，在明朝前期具有极重要的地位，把古已有之的朝贡贸易推向全盛。郑和每到一地，都以瓷器、丝绸、铜铁器和金银等物换取当地物产，与亚洲各国加强了联系。

郑和从永乐三年至宣德八年（1405—1433年）七下西洋，所达、所见、所闻的国家东起中南半岛南部，西至非洲东岸，横跨整个印度洋和南太平洋，其声势旷古未有，其功绩则可与汉代的班超齐名。

郑和下西洋是规模空前的赉赐贸易，这种超大规模的贸易活动，客观上促进了中外经济交往。郑和出使每每能平等对待异族，包括一些弱小的、落后的民族，交易公平，因此受到各国的最好礼遇，一些小国甚至主动来朝。据统计，在郑和下西洋期间，有包括东非麻林（肯尼亚）等34个国家的使者访问过中国，其中绝大多数多次朝贡，而朝廷也给一些国家的贡物以免税的最惠国待遇，大大促进了中外经济交往。

郑和下西洋，大大刺激了国内手工业生产的发展。郑和每次下西洋都需要携带大量的瓷器、缎匹。《明宣宗实录》记载，为下西洋之需，明廷向景德镇一年就派造瓷器443500件，数量之大，令人瞠目。明初曾在各地专设织染局，又数长江下游苏杭地区设织染局最多，工艺也最精。当时苏州是最著名的丝织城，苏郡织染局的工匠在2000人以上，产品缴纳设在南京内库，郑和下西洋带的丝织物多取于此。

郑和下西洋在一定程度上促进了地区繁荣，尤其是远航始发地上海地区的发展与繁荣。明太祖在苏州河上黄渡镇设置了明代第一个市舶司。郑和屡次远航都从刘家港进出，从而也使长江口成了一个进出口贸易的基地。明中叶时，上海产的棉布已有很大名气，"松布衣天下"便是生动的写照。

郑和下西洋，向世界展示了中国文明的发达，显示了中华泱泱大国的风度，促进了中外文化交流。作为传播文化和友谊的和平使者（在出使的过程中仅有的几次使用武力完全是自卫），郑和受到了中外人民的衷心爱戴。

开山辟岭走南北

　　长江流域的人们锲而不舍地在奋斗中求生存、求发展，信奉的是"创造"。

　　长江上游的巴蜀先民从高山环绕的困境中走出来，走向中原，走向西南，走向大海，走向世界。

　　四川盆地是一个四周高峻、中间低陷的典型盆地，东边是巫山；南边是大娄山、大凉山，紧邻云贵高原；西边是龙门山、邛崃山、峨眉山，再西是横断山脉；北边是米仓山和大巴山。

　　在盆地的四周找不到一块平坦的通道与外界相连，名副其实的"其地四塞，山川重阻"。自然地理条件导致了交通险阻，"蜀道难，难于上青天！"但是，古蜀先民在崇山峻岭中寻寻觅觅、奋力挣扎，开拓盆地内部与外部联系的交通线。秦汉之前出现了几条重要的蜀道。主要在北与南，因为东边虽是巫山阻隔，还有长江交通，西边在古代是较盆地内部更为落后的地区，还有岷江、青衣江等河谷相通。

　　四川盆地向北的一条通道开凿于悬崖峭壁之上，以雄险闻名于世。这是一条栈道，一条向北通往中原——古代经济文化最发达的地区的孔道。在四川境内的一段，也是最重要的一段，古称金牛道，又名南栈道，是我国最早的栈道，究竟起源于何时，已无法确知。它与陕西的褒城斜道相接，长770千米。《战国策·秦策》中"栈道千里，通于蜀汉"，说的就是这条栈道。为此花费了多少心血、多少汗水乃至多少牺牲，后人是无法知晓的。这里流传的神话故事已无从可考，力大能移山、手举万钧的五丁当然是神话人物，却又确实是开修栈道的功臣，到现在还有一座山叫"五丁冢"。

　　20世纪30年代修筑的川陕公路和50年代修筑的宝成铁路的主要线段，也大致沿用了这条栈道的路线。

栈道，又名阁道、栈阁、复道，是古人在悬崖峭壁上凿孔架木、铺板而成的一种山路。洞孔呈方形，长宽各数寸，深数寸到一二尺不等。孔与孔之间相隔数尺，一般是上、中、下三层排列。中层孔用作插木桩，上铺木板，以作人行道；下层为支撑孔；上层孔插木搭篷，形成一道蜿蜒于绝壁间的凌空长廊。这是古代川陕一带的风景线。

今天，古蜀道上仍依稀可见古栈道的遗迹。

古蜀先民在以主要力量开辟北边秦蜀通道的同时，也着力于南边川滇通道的开拓，先后开辟了西夷道和南夷道。后者因系古代僰人（濮人）所开所用，又称僰道。还有一条夜郎道，通川黔。

闻名世界的栈道，在巴蜀地区出现最早、里程最长、作用最大。到了西汉初年，"栈道千里，无所不通"，没有千年左右的艰苦开创与精心维护，是不可能的。

长江上游的四川人民不甘于高山的围绕，他们勇于凿路架桥，沟通周边地区，开拓了一条通向域外、通向海洋的通道，这条通道被称为"南方丝绸之路""西南丝绸之路"。

具体讲，南丝绸之路与从中原经河西走廊到中亚的西北丝绸之路不同，与从东南经海上的丝绸之路也不同，是从四川入云南，至缅甸，达印度、巴基斯坦，再转中亚、欧洲，也被称为"蜀身毒道""滇缅道"，在相当长时间内鲜为人知。

南丝绸之路可能在很古老的远古时期就已存在，因为三星堆文化遗址中发现了大量的海贝。

长江流域上游这条"南丝绸之路"，很长一段时间不为中原所知晓。因为今云南的大部分地区（古代被称为西南夷）长时期内并未成为中央王朝所管辖的行政区域。秦朝曾短期管辖，汉初又放弃，并有小小的闭关政策，将原来巴蜀与西南外蛮夷之间的通道要塞全部关闭。除极短时间外，巴蜀与西南夷地区一直既没有官方交往，又不准民间公开来往，只能是民间的私下交往，是"地下"式的商业交易。

《史记》中有我国关于这条路最早的记载，说公元前122年张骞出使西域时，在大夏（今阿富汗地区）见到巴蜀的蜀布、邛竹杖等，问这些东西从哪里来，对方回答是从东南面身毒国（主要指今印度）的巴蜀商人手里买来的，张骞才知道有这么一条"蜀身毒道"，不像走西北丝绸之路那样"患匈奴隔其道"。

汉武帝为了利用这条"便径""宜径"，想从"邛西""西夷"前往身毒国，再到大夏，用以取代西北丝绸之路，派张骞主持，分四路前往探路，结果四路都未成功，从川西北出发的被氐族、筰族拦阻；从川西、川西南、川南出发，又被嶲族和昆明族拦阻。汉武帝仍不死心，一心想从这条路通往西域，司马迁和司马相如都曾受命参与其事，都未有结果。

但南丝绸之路作为民间商道，一直在通行。通过蜀身毒道从蜀中传到中亚的不是珠玉之类，而是蜀布、邛竹杖之类日常生活用品，推断可能是普通物品的大量交易。整个西汉时期，民间这种私下贸易被官方称作"蜀贾奸出""窃出商贾"。直到东汉，这条通道才逐步公开，后来成了"滇缅道"。

古代的南丝绸之路是一条国际通道。

长江是开放的，长江流域的人民，从古至今，也是开拓的、创造的、进取的。

神秘江源

历史认知的种种

参天之木，必有其根；怀山之水，必有其源。

浇灌了这片辽阔的土地，哺育了这么多中华儿女的母亲河——长江，从何而来？源头在哪里？几千年来，人们一直在坚持不懈地寻找答案。

古人对长江觅踪寻源的热情一直都很高。战国时期成书的地理著作《禹贡》曾对长江、黄河诸水作过记述，有"岷山导江"之说。同时代的《荀子·子道篇》说，"江出于岷山"。据考证，这里所指的"岷山"，并非指现在四川松潘附近岷江发源地的岷山，而是指甘肃天水西南，位于嘉陵江上游西汉水源头附近的嶓冢山。这是把嘉陵江当成了长江的正源。

一直到北魏时期，著名地理学家郦道元在他的地理著作《水经注》中说："岷山在蜀郡氐道县，大江所出。东南过县北。岷山渎山也，水曰渎水矣。又谓之汶阜山，在徼外，江水所导也。"这里说的"氐道县"，是西汉时设的现在甘肃天水和武山两县之间的一个县，嶓冢山的所在地。这里说的"汶阜山"即汶山。"汶"与"岷"在当地的读音相近，就传为岷山了。

其实，2000年前的汉代，人们已开始知道金沙江源远流长，但没有把金沙江作为长江的一段。《汉书·地理志》中说，金沙江上游远在云南省宁蒗县以西，仍然把金沙江看作长江的一条支流。

唐朝时，吐蕃松赞干布遣使至唐朝请亲，文成公主远嫁吐蕃。641年，松赞干布亲自到今黄河源头鄂陵湖、扎陵湖一带迎亲。709年，又有金城公主嫁往吐蕃。在吐蕃统治的200多年间，汉藏之间因请婚、下嫁、入贡、抚慰、告丧、修好、请市、和盟等互派使臣，西藏经青海与长安间的往来频繁，通天河玉树一带正是当时的重要通道。据此可以说，人们对金沙江以上的通天河段已有相当的了解。唐代樊绰著的《蛮书》（亦名《云南志》）也曾对金沙江上游的源流情况作了描写，大体上符合今天金沙江的状况。樊绰是我国第一位正确、完整认识并记载金沙江的人。《蛮书》中称金沙江为"犁牛河"。

宋元时期，人们对江源的认识没有多大进展，只是南宋末年，将犁牛河、泸水改称金沙江。

明洪武初年，著名僧人宗泐奉使西域，归途中经过江河源头地区，记述了江源状况。显然，他还是以今巴颜喀拉山为长江与黄河的分水岭的。直至明末著名科学家、地理学家徐霞客的《江源考》问世，才纠正了关于江源问题的不正确认识。

徐霞客（1587—1641），名弘祖，字振之。他的家乡江苏江阴，正是长江入海处。

年轻时，徐霞客朝夕目睹滔滔东去的大江，想了解它究竟从哪里发源。开始时，他查阅史籍文献，知道黄河、长江同为中国的两大河流，追溯它们的源头，了解到黄河发源于昆仑山北，即所谓"前有博望之乘槎，后有都实之佩金虎符"。博望侯是汉代张骞的封号，他和元代的都实都曾探讨过黄河之源。他们关于河源的说法虽不甚相同，但结论一致，都指出黄河发源于昆仑山北，距岷山约万里。

于是，徐霞客产生了疑问："何江源短而河源长也？岂河之大更倍于江乎？"他曾过淮河到开封，对黄河的局部河段进行实地考察。当他见到"河流如带，其阔不及江三之一"时，对前人所谓"岷山导江"的结论提出了质疑：难道浩瀚宽广的长江，长度和所容纳的水量还不及黄河吗？

为了弄清这个问题，徐霞客长途跋涉，实地考察，北面到陕西一带，南面到达起伏绵延于湘、赣、粤、桂四省边境的五岭，西面一直到云南石鼓的金沙江边。他的好友陈函辉曾接到徐霞客自峨眉山写给他的信，可见徐霞客还到过四川。徐霞客考察得知"入河之水，为省五（五个省）；入江之水，为省十一（十一个省）……计其吐纳，江既倍于河"时，认定长江比黄河大，并进一步断定江、河的渊源不可能相距太远。所以他在《江源考》中指出："按其发源，河自昆仑之北，江亦自昆仑之南。"他认为，发源于昆仑山南面的一条河流为金沙江，且说："岷江经成都至叙（宜宾），不及千里；金沙江经丽江、云南、乌蒙至叙，共二千余里。"因此，流至宜宾与岷江汇合的金沙江，应该是长江的正源。

为什么过去总是舍远而宗近，错误地把岷江作为长江的江源，而黄河没有出现这类情况呢？主要是由于我国古代王朝都重视黄河，他们主要的活动范围在相当长的时间内主要在黄河流域，因此黄河之源曾几经探寻，有比较确切的结论。

徐霞客经过认真考察，根据河源与流向、山脉与河流的关系得出"脉长源亦长"的论断，写下了《江源考》，提出："故推江源者，必当以金沙为首"，岷江不过是长江的一条支流而已。

> 《江源考》的问世，对人们认识长江的变化规律及进一步治理与开发，有重要的科学价值。可惜《江源考》原著大部分散失，仅留下几千字。

徐霞客不拘旧说，勇于探索，敢于突破，毕生致力于旅行和地理考察。年过半百的徐霞客在云贵高原考察4年之久，在云南1年多，曾在被现代人称为"长江第一湾"下游的金沙江一带考察，明确指出金沙江是长江正源，为江源探索端正了方向。但是，他只到了丽江，未能溯江而上，并未去过遥远的江源地区。

江源，依然笼罩着神秘的面纱。探索江源，进入这个神秘世界，有待后人。

唐宋以后，"岷山导江"的观念紧箍人们的思维，凡涉及江源的著作几乎全持这一观点，如唐初徐坚的《初学记》、元脱脱等撰的《宋史·河渠志》、明罗洪先的《广舆图》、明末清初黄宗羲的《今水经》等。有的还提出大渡河和金沙江都是汇入长江的支流。更有清初胡渭著《禹贡锥指·附论江源》抨击徐霞客的《江源考》是离经叛道。

清代，由于汉、藏、蒙等民族在青藏高原往来频繁，人们对江源的了解日益详细。如《康熙内府舆图》和《水经要览》两部地理著作，都对江源水系作了较为全面的描述，指出金沙江上源为冰河。前者根据 1708—1718 年实测资料绘制，后者为清代黄锡金所著。康熙后期，为了编制精确的全国地图，曾多次派人探测青藏地区，包括江源。不过使臣 1720 年到达江源地区时，面对密如渔网的众多河流，只能回来禀报"江源如帚，分散甚阔"，莫衷一是。这时对江源地区的认识还是含糊的。

清代以后，涉及江源水系的著述虽多，但对江源的提法仍是众说纷纭，有一源说、二源说、三源说。

许多外国人也对探索江源的奥秘十分感兴趣。19 世纪中叶以后，随着帝国主义势力的侵入，外国人进入青藏高原的活动日益增多。1864—1935 年的 71 年间，外国人以"考察""旅行""探险"等名义到青藏高原的有 146 人次。

沙俄军官普尔热瓦尔斯基在 1867—1885 年的 18 年间，五次带领武装"探险队"进入新疆、青海等地活动，其中曾两次到达通天河上游。1889 年和 1908 年，沙俄又派科兹洛夫率人两次到达柴达木盆地，翻越巴颜喀拉山，到达通天河。

美国人洛克希尔在 1892 年曾深入现青藏公路附近的尕尔曲。

英国人韦尔伯 1896 年曾到过楚玛尔河上游一带。

瑞典著名探险家斯文赫定曾到达柴达木盆地南缘的昆仑山附近。

他们都已到了江源地区，但都未能到达长江源头。

1946 年初出版的《中国地理概论》是一本有代表性的著作，由正中书局出版，何敏求、陈尔寿、程潞著，影响极广。书上写："长江亦名扬子江，源出青海巴颜喀拉山南麓……全长 5800 千米，为我国第一巨川……上游于青海境内有南北两源，南源曰木鲁乌苏，北源曰楚玛尔……"除提出南北两源外，还把长江的发源地错误地说成是巴颜喀拉山南麓。又因黄河发源于该山北麓，于是有了"江河同源于一山"的谬传。

揭开神秘面纱

万里长江真正的源头究竟在哪里？这一千古之谜直到 20 世纪 70 年代才被揭晓。

新中国成立后，由于江源地区仍无精确的测图，继续沿用以前旧图资料。有关部门只在青藏公路沿线进行过查勘，对远离公路的江源未能进行考察。1965 年出版的《辞海》，对江源的描述仍较混乱。其实，早在 1956 年和 1958 年，长江水利委员会（后简称"长江委"）为布设长江上游水文站网，曾组织过通天河和青藏公路沿线的水文勘查，但限于当时的条件，未能进行青藏公路以西的源头考察。不过当时曾翻越昆仑山，查勘青藏公路附近的楚玛尔河、沱沱河和布曲。

1970 年前后，有关单位根据卫星照片资料，制成江源地区百万分之一地图。测绘部门开展了青藏新"无图区"十万分之一地形图的航测调绘工作，精确地反映了江源地区山脉、水系的真实面貌。这在我国历史上是空前的，为实地考察江源提供了十分重要的资料。

此时，教科书上的长江源头依然是"可可西里山东麓"或"祖尔肯乌拉山北麓"等模糊表述。长江委主任林一山说："一个现代国家，如果连自己重要山川最基本的情况都弄不清楚，不足以言现代，更不足以谈开拓创造精神。"

长江探源事宜被提上日程。林一山考虑，必须利用一切可能的机会，创造条件，弄清长江源头这片祖国"无图"地区的情况，不然，也不好向子孙交代。恰好，主持国务院外办工作的一位领导，曾批示外文出版局、新华社和长江流域规划办公室联合编印一本关于长江的大型摄影画册，向世界宣传长江。悟已往之不谏，知来者之可追。1975 年冬开始，长江委（此时称长江流域规划办公室）

决定和首都新闻摄影单位联合组成一个长江源头采访调查组，弄清长江源头的秘密。

1976年、1978年两个夏季，江源考察队向亘古无人的长江源头进发。江源考察队在高原严重缺氧的恶劣条件下，艰苦跋涉，舍命拼搏。

<u>1976年夏，终于有8位同志骑马深入沼泽湿地和冰川雪山谷地，到达沱沱河源头万年冰河、各拉丹冬雪山西南的姜根迪如冰川；有2位同志到达尕尔曲的源头冰川；他们还考察了楚玛尔河和当曲的局部河段。人们终于揭开万里长江源头神秘的面纱，终于真正地来到万里长江的源头。</u>

亿万年沐浴着长江恩泽的长江儿女们终于在20世纪70年代找到了冰天雪地中的长江源头！

这是长江历史上的第一次，也是中华民族的第一次，是一次伟大的创举。

由28人组成的江源考察队经过51天的艰苦努力，到达了海拔5000余米的雪山，到达了长江源头，探明了江源的地形和水系，纠正了历史上长期以来关于江源错误的描述。这次考察后，根据"河源唯远"和流向顺直等因素，确定以沱沱河为长江正源；唐古拉山主峰各拉丹冬雪山，海拔为6621米，其西南的姜根迪如南支冰川为长江的发源地。

这次查勘证实，长江源头地区主要有五条较大的水流，它们是楚玛尔河、沱沱河、尕尔曲（楚卡河）、布曲（拜渡河）和当曲（阿克达木河）。其中沱沱河最长，应为长江正源。经中国科学院地理研究所按地图重新量算，长江从江源到宜宾一段，长3496千米，宜宾以下仍为2884千米，其中因减去荆江截弯缩短的80千米，合计长6300千米。

1978年1月13日，新华社公布了这一重大成果，引起了国内外的广泛注意。

"长江究竟有多长？源头在哪里？经长江流域规划办公室组织的查勘结果表明：长江的源头不在巴颜喀拉山南麓，而是在唐古拉山脉主峰各拉丹冬雪山西南侧的沱沱河；长江全长不止5800千米，而是6300千米，比美国的密西西比河还要长，仅次于南美洲的亚马孙河和非洲的尼罗河。"

一个月后，美联社报道：中国长江取代密西西比河，成为世界上第三大河流。

1978年夏天，长江委再次组织有关单位的同志58人，包括地质、地理、地貌、水文、高原生物、测绘、摄影、医务、驾驶等专业人员，第二次进行江源考察，补充调查了当曲源头，对江源情况获得了进一步的认识。同时，对江源诸河的长度重新进行量算，结果是：沱沱河与当曲实际上长度相当，但沱沱河流向顺直，位置居中，仍应为正源。

1986年，长江科学考察漂流探险队对江源进行考察后，主张以当曲为长江正源。几次江源实地考察因各种量算数据不尽一致，对江源确定的主张也有所不同，出现了"一源说""二源说""三源说"。

2010年，长江委成立60周年之际，再次启动江源科考，为问诊江源展开"体检"。此后，隶属于长江委的长江科学院每年都开展江源科考，逐步从走进江源过渡到研究江源，增强社会各界"保护江源，敬畏江源"意识，让江源之水奔流不息，让长江永葆生机活力。

冰雪江源也风流

江源地区，位于"世界屋脊"青藏高原。

江源地区是指长江上游通天河的楚玛尔河口以上的源流地区，东邻巴颜喀拉山，西至祖尔肯乌拉山、乌兰山，东西长500千米；南起巍峨的唐古拉山脉，北为绵延起伏的昆仑山脉，南北宽约400千米，流域面积11万平方千米，相当于瑞士、荷兰、比利时三国面积的总和。

江源地区地形自西向东倾斜，地面高程一般在海拔4500米以上。这里地势高耸，山体庞大，终年积雪。

巍峨的雪山上冰川高悬，雪峰下沼泽遍布。每当冰雪融化，汇成许多水流，从空中俯视，酷似金鱼尾巴，在阳光下闪闪发光。

各拉丹冬雪山与四周20余座海拔6000米以上的雪山组成南北长50余千

米、东西宽20余千米的庞大雪山群，主峰海拔6621米，其间有600平方千米以上的面积终年积雪。雪山上有40条现代山谷冰川沿山谷向下移动，形成冰舌。晶莹夺目的雪山和冰川储存着大量的固体水源。雪山群西南部的姜根迪如雪山，海拔6548米，有南北两条形似螃蟹螯的冰川，长度超过北侧冰川，所以长江长度的起始点应从南侧冰川最高的冰雪区算起，在世界大江大河中是源头起点最高的。

冰川末端的冰舌，因地形和方向或受太阳热量不均的影响，形成许多奇特的冰峰，绚丽多姿，气象万千，组成瑰丽的冰塔林。

南冰川长12.5千米、宽1.6千米，冰川尾部有5千米长的冰塔林；北冰川长10千米、宽1.3千米，有2千米长的冰塔林。

冰塔形态各异，低者数米，高者几十米。

冰塔林之间有明镜般光滑的冰峡谷和冰隧道，幽深、曲折，显现出绮丽的波状花纹。

有人将之与珠穆朗玛峰绒布冰川绚丽夺目的冰塔林比较，认为这里的"水晶世界"更奇妙。

冰碛湖，江源的又一奇景。

唐古拉山口北侧折向东行，翻山丘，越小溪，远处是一处高矗云天、硕大无比的玉璧，这就是门走甲日大冰川。从冰台往下游走，冰舌前缘有一条横向大裂缝，形成一道极其险峻的冰悬崖。悬崖下边，横亘着一个由冰川冰碛物堆积而成的天然弧形"大坝"和盛满"玉液琼浆"的冰碛湖。这个湖南北长约140米、东西宽约100米，三面被雪山冰川环抱，冰坝外坡十分陡峻。它是因为冰川退缩后，所挟带的砾石逐渐堆积而成大坝，拦住了下泄的冰川融水而形成的，湖面海拔为5400米左右。一泓碧波傍依着晶莹的冰川，绘成一幅冰湖美景。在湖畔石隙岩缝中，各种高原奇卉争奇斗艳。悬崖脚下的冰水溪流中有红、绿、白、灰、黑各种颜色的矿石。

1978年江源考察人员第二次进江源时，在布曲源头门走甲日冰川发现冰崖上出现的一股冰水瀑布，如同10多米高的白色飘带，悬挂在壁上。冰水瀑布注入湖中时，激起浪花，溅出雪沫，将湖水荡出层层圆形波纹。

据观察，当时冰碛湖出口处的水量较1976年考察时增大。比较后，考察队员们认为，江源地区冰川呈消融退缩的趋势。1998年长江大水时，有不少人把冰川退缩归为罪魁之一。

冰雪温泉更引人入胜，尤其是泉华台。泉华是指泉水蒸发后，其所含矿物沉积凝结的物质，因所含矿物成分不同而呈现红、黄、蓝、绿不同的颜色。日积月累，泉华堆积成平台状时，被称为泉华台。这里的温泉出露在中侏罗系上部石灰岩地层中，恰好位于地层断裂交会处。登上泉华台，脚下似有一大锅开水在沸腾，咝咝作响，冒着白烟。在一处120平方米左右的区域内，竟有泉眼30多个，涌水、喷水、鼓气泡，十分热闹。

唐古拉山北麓广泛分布温泉，最高水温达60℃，也有一些泉眼水温在40℃左右，一般属于弱酸性含氟和游离二氧化碳的低温型矿泉水，是一个很有开发前途的"地热异常区"。

地下热能和煤炭、石油、天然气一样，是存于地球内部的巨大能源。有人

长江江源

推算，世界地下热能总蕴藏量为煤炭总能量的1.7亿倍。还有人估算，仅地球陆地3千米深度以内的高温地热（150℃以上）储量，就相当于大约140亿吨标准燃料，为世界煤炭远景储量的13倍以上。

目前，世界上地热资源丰富的日本、意大利、新西兰、美国、墨西哥等国，已在医疗、旅游、温室、采暖、水产养殖、发电等方面对地下热能广泛利用。现在世界上最大的地热电站是美国加利福尼亚州的盖塞尔地热电站，装机容量在50万千瓦以上。

唐古拉山北麓水温低于100℃的低温地热水，除可供医疗、温室、采暖利用外，也可加入低沸点的中间介质，如沸点为-29.8℃的氟利昂，用以发电。

江源，长江的故乡，还是一片待开垦的处女地。

> 长江源头的各拉丹冬雪山群堪称江源地区最雄伟壮观的山体，也是唐古拉山脉中最高耸的部分。这里终年积雪面积在600平方千米以上，宛如一顶表面参差起伏的巨大冰帽扣在世界屋脊上。各拉丹冬雪山群周围有15条平顶冰川、29条山谷冰川、35条悬冰川和6条冰斗冰川，储存着大量的固体水源。这里就是伟大长江的水流起点！

各拉丹冬，藏语是"高高尖尖的山峰"的意思，它哺育了长江的源流——沱沱河。

江源地区，莽莽高原，由于地势高寒，土壤瘠薄，既无树木，也无庄稼，是藏族纯牧业区。这里地旷人稀，平均每10平方千米才有一个人，人口大部分分布在青藏公路以东地区。公路以西气候更为恶劣，人迹稀少，被称为"无人区"。

但是，"无人区"并非无人问津。

离开青藏公路西行三天之后，考察队员们沿途看到过三顶帐篷。这一带是夏季牧场，有藏族牧民和他们的小孩。

辽阔的高原上凡是有水草可以放牧的地方，牧民们都会赶着牛羊前往。为了争得生存、发展，雨雪风霜，牧民们无所畏惧。

继续西行，队员们想：这里该是"冰雪万里绝人烟"了吧！岂知，在沱沱河源头峡谷转弯处的河边岗坡上，突然出现了一顶藏牧民的帐篷。这里离江源冰川只有六七千米，竟然还有人家，简直不可思议。这一家五口人，夫妇俩还有个年过半百的母亲，加上两个女孩，大的七八岁，小的两岁多。他们一家放牧300多头牲畜，随水草而居。

这可是名副其实的"万里长江第一家"！

人们常说雪线是"白色的死亡线"，高寒缺氧地带人类是无法生存的。在这海拔5500米，接近雪线的高原上放牧，世界上虽不敢说绝无仅有，也肯定是屈指可数了。

人类是坚强的。

究竟从什么时候起高原上就有人类活动的足迹呢？近年来，古人类研究人员在世界屋脊考察，在西藏的定日县境和藏北"无人区"，先后发现多处距今5万年前旧石器时代晚期的刮削器及尖状器。后来，在江源地区沱沱河沿以北，发现了同样的各种刮削器。考古人员还发现，高原上新石器文化遗迹分布更为广泛，藏北"无人区"已发现不少新石器文化遗址。

高原的生物群是不屈的，包括植物与动物。

在江源地区一些沼泽地和草地上，矮小花丛五彩缤纷、千姿百态。人们必须蹲在地上仔细观察，才能发现这是花的海洋，它们挣扎着争奇斗艳。

高原花卉的品种甚多，有些是10～20厘米的矮小草木，色彩极其艳丽，可能与强烈的太阳辐射有关。

高原植物为了抵御风雪的袭击，在长期适应过程中形成了共同的特点：茎叶相连成垫状；花瓣和茎叶长满绒毛或细刺，以减少水分蒸发，防寒耐旱。尤以生长在雪线附近的雪莲最美，被誉为高原花王，是名贵药材。

高原的动物世界也是丰富多彩的。

藏羚羊够威风凛凛，经常成群结队，昂首仁立。公羚羊头顶一对乌黑、带节、顶端尖尖的长角，是名不虚传的高原长跑冠军。据说藏羚羊的后腿腋间皮下各有一个小圆孔，孔旁边有个皮盖，飞跑起来通过这个孔可给后腿皮下充气，形

1 草甸
2 冰瀑
3 冰川纹理与冰碛
4 藏羚羊
5 牦牛

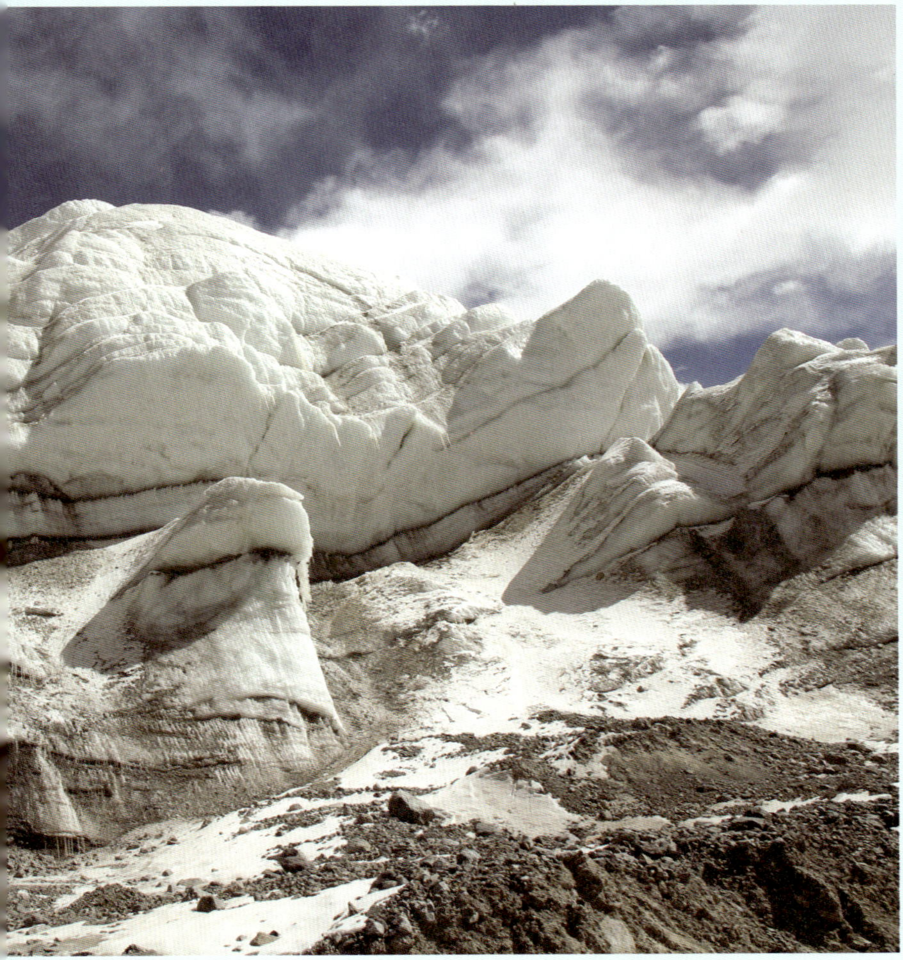
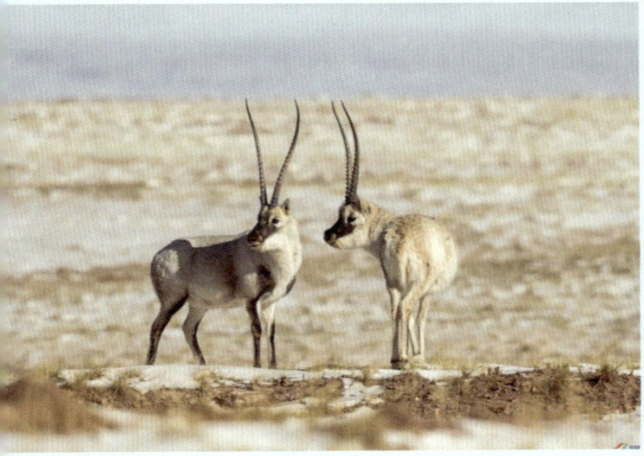
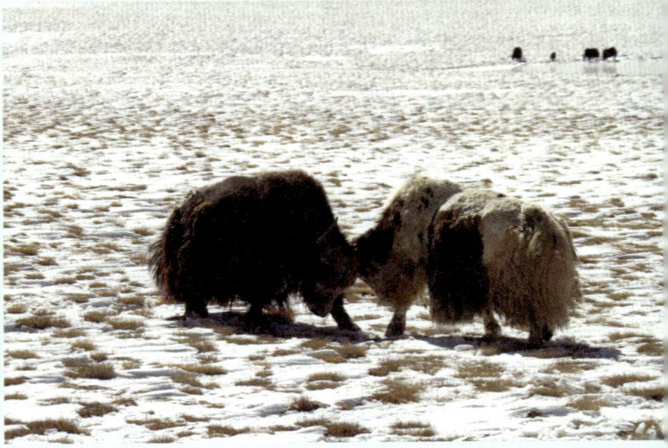

成两个皮囊，使它奔驰时轻捷如飞。

还有一种黄羊，学名叫藏原羚，体长1米多，短角白臀，在海拔6000米的地方也能生存，视觉、听觉十分灵敏，奔跑速度不亚于汽车。

粗犷而悲凉的高原，因为藏羚羊和黄羊群的飞驰而显得生机勃勃。

冰雪高原上除成群的藏羚羊和黄羊外，还有许多其他野生动物，如野牦牛、野驴、旱獭、黑颈鹤、白唇鹿等特有、稀有的动物，被列为国家一类保护动物。江源地区分布的兽类有22种。

江源地区的玉树藏族自治州是特有牛种——野牦牛的重要产区。世界上85%的牦牛分布在我国，而玉树约占全国牦牛总数的14%左右。牦牛因叫声似猪，又称"猪声牛"，个子比普通牛矮，但体格健壮，身披长毛，十分耐寒，睡在雪地上也不怕冷；耐力强，牧民常靠它在空气稀薄的雪山上驮运，所以又叫它"高原之舟"。野牦牛能生活在海拔5000米以上的雪山上，体重近1000公斤，号称"雪山之魁"，是我国的珍稀动物。白天，它们隐身于荒无人烟的雪山之巅，黄昏下山吃草。牦牛看似笨拙、十分温顺，实则极为机警，能自如地对付各种猛兽。家牦牛确实是个宝：产奶时间长、产量大，每头每天可产奶3公斤左右；肉可食；皮可制革；毛可做衣服和帐篷，美观大方，经久耐用，且保暖性能极强。

冰雪江源的雪山上还有雪豹、雪鸡，石山陡壁间还有岩羊，湖泊和河滩沼泽中还有各种水禽和候鸟，河里还有裂腹鱼类。江源地区的鸟类达30多种。

冰雪江源，是五光十色的大千世界！

在江源考察过程中，人们发现青藏公路西部海拔5200多米的山岩上满布奇形怪状的石芽、石笋、穿洞等古岩溶地貌，似一系列奇异盆景，怪石突兀，十分离奇。在目前高原干寒的环境下是不可能发育形成岩溶地貌的，只有在温暖湿润的条件下，流水才能对可溶性的碳酸盐岩层产生溶塑作用。据地貌、地质学家考证，青藏高原是近三五百万年前才强烈隆起的。上新世，也就是地质年代第三纪的最后一个时期，西藏高原的海拔高程不过在1000～1500米左右，还属于亚热带森林草原广泛分布的暖湿地区，岩溶地貌正是在这种环境下发育形成的。

到了第四纪初，高原开始逐步隆升，气候随之变冷变干，岩溶也停止了发育。我们现在看到的古岩溶的遗存部分——石芽、石笋、穿洞等，从分布高程看，已比形成初期抬升了 4000 米左右。

青藏高原隆起后孕育了亚洲六条大河。

顺着长江源头的河流之一——当曲河前行，来到当曲河的发源地——霞舍日阿巴山。站在山巅，可以清晰地看到，众多江河的源头，起始时都是涓涓细流，只有不择巨细，才能汇成大江大河。

长江、澜沧江和怒江三条大江的源头都在这巍峨的唐古拉山脉中，唐古拉山脉的东段地区是这三条大河相距最近的地方。世界是那么大，又是那么小，河流从这里出发后，就各自发展，各奔前程。

黄河、雅鲁藏布江和印度河的发源地距离前三条河流的源头较远，但也在这山体群中。

当曲河源头的细流向北流，汇入长江水系，最后归入东海。

霞舍日阿巴山以南的水流，属怒江水系，最后投奔南海。

西南方稍远处的水流，流向怒江水系，最后汇入安达曼海。

水流穿过万壑千山，朝着不同的方向，奔向遥远的太平洋和印度洋！

長江傳

中篇

万古风流
钟灵毓秀
明珠璀璨

万古风流

世界上恐怕没有其他任何一条河流比长江更风流。

长江，逶迤万里，浩浩荡荡，从青藏高原出发，一路欢歌，一路塑造，一路奉献，哺育了广袤的原野、古老的文明、锦绣的河山。

山地千姿百态

长江流域的山地地貌丰富多样，主要涵盖青藏高原东缘、横断山脉、云贵高原及中下游丘陵山地等。这些区域受地质构造与流水侵蚀共同作用，形成陡峭峡谷、喀斯特峰林、冰川角峰等地貌。山地海拔落差显著，垂直气候带造就独特生态系统，孕育多种珍稀物种，同时为长江提供水源涵养与水土保持功能。

"蜀山之王"贡嘎山

贡嘎山冰雪峥嵘，巍峨雄伟，是世界著名山峰之一，位于四川省甘孜藏族自治州康定市、泸定县、石棉县和九龙县之间。藏语的"贡"是冰雪之意，"嘎"为白色，"贡嘎"意为白色冰山。贡嘎山主峰海拔7556米，是四川省最高的山峰，被称为"蜀山之王"，也是世界上高差最大的山之一。主峰周围有海拔6000米上的高峰45座。

在川西大地，江水滔滔，贡嘎山一山拔起，傲视群山蜿蜒，俨然忠诚的大江卫士。

据史料记载，贡嘎山周围居住着汉、藏、彝等多个民族。此地的藏族是11世纪初西夏人的后裔，历史上称为木雅族。

贡嘎山5000米以上为常年积雪区，终年白雪皑皑。5000米以下为草地、森林，多珍奇异兽。直刺苍穹的贡嘎山主峰顶部是一个平台，方圆60～70平方米常年被冰雪覆盖。冰雪上有若干浑圆的雪丘，每个高4～5米。主峰周围有45座6000米以上的角峰，呈金字塔形。这里冰川广布，一条条气势磅礴的冰川从峰巅向四周直泻而下，银光闪耀，光芒四射，似银龙飞舞，或延伸至苍莽的原始森林，或插入五彩缤纷的百花丛中。绿海披银川，壮观迷人。

位于贡嘎山主岸东坡的海螺沟，是我国第一座冰川公园。海螺沟长30.7千米，风景区面积200平方千米。冰川海拔2850米，为亚洲海拔最低的现代冰川。蔚为壮观的冰川瀑布高1080米、宽1100米，比著名的贵州黄果树瀑布大15倍。这里虽然是冰雪世界，却分布着多种温泉，沸泉还可以煮饭。由于地质地貌奇特，海螺沟沟内形成各种气候，植物多达1500多种，亚热带、寒温带、亚寒带、寒带植物相伴而生，林中还有小熊猫等野生动物100余种。

贡嘎山是我国海洋性冰川最早发育的山地之一。这里的冰川覆盖面约360平方千米，有近160条冰川，是横断山系冰川分布最集中的地区。冰川种类有山谷冰川、悬谷冰川、冰斗冰川、悬坡冰川等。围绕主峰呈放射状展开的山谷冰川，最长的达16千米，有的似河谷蜿蜒，有的像飞瀑悬挂，冰川尾部插入森林数千米。山上山下，依次分明：白色、黄褐色、黄绿色、黄棕色，好一幅色彩艳丽的大自然风景画！

贡嘎山山坡上曾经辉煌过的贡嘎寺如今已墙倒顶塌，但残垣断壁上的壁画依稀可见。几百年前，这里是木雅人世代朝山的圣地。寺依山临溪，海拔3700米。

贡嘎山是我国地势险峻、相对高度最为悬殊的山地之一，从大渡河谷到贡嘎山主峰水平距离仅29千米，相对高度竟达6400米，为大陆高差最显著的山地之一，一直为中外探险家、旅行家和科学工作者所神往。1980 年，我国已公布贡嘎山为对外开放的八座山峰之一。

玉龙、哈巴雪山

万里长江从江源的涓涓细流中悠然东下时，宁静、温和、柔顺。正源沱沱河与当曲汇合往东，一直到青海玉树的巴塘河口，被称为通天河；巴塘河口以下，被叫作金沙江。一进入川、藏、滇边界的山区，金沙江就像一匹狂放不羁的野马，自北向南奔腾于崇山峻岭之中，到了云南丽江石鼓下行 35 千米处，奋力跳啊、冲啊，一举劈开了玉龙、哈巴两座大雪山，形成了举世闻名的虎跳峡。玉龙、哈巴两座大雪山只好无奈地静静伫立在金沙江两岸。

> 金沙江流经的川、藏、滇交界地区是我国著名的横断山区。我国的山脉大多呈东西走向，而横断山脉则是一系列南北走向的高大山岭，海拔 2000～6000 米。群山绵亘，气势磅礴，众多的高峰终年积雪。河谷与山岭之间的高差一般有两三千米，从江面仰望山顶，峰高连天，从山巅俯视江流，细如银线。这南北走向起伏悬殊的地形阻隔了东西之间的交通，所以被称为横断山脉。

玉龙雪山位于云南丽江市区西北约 20 千米处，是横断山脉南段的著名山峰，也是我国位置最南的具有现代冰川活动的断块山地。

雄伟的玉龙雪山主峰，气势巍峨，银装素裹，俨似昂首欲起的龙头。全山十二座陡峻的角状尖峰，如擎天玉柱，并排耸立在金沙江东侧，恰似龙的脊梁。主峰扇子陡海拔 5596 米，相当于 9 座三峡神女峰的总高度，"五岳之首"的泰山不及其三分之一。山顶终年积雪，宛如晶莹的玉龙横卧山巅，又似身披银鳞的巨龙凌空欲飞。山体东侧的崖壁高度达 1500 米，十分壮观。

与玉龙雪山隔江对峙的哈巴雪山，山顶平平，好像掉了脑袋似的。哈巴，藏语是蠢笨的意思。传说哈巴与玉龙是两兄弟，哈巴在一次执行任务时因贪睡失职，玉龙一气之下用宝剑削去了哈巴的脑袋。哈巴雪山至今不见山峰，一直光秃秃的。

玉龙雪山还有植物宝库之称，植物依不同海拔和气候分布，是经济林木、药用植物和观赏花卉的著名产地。玉龙雪山所处的纬度较低，而海拔较高，气候随地势而变化，呈现出从亚热带到寒带的不同自然景色：山脚下的河谷地带，常年沐浴着南来的暖流，四季如春，处处飘香；山坡上分布着适于温带气候生长的松杉林，松涛阵阵，林海茫茫；再往上，杜鹃盛开，五彩缤纷，群芳荟萃；到了5000米以上的雪峰，一簇簇雪莲迎着风雪盛开，名副其实的"一山有四季，十里不同天"。

古代的人们无限赞美玉龙雪山和金沙江，深情地在山壁上刻下"玉壁金川"四个大字，以志永久。

玉壁金川世世代代交相辉映。

风光绮丽鸡足山

鸡足山，又名九重岩，位于金沙江南岸、云南省大理白族自治州的宾川县城西北40千米处。因山势背西北而面东南，前伸三趾，后出一趾，酷似鸡爪而得名。山巅的四观峰亦名天柱峰，高达3200米。在此举目四观，东迎日出，西望洱海，南观祥云，北眺雪山，如入仙山幻境。从四观峰上俯瞰山下，峰峦峥嵘，满山的寺院建筑错错落落，掩映在葱茏的丛林中。

鸡足山上，奇峰、异洞、危崖、深涧、幽潭、飞瀑、温泉和古木繁花、亭台楼阁，应有尽有。旅游胜地长宽各绵延数十千米。

地处西南边陲的鸡足山历史悠久，与五台、普陀、九华、峨眉齐名，并称为我国五大佛教圣地。据佛门传说，这里是释迦牟尼的高足迦叶入定处，已有2000多年的佛教史，山中的迦叶寺典出于此。但据地方志书和山中现存文物考证，鸡足山名胜仅五六百年的历史。元代开始有僧人入山，至明嘉靖、万历年间，高僧云集，大兴土木，遂成为"佛门渊薮"。近代编修的《鸡足山图》中说，"山四十有奇，峰十有三，岩壁三十有四，洞四十有五，清泉一百余"。全盛时期有大寺八所，小寺三十四所，庵堂六十五所，静室一百七十五处，除络绎不绝的游僧和香客外，仅常住僧徒就有5000多人，足见其香火之盛、山水之奇。

鸡足山的古建筑兼有我国内地、滇中和印缅寺院的构造特色，规模宏伟，别具一格。其中有修筑在万丈悬崖上的金顶寺，不同风格的方塔、姐妹塔等。各寺庵所藏之物尤为丰富，特别是佛经。

每年春天，我国各地和印度、缅甸、泰国、柬埔寨等国慕名而来的名僧高徒接踵而至，留下了大量的诗文和书画。明代徐霞客曾羁旅此山四五个月之久，为此山编写了《鸡山志》；抗战期间，徐悲鸿曾来此画过奔马、雄鸡和墨竹；闻一多、朱自清等则有《鸡足朝山记》传世。

峨眉天下秀

峨眉山位于四川省乐山市西30多千米的峨眉县境内，包括大峨、二峨、三峨、四峨四座大山，通常所说的峨眉山指的是大峨。

"峨眉"之名最早见于西晋左思的《蜀都赋》。北魏郦道元在《水经注》中写："去成都千里，秋日澄清，望见两山相对如峨眉焉。"峨，言其高；眉，言其秀。

峨眉山，确实清秀极了，历代诗人为之叫绝。

李白说："蜀国多仙山，峨眉邈难匹。"

范成大说："峨眉秀色甲天下。"

峨眉山雄踞四川盆地西南缘，是邛崃山的一大余脉，纵横200余千米，呈南北走向。大峨山主峰万佛顶海拔3099米，高出山下地面2500米，平地一山耸峙，气势十分雄伟。从山麓至峰顶50余千米，曲径盘旋，直上云霄。山脉峰峦起伏，重峦叠嶂，气势磅礴，雄秀幽奇。尤其是峨眉山顶峰金顶的舍身崖，笔直如削，一落千丈，高差竟达600多米。登高四望，一道道身披林莽的山脊犹如苍色巨龙蜿蜒于烟波云海之中。沿山路漫行，清溪绿树，瀑布流云，气象万千。

峨眉山在地质学上被称为"峨眉断块带"，山势陡峭，悬崖断壁众多。山上山下，气温相差约15℃。气候的垂直差异和湿润多雨的自然环境，使得这里的植物类型十分丰富。山上有植物3000多种，其中有世界上稀有的珙桐、冷杉、桢楠等珍贵树种，各种各样的杜鹃花60余种，被称为"植物王国"。林中还栖息着苏门羚、小熊猫、岩鸽、白腹锦鸡等1000多种动物，被称为"天然动物园"。峨眉山的猴子，被称为"山居士"，常常成群结队、大模大样地出没在山道上，向行人拦路乞食，游人们也总不忘记给它们准备"点心"。

峨眉山的景色不乏清、幽、秀、雅，更多的是朦胧。不知是山高还是云低，在大多数日子里，这里总是雾蒙蒙的。"山中本无雨，不觉湿衣衫。"片片云雾时而翻腾，时而飞升，远近峰峦忽隐忽现，变化万千。峨眉山上最迷人的还是云。站在山巅，云雾就在脚下，就在身旁，令人凌空欲仙。每当凌晨，就更虚幻了，那厚厚的云层平展万里，像大海波涛，似北国雪原，巍巍峨眉宛如云海中的一座小岛。

在峨眉山巅看日出也是一绝。东方微白时，天空橙红，红日喷薄而出时，大千世界一派瑰丽！

峨眉山是我国五大佛教圣地之一。早在东汉时期，这里就已出现了寺庙，主要是道教。唐宋时期，佛教大兴。明清时期，香火更盛，大大小小寺庙多达150余座，现在尚有二三十处。其中著名的有：报国寺，是峨眉山现存规模最大的寺庙，四重大殿，气势轩昂，地处山脚下；伏虎寺，以幽静著称；万年寺，是一座穹窿顶方形无梁殿，建筑造型和技艺都很完美，建造的科技含量也高。

人们向往峨眉山金顶，不仅因为它地处高峰，还因为这里有时是一个宁静、奇妙、梦幻的世界，可以看到

峨眉山

"佛光"。

所谓"佛光"，是指在风和日丽、雨过天晴时，与太阳相对方向的云层或雾层上呈现围绕人影的彩色光环。光环是由于光线通过云雾区的小水滴经衍射作用所形成的，光环内人影系人背太阳而立时阳光照射人体，人影投映在云雾层上而成，所以常见于山区，在我国峨眉山最为常见。所谓衍射是波的特性，旧称"绕射"。

峨眉山美，美在朦胧，美在虚幻，美在一个山体超脱于"实体"之上，引人深思。

青城天下幽

青城山位于长江上游四川都江堰市西南15千米处，北面是岷山山脉，西南是邛崃山脉，正好位于成都平原的西端。青城山海拔1600米，有36峰、8大洞、72小洞，方圆200平方千米峰青洞奇，显得特别清幽。山峰呈一字形排列，酷似一座绿色城垣。登上峰顶环顾，众峰屏立，满"城"云烟，令人生出飘飘欲仙、远离尘世之感。

在古蜀国，蜀民以青城山为神仙之山，传说中的蜀王杜宇后来也隐居于此山上。这里是蜀王祭祀山川的圣地。《史记》和《汉书》都曾记载，秦统一六国后，令负责祭祀的官员将全国名山大川编排为序，统一规定祭祀级别，青城山、李冰祠都是皇帝敕封的国家级祭祀山川的圣地。秦始皇的敕封，更巩固了青城山的地位。可以说，秦汉时期青城山已是国家级的名山了。

> 青城山在历史上又叫"清城山""汶山""天谷山""丈人山"。清城山改名为青城山是唐明皇李隆基的杰作，他亲书手诏时，将"清城"去水作"青城"，堪称"神来之笔""千古绝笔"，"青"字概括了这座山的神韵。

青城山的"青幽"是古今中外的一致定评。36峰、8大洞、72小洞和幽深的沟壑交错，峰梁、沟壑、洞窟长年青黛密布。参天的浓绿古树，万紫千红的各色花卉，攀壁的老藤，附岩的苔藓，空谷的幽兰，林间的飞鸟，一切的一切，透出了大自然的清灵秀气。

登临此山，顿觉心静神宁，欲念尽消，更觉天地本应清明，人生幽然亦是快事。

诗圣杜甫曾到青城，发自内心地爱上了这里，"自为青城客，不唾青城地"。

"山不在高，有仙则名。"青城山在我国长江沿线的山峰中，不算高，也不算大，但它以独特的清幽和状如城郭的奇妙构造，独具一格，专美于他山。

青城山的范围，历代说法不一，古时曾有青城山周围二千七百里之说。后来各支峰均各自成名，范围逐渐缩小，现在指的青城山在都江堰市境内，分青城主山、前山和后山。

道教是中国土生土长的传统宗教，青城山是道教的发祥地之一。

青城山不仅山有名、道教有名，道家的武术和"药功"也有名。青城山的道教音乐更是历史悠久、细腻含蓄，众多的中外人士惯用"此曲只应天上有，人间能得几回闻"来赞美青城山的道教音乐。

青青武当山

武当山，古名太和山，位于长江中游湖北省西北部丹江口市境内，相传为道教真武大帝得道飞升之地，有"非真武不足当之"之说，因此得名。武当山是著名的风景名胜区，被誉为"自古无双胜境，天下第一仙山"。

武当山绵亘400千米，其自然风光以雄为主，兼有险、奇、幽、秀等多重特色。自元代以来，有七十二峰、三十六岩、二十四涧、十一洞、三潭、九泉、十石、九井、十池、九台等。主峰天柱峰海拔1612米，犹如金铸玉琢的宝柱雄峙苍穹，屹立于群峰之间。环绕周围的群山，从四面八方向主峰倾斜，形成独特的"七十二峰朝大顶，二十四涧水长流"的天然奇观。山中云雾缭绕，群峰俊秀，风光迷人。山上古迹众多，有紫霄台、太清宫、玉虚宫等，规模宏伟。天柱峰峰顶的金殿以铜铸成，熠熠发光，远在数十里外，就能看见金光一片，被称为"金顶"。

武当山以宏伟的建筑规模著称于世。其古建筑始建于唐、宋、元、明、清均有修建，在明代达到鼎盛。共建有33个建筑群，占地100余万平方米。历经数百年沧桑，现仍存有近5万平方米。整个建筑按照"真武修仙"的道教故事，采取皇家建筑法式，统一设计布局。规模大小、间距疏密恰到好处，因山就势，错落有致，前呼后应，巧妙布局，或建于高山险峰之巅，或隐于悬崖绝壁之内、深山丛林之中，体现了建筑与自然的高度和谐，达到了"仙山琼阁"的意境，被誉为"中国古建筑成就的展览"。1994年，武当山古建筑群被列入世界文化遗产名录。

武当山亦是我国道教圣地，道教文化博大精深，源远流长。东汉以来，有道人在武当山结茅为庵，潜心修炼。随后逐步成为中原道教活动的圣地。武当山道教得到封建帝王的推崇，始自唐朝初期。唐贞观年间（627—649年）遇大旱，唐太宗李世民遣均州吏姚简到武当山祈雨灵验，后在灵应峰敕建"五龙祠"。自宋迄清，历代皇帝极力推崇武当山真武神，奉为"社稷家神"。元朝时期，道教垦田数百顷，养众万人，有九宫八观等100多处庙宇及坛、亭、台、桥。明朝达到鼎盛，永乐十年（1412年）遣要员率20多万军民夫匠，花12年工夫建成九宫九观等33处道教庙宇，全山各宫观有道士少则300～400人，多则500～600人。武当道教宫观空前宏大，成为明朝皇帝直接控制的武当道场，被称为"皇室家庙"。

武当山道教文物闻名遐迩。除古建筑群外，历代统治者及四方信士，特别在明朝鼎盛时期，曾制造数以万计的金、银、铜、铁、锡、玉、珠、石、泥、丝、木等质地的神像法器安放在武当山，使武当山各宫观陈设富丽堂皇，被誉为"黄金白玉世界"。虽然大多珍品已流失，但全山至今仍存注册文物总计7000多件。具有极高的科研和艺术观赏价值。

武当道教音乐素负盛名，是武当道教文化的一个重要组成部分。自唐太宗始建五龙祠以后，武当山一直是帝王将相、芸芸众生祈福禳灾的重要道场。别具神韵的道教音乐，融宫廷、民间、宗教音乐于一体，具有庄严肃穆、神秘飘逸的独特风格。

神秘神农架

神农架位于长江中游湖北省西部，属大巴山区，与四川省相邻。相传远古时期炎帝神农氏在此采药、尝百草，因山势太高、壁太陡，搭架上下，因而得名。

神农架雄伟高屹，山峦重叠，沟谷切深，呈峡谷地貌。一般地势在海拔1000米以上，海拔3000米以上的山峰有6座，最高峰大神农架海拔3105.4米，现改名为神农顶，堪称华中第一峰。山体位于亚热带向北温带过渡区，东西南北交会，山高谷深，沟谷深切500～1500米。在200万年前第四纪冰川期是植物避难所，孑遗甚多，有"天然植物园"的美誉。山顶是著名的绿色宝库，有原始森林1600多平方千米，植物2000多种，其中属于中国特有的珍稀植物30多种；还有500多种野生动物，其中被列为国家重点保护的珍贵动物20多种。山上又是药材宝库，品种达1000种以上。自古以来，盛传有类似人形的奇异动物——野人出没于此。

神农架地区为一穹窿状构造山地，部分地段残留了古冰川地貌遗迹。

神农架有着得天独厚的地理条件、山川交错的地质条件、欣赏不尽的奇丽景色、优美动人的神话传说和数不胜数的诱人宝藏。

神农架是长江和汉江在湖北的分水岭。林区有香溪河、沿渡河、南河、堵河四大水系，大小河流317条，水能资源十分丰富。

在神农架顶远眺，只见云山茫茫，烟树苍苍，起伏幽远；近看，古树参天，花草遍布，到处瀑布挂彩，洞穴深奇，珍禽飞鸣，异兽出没。

神农架集险峻、深邃、古老为一体，笼罩着浓厚的神秘色彩，吸引了不少中外人士前来访古探宝，猎奇览胜，更因为夏季平均温度不超过25℃而成为天然的避暑胜地。

南岳衡山

衡山，我国著名的五岳之一，古称"南岳"，名岣嵝山，又名霍山，位于长江中游湖南省中部衡山县湘江西岸，为断块山，山体由巨大的花岗体构成，山体呈南北走向，长50千米、宽20千米，山势雄伟。东坡为断层崖，湘江谷呈地断落；西坡和缓。山上诸高峰之间高差不到300米，山顶和缓，有大小山峰72座，以祝融、天柱、芙蓉、紫盖、石廪五峰最为著名。祝融峰海拔1290米，高出湘江河谷千米，相传上古祝融氏葬于此。在此可俯瞰群山，观赏日出。相传舜南巡及禹治水都到过这里。

衡山空气湿度大，冬季降雪、积雪日均数多于北京。有20余条河流归并为数条支流汇入湘江。

衡山以祝融峰之高、藏经殿之秀、方广寺之深、水帘洞之奇为"四绝"。

衡山终年翠绿，珍贵植物种类繁多，现建有万亩植物园。

衡山在与日本、东南亚一些国家的佛教交往史中十分重要，是我国南方佛教圣地之一。

湘西明珠武陵源

武陵山在长江中游湖南西北部突起，大部分由碳酸岩和碎屑岩组成，岩溶地貌发育典型。在武陵源区由硬砂岩构成的秀奇峰林地貌，是张家界国家森林公园的主体景观。

武陵山区于20世纪70年代末被接连发现三处人间仙境：大庸县的张家界、慈利县的索溪峪和桑植县的天子山。这三处风景区方圆512平方千米，浑然一体。

张家界国家森林公园位于湖南大庸、桑植、慈利三县交界处，海拔800余米，最高处为1300米，总面积约50平方千米，经常掩映在云雾笼罩的林海之中。千百座孤峰峻岩纷呈异态，有的如玉柱金鞭，有的像古堡壁垒，有的则身披林莽。山中的五条溪流、四处清泉、两处悬岩飞瀑，在削壁、深谷间蜿蜒上下，形成了各种不同的水景趣泉。森林覆盖率近98%，既有古树繁花，又有珍禽异兽。

索溪峪在慈利县西北，有"大自然迷宫"的美称，东临妩媚的桃花源，西连雄奇的张家界和神秘的天子山，以泉水秀、洞穴多取胜，景区近150平方千米。

索溪峪周围是山，中间是一个深达千米的大盆地，2000多座峰峦分布在这块盆地上，争高竞秀。盆地内有少许田亩、几缕炊烟，俨似现代的桃花源。

索溪峪风景区无处不闻水声。索溪河的7条支流，加上众多的溪涧、滴泉和瀑布，到处叮咚作响，流水潺潺。索溪峰下有 7 个溶洞，已开发的黄龙洞长 15 千米，总面积 0.2 平方千米，洞中有厅，厅中有河，河畔石林多姿多态。人们可在洞内河上泛舟，沿螺旋式转阁大厅周游，大厅高达百米，可容纳 1 万人。山外还有一座座山岩凌空飞架的天生桥，摇摇欲坠。

天子山位于桑植县城的东南，属武陵山脉北支，与张家界、索溪峪山水相依，构成一个品字形的风景区。

天子山面积约 100 平方千米，主峰海拔 1250 米，石柱林立，山泉飞瀑，风光绮丽，景点连珠，沿途长达 45 千米的景台路有 84 个天然观景台。每个观景台都是悬空半岛形，短则几十米，长则数百米，下望即万丈深渊。在天子山可以晨观云海，暮望晚霞，夜赏星空，美不胜收。

陶渊明在《桃花源记》中用丰富的想象塑造了武陵地区一处乌托邦式的世外桃源。20 世纪 70 年代末以来，人们陆续在武陵源发现了三处人烟罕见的原始风景区，似三个亲生姐妹，并肩联袂，"养在深闺人未识"。

绝代佳丽一走出闺阁就闻名于世了，联合国教科文组织认定这里是世界历史文化遗产，我们国家也把这里作为国家森林公园。

"谁人识得武陵面，归来不看天下山。"

匡庐天下秀

庐山位于长江中游江西省九江市南，耸峙在长江边。东临鄱阳湖，西接瑞昌丘陵，向南伸展至江西省庐山市境内，南北长约 25 千米，东北宽约 10 千米。山顶海拔多在千米以上，以海拔 1474 米的大汉阳峰为最高，属幕阜山余脉。

长江自出三峡后，两岸基本上是平原。到了这里，辽阔的平原上一座庞大的山体突兀地耸立于江畔天地之间。人们不禁追问：庐山是怎样形成的？据科学考察，庐山属淮南弧形山系，在几千万年前就已形成，是地壳的一次强烈运动——燕山运动，使位于淮阳弧形山系顶部的庐山受到南北方向的挤压，断块不断错列上升，本来不起眼的小山头终于形成庞大的山体。几百万年前，庐山又受到第四纪冰川的锉磨，变得更加峻伟奇秀。今天我们在庐山周围看到的飞瀑流泉、深涧幽谷，无不与这些地质活动有关。

庐山又名匡山、匡庐。相传殷周时，有匡氏七兄弟结伴在此隐居修道，以草庐为舍，故称此山为匡庐、匡山。据《禹贡》和《山海经》记载，天子都、南鄣山等指的可能是庐山。

庐山上有奇峰峻岭90余座，峰峦千姿百态，形状各异。山之骨在石，山之趣在水，山之态在树，山之精神在峭、秀、高，而庐山，不但无一不有，而且无一不佳。

五老绝峰，高可参天，云蒸雾绕；香炉瀑布，银河倒挂，奔雷轰鸣。龙首崖峭壁危岩，山南秀峰玲珑俊俏，大汉阳峰高华壮美，仙人洞纵览飞云，含鄱口吞尽湖光山色……无不淋漓尽致地展示了庐山的旖旎风光。

苏东坡诗云："横看成岭侧成峰，远近高低各不同。不识庐山真面目，只缘身在此山中。"

庐山处于江湖环抱的地理环境之中，雨量大，湿度也大，水汽不易蒸发，因此山上经常被云雾笼罩，一年之中差不多有190天是雾天。大雾茫茫，云烟飞渡，为庐山平添了不少神秘色彩。

相传夏禹治水时曾到庐山察看过长江的水势。秦皇汉武也分别于秦始皇三十七年（前210年）、西汉元封五年（前106年）巡行南方各地，到达荆楚一带时，"浮江而下"，路过庐山。传说他们曾登上庐山的上霄峰和紫霄峰，勒石留念。据说汉武帝还虔诚地祭祀了庐山。

庐山更是我国的历史文化名山。

历朝历代，不少著名的政治家、军事家、思想家、教育家、文学家、画家及名人学士到过庐山，留下了大量的诗文、碑刻、书画等遗迹。

在帝制社会的特定条件下，庐山成为我国文化学术的一个重要交流中心。

西汉史学家司马迁，足迹曾到过庐山。自东晋以后，诗人墨客到过庐山的，有陶渊明、谢灵运、孟浩然、李白、杜甫、白居易、范仲淹、欧阳修、苏东坡、王安石、黄庭坚、陆游……数不胜数。

庐山还曾是宋代的理学中心。北宋哲学家周敦颐曾在庐山北麓办濂溪书

院，在莲花峰下筑屋讲学。南宋哲学家、教育家朱熹曾在庐山南麓主持白鹿洞书院，该书院是宋朝最高学府之一，与唯阳、石鼓、岳麓书院合称为"天下四大书院"。在书院学习的多达数百人，书院全盛时有殿宇书堂360多间。

自汉代佛教传入中国，庐山就一直是我国佛教的中心之一。唐代高僧鉴真曾到过这里。

革命圣地井冈山

井冈山位于长江中游湖南、江西两省交界处，罗霄山脉的中段。山区周长250千米，为中山地貌。平均海拔约1000米，最高点海拔2120米，山体地势中高周低，呈明显的两级阶梯。中部为主体，多崇山峻岭，岭脊海拔多在1000~1500米。井冈山的地貌十分险峻，山川交错，岭谷相间，谷窄陡立，沟谷深切岩体500~600米。著名的五大哨口——黄洋界、八面山、双马石、朱砂冲、桐木岭就位于这些下临深涧的尖峰或隘口悬崖之上，地势十分险要。山丛中有小型袋状或井状盆地，如茨坪、大井、小井等。围绕中部高峻山地的边缘地带，是海拔500米左右的低山和丘陵。井冈山雨量充沛，满山葱茏。从山麓到山腰到处是大片的树林和竹林，经常细雨如丝，白雾迷蒙。羊肠山道弯弯绕绕，在陡壁间盘旋，曲径通幽，山顶则有巨石和芳草。

毛泽东于1927年率秋收起义部队上井冈山，点燃了中国革命的星星之火。1928年4月，朱德、陈毅率南昌起义余部到井冈山与毛泽东会师，成立了中国工农红军。1929年元月，为了扩大革命根据地，更好地解决红军的给养问题，毛泽东、朱德率红军主力向赣南闽西进发，离开了井冈山。

井冈山是中国革命的摇篮，青青毛竹，葱葱野草，哺育了中国共产党领导的工农红军。

天下奇观数黄山

黄山是我国东南第一名山，位于长江下游安徽省南部，地跨歙县、太平、休宁、黟县四县，现置黄山市，方圆1200平方千米，南北长约40千米，东西宽约30千米。本名黟山，黟是黑色的意思，因黄山的峭壁、怪石多呈苍黑色、黛色。后因相传黄帝轩辕氏曾在此山炼丹修道，唐天宝六年（747年）改名为黄山。这里是青弋江上游源地，又是长江下游和钱塘江之间的分水岭。黄山的主体部分由中生代花岗岩组成。据地质学家考证，两亿多年前，黄山一带还是一片汪洋大海，过了一亿多年，海水退去，留下一片丘陵。在猛烈的地壳运动中，地层断裂，岩浆活动，形成了黄山的基础。新生代第三纪地质时期，经喜马拉雅造山运动，最终形成黄山。在距今300万～200万年的第四纪冰川时期，黄山山体受寒冷气候的影响、侵蚀，地形变化很大，形成林立的奇峰怪石。

<u>黄山峰峦奇秀，怪石峥嵘，云海苍茫，泉瀑悬空。泰岱之雄伟、华山之峻峭、峨眉之秀丽、衡岳之云烟、匡庐之飞瀑、雁荡之巧石，黄山兼而有之。"天下第一名山"之誉当之无愧。</u>

黄山著名山峰有72座，以雄踞中部的莲花峰、天都峰和光明顶三峰为主体，向四周展开，三峰海拔都在1800米以上，莲花峰最高。

莲花峰主峰突出，小峰簇拥，俨似新莲仰天怒放。天都峰峰顶如掌，古称"群仙所都"，因峰顶有天然石室可容百人，还有"登峰造极"的石刻。光明顶地势空旷，状如覆钵，是看日出、观云海的最佳去处。黄山群峰簇拥，各有自己

黄山

独特的景象，或以险峻闻名，或以峻峭显胜，或以巧石见奇，或以林茂称幽。

黄山景观最令人叫绝的是被称为"四绝"的怪石、云海、苍松、泉瀑。

黄山的峰石在高高低低的峰峦中争相崛起，千姿百态。"姐妹牧羊""仙人下轿""丞相观棋""犀牛望月""金龟探海"……人们用丰富的想象力为各峰命名。

黄山的云海变幻无穷，奇特美丽。置身于黄山的云海之中，飘飘欲仙。每当云雾萦绕时，层层峰峦时隐时现，酷似蓬莱仙境，时刻都在变化中。清晨，山坳里云雾静静地聚集；日出时，云层开始蠕动；微风时，浮起又细又缓的波纹；大风起时，汹涌澎湃，铺天盖地；大风歇时，又悠然自得飘来飘去，为峰峦披上薄薄的轻纱。一日之中，云雾的色彩变幻无穷，虚无缥缈。

黄山的苍松扎根于绝壁石罅之间，铁干虬枝，坚忍刚毅，是黄山的象征！黄山无石不松，或立，或卧，或仰，或盘曲倒挂，或异体同干，漫山遍野，葱葱茏茏；还有的从石柱尖端盘旋而出，形态各异，奇妙绝伦，显示出万古长青的生命力。最著名的当数黄山南部的"迎客松"，寿逾千年，形态酷似好客的主人迎接四面八方的来客，为黄山十大名松之冠。

黄山的泉瀑奇特壮观。黄山有16泉、24溪、2湖。黄山的温泉无色无味，可饮可浴，且具医疗价值，被誉为"灵泉"。黄山的瀑布数九龙瀑、人字瀑最有名，前者如九条白龙从两峰间腾空曲折下泻，后者则呈人字形从石壁飞挂而下，蔚为壮观。

徐霞客说："五岳归来不看山，黄山归来不看岳。"

黄山的名字已被载入世界自然遗产名录，举世闻名。

佛教名山九华山

九华山位于长江下游安徽省青阳县西南，占地约100平方千米。原名九子山，古名阳陵山、帻山，因李白的诗句"妙有分二气，灵山开九华"而改名九华山。有99峰，以天台、莲华、天柱、十五等峰最为雄伟。主峰十五峰海拔1342米，有第四纪冰川地貌遗迹。山中多溪流、瀑布、怪石、古洞、苍松、翠竹及名胜古迹。

<u>九华山自成大势，与四川的峨眉山、山西的五台山、浙江的普陀山，合称为中国佛教四大名山。九华山与峨眉山同在长江流域，上下游遥遥相望。</u>

其实，最先占据九华山的是道教。从汉朝开始，历晋、唐，道教教徒就在九华山建观、筑宫、布道。

佛教传入九华山在晋代，道、佛两教从对立、斗争到妥协、合流。

九华山成为佛教名山，得益于唐时古新罗国（今朝鲜）一位名叫金乔觉的王子。他自幼出家，24岁时来到九华山，虔诚苦修76年，圆寂后，遗体三年不腐，其肉身与《藏经》中的地藏菩萨相似，众僧人遂尊其为金地藏，为其建塔、建肉身宝殿。从此，九华山的名气大增。这座肉身宝殿，殿前有石阶84级，系七层塔形庙宇，塔后有半月形瑶池，古朴雅致。殿楼上有乾隆手书"东南第一山"的金匾。

九华山上的百岁宫里还供奉着一位126岁圆寂的无瑕和尚的装金肉身。这是九华山上唯一的一尊装金肉身，在世界上也属罕见。

历代在山上先后修建的寺庙，最多时有300余座，现存的古刹名寺尚有78座，还有僧尼300余人。

论佛寺之集中，庙内陈设、佛像保存之完好，九华山均居国内四大佛山之首。

长江从西到东横截我国地貌高、中、低三级台阶，沿途分布有许多高山，有的为断块山崛起，有的因褶皱隆出，有的是花岗岩铸成，有的是变质岩塑就，或以雄争胜，或以秀争宠，或以怪争名，或以幽争爱，千姿百态。

不过，长江逶迤东流，下游走过黄山、九华山之后，就没有什么大山了。

有几座山虽不高，却很有名。

琅琊山，最高峰仅317米，因欧阳修的《醉翁亭记》而影响久远。

钟山，亦名紫金山，主峰仅高448米，因孙中山先生陵墓及紫金山天文台而闻名遐迩。

镇江的三山——金山、焦山、北固山，都是矮山。金山高60米，周长520米，

因周围尽是平原，显得峥嵘可观；焦山高 150 米，周长 2000 米，因为是中流砥柱，成为江防要地；北固山高 48 米，长约 100 米，因联系着诸多历史人物、历史故事而出名。

从贡嘎山到北固山，长江流域高、中、低三级台阶十分清晰。

河川气象万千

长江的河川，气象万千，景观各异。

长江一泻 6300 千米，有容乃大，它不择细流，广纳百川，一路浩浩荡荡，奔流而来。

长江，古名江，又称大江，六朝以后，通称"长江"。

长江各段的名称和别名总计不下 30 种。

从江源至当曲口，长 358 千米，称沱沱河，为长江正源。

当曲口至青海玉树巴塘河口，长 813 千米，称通天河。

巴塘河口至四川宜宾岷江口，长 2308 千米，称金沙江。

宜宾岷江口至湖北宜昌，因大部分长江流经四川内，俗称川江，长 1030 千米。

湖北枝城至湖南岳阳城陵矶为古荆州地区，长江至此俗称荆江。

江苏扬州、镇江附近及以下江段，因古有扬子津渡口，称扬子江。

长江干流从江源至湖北宜昌为上游，长约 4500 千米，流域面积 100 万平方千米，河道经过高原山区与盆地。金沙江及峡江多经高山深峡，水流湍急，极为壮丽，主要支流有雅砻江、岷江、嘉陵江、沱江、乌江等。

长江干流从湖北宜昌到江西省湖口为中游，长 938 千米，流域面积 68 万平方千米。其中，荆江河道蜿蜒曲折，素称"九曲回肠"，主要支流有清江、洞庭"四水"及汉江、鄱阳"五水"等。

长江干流从江西湖口至长江口为下游，长 835 千米，流域面积 13 万平方千米。安徽省大通以下受海潮影响，水势和缓。江苏省江阴至长江口为河口段，江面宽由12千米扩展至91千米，呈喇叭状，主要支流有青弋江、水阳江、滁河、秦淮河、黄浦江等。淮河自被黄河夺走了入海通道，大部分水量也经京杭运河汇入长江。

长江水系的河流呈峡谷型河流、丘陵平原型河流及直接汇入江湖的中小河流等多种景观。

金沙水拍云崖暖

金沙江，一条美丽而奇特的峡谷型河流，全长2308千米，流经青海、西藏、云南、四川四省（自治区），还是西藏和四川的界河。从玉树直门达到宜宾2308千米的路程中有1545千米在四川境内。

在万里长江这条忽高忽低、忽曲忽直、忽窄忽宽的水道上，金沙江是最艰难的一段。

金沙江从青藏高原流入云南西北部时，本来是和澜沧江、怒江一路平行南下的，三江之间的最近距离仅76千米。当金沙江奔流至云南丽江纳西自治县的石鼓镇时，来了个近乎180°的急转弯，抛开了两位同伴，独自折向东北，走了一大截回头路。这次分道扬镳，造成它们的入海口有几千千米之隔。

这一奇特的大转弯——著名的万里长江第一湾，很早以前就引起了人们的注意，民间流传着许多传说。有的说是大禹看到金沙江下游河道狭窄，洪水泛滥，危害太烈，就劈开了虎跳峡，让江水东流。有的说金、澜、怒三条江是三姐妹。金沙姑娘本来是与大姐、二姐一起去南海的，但她向往东海，就独自折向东行，却被玉龙与哈巴两山兄弟挡住了，兄弟轮流看守，执意不让金沙东行。金沙姑娘利用计谋，在哈巴值班时动情地歌唱，蠢笨的哈巴听着歌深深地入睡了，金沙姑娘就奋力劈开虎跳峡跑了。

科学工作者为此进行了细致的探索，排除了长江不断向源头溯源侵蚀，"袭夺"了金沙江的说法，认定因两组交叉断裂的地质构造形成。

金沙江是不安分的，在石鼓拐了一个大弯跑了100多千米后，突然又来了个180°的大转弯，重新由北向南跑。折腾了半天，跑了几乎300千米，直线距离却只有30多千米。

长江第一湾

这一段河道十分惊险。

金沙江在石鼓转弯时,显示了短暂的温顺与和缓后,马上又似脱缰的烈马,咆哮着奔腾了45千米,以震天的吼声,劈开玉龙、哈巴两座大雪山冲下去,形成了举世无双的虎跳峡。

虎跳峡江面高度为海拔1600~1800米,左岸的哈巴雪山海拔5396米,右岸的玉龙雪山海拔5596米。这段深邃的峡谷河道长仅16千米,而江水却连续下跳7个陡坎,总落差达220米。江面十分狭窄,最窄处不足30米。当汹涌澎湃的洪水挤进这坡陡谷窄的河段时,气势雄壮高亢。相传古代曾有人见到老虎从这里一跃而过,虎跳峡因而得名。

虎跳峡的高差达3000米,两岸高山对峙,峭壁耸立,不仅两岸山崖削壁千仞,谷坡的陡度超过了90°,还向江心倾斜,峡谷的顶部比底部还窄,乃天下第一奇观。从阴暗的山谷里仰望苍天,只见蓝线一条;从飞机上下望,金沙江只不过是一条白线,虎跳峡就隐伏在白线中间。据说20世纪60年代,

玉龙雪山曾发生一次山崩，壮观程度犹如粒子爆炸。巨石砸入江中，水柱高达几百米，直溅到哈巴雪山山腰的玉米地上。

站在虎跳峡边，仰望，峰与天接；俯视，水震山撼，难见其底。

新中国成立前，这里是"千山鸟飞绝，万径人踪灭"的地区。20世纪60年代前期，主持长江治理开发大业的长江委主任林一山与技术顾问、水利专家、长江委总工程师李镇南在云南省领导的陪同下搭马帮考察玉壁金川。随后，长江委的勘测尖兵开始在这里查勘，攀悬崖、测激流，千辛万苦，还有几位同志长眠在这里。

虎跳峡比闻名四海的美国科罗拉多大峡谷还要深1500多米，且景观截然不同。虎跳峡两侧山峰虽说终年积雪，但是立体气候，满目青苍。金沙江水并不混浊，到了冬天，更是蓝里透绿。

虎跳峡两岸到处可以看到深涧跌水飞溅和高山悬瀑。核桃园附近的一处大瀑布从雪山顶直泻而下，中经几次停顿和转折，在山腰上留下一潭碧水，然后又怒吼着坠进金沙江，塑成一道高达千米的多阶形大飞瀑，世所罕见。

冲出虎跳峡后，金沙江一路呼啸，挽起雅砻江、普渡河、牛栏江、泸沽湖、滇池、邛海等兄弟姐妹，蜿蜒向东，进入四川盆地。

虎跳峡

川江滚滚来

长江从江源到宜宾，经过茫茫草原、崇山峻岭和高山深峡，行程近3500千米，为全程的一半以上。自宜宾至湖北宜昌1033千米的河段，因大部分在四川境内，称为川江。重庆成为直辖市后，川江流经四川境内的只有200多千米，但川江之名并没改变。

> 川江河流有时在山舒水缓的宽谷中流动，有时又穿过陡峭峥嵘的峡谷，一放一束，不断向东北方流去。其中，宜宾至奉节830千米河段先自西而东，又转向东北，至万县以下转向东流，曲折弯转于四川盆地的南部边缘。

四川盆地被群山环抱，连绵高耸的山峦孕育了众多河流，其中岷江、嘉陵江、乌江多年平均流量超过了黄河，再加上沱江、赤水河等众多河流，最终都流向了盆地，被蜿蜒而过的川江以博大胸怀接纳。因此川江在出四川盆地进入三峡的时候，水量水势已经非常浩大，杜甫曾在夔门（今重庆奉节）发出"不尽长江滚滚来"的慨叹。

岷江、沱江、嘉陵江和乌江是川江的四大支流。

岷江发源于四川盆地西北部岷山南麓的弓杠岭和郎架岭，东西两源汇流后，自北而南经都江堰市，穿成都平原，至乐山纳入大渡河，于宜宾市入长江。全长735千米，总落差3560米，流域面积约13.35万平方千米。岷江上源属松潘高原，海拔3000～4000米，地形坦缓，松潘西宁关以下进入峡谷；汶川以下，河谷深切，河宽仅50～100米，滩多流急；都江堰以下，河谷豁然开阔，进入成都平原，河道顺着向东南倾斜的岷江、沱江冲积扇呈辐射状分汊，渠系密布，为著名的古代水利工程——都江堰灌区。主流金马河，长117千米，平均比降2.6‰，在江口镇汇合平原诸河后，进入丘陵区，水流甚缓，除平羌峡河谷较窄外，谷地宽阔，河宽150～500米，多漫滩。乐山以下，因有大渡河、青衣江等水量丰富的支流汇入，流量倍增，河床中汊流、浅滩发育，河宽 400～1000 米，两岸丘陵起伏，临河有较宽的阶地和河漫滩分布，河谷呈箱形，宽 1000～5000 米。下游部分河段又进入丘陵区，河道复趋狭窄。

沱江发源于九顶山南麓，于泸州市汇入长江，全长 702 千米，流域面积约 3.29 万平方千米，落差为 2345 米。上游流经山区和成都平原，其中山区河段水浅滩多，平原河段水网纵横，有青白江、毗河与岷江相通。赵家渡至泸州的中下游河段属丘陵区，河道弯曲，滩沱相间，水流平缓，河谷多呈"U"字形，河岸低，河床宽 150～300 米。

嘉陵江纵贯四川盆地中部，发源于陕西秦岭南麓，于重庆市汇入长江，全长 1120 千米。嘉陵江流域广阔，自北向南流的干流与自西北向东南流的涪江和自东北向西南流的渠江在合川附近汇合，构成巨大的扇形向心河网，流域面积约 16 万平方千米，占长江流域总面积的 9%，在长江各大支流中居首位。嘉陵江上游深切崇山峻岭，河谷狭窄，水流湍急，多滩险礁石。广元至合川段，河道逐渐开阔，先流经盆地北部深丘，而后过渡为浅丘区，曲流和阶地十分发育，比降变缓。合川至重庆段，河道经过盆东平行岭谷区，形成峡谷河段，谷宽约 400～600 米，水面宽 150～400 米，其间著名的嘉陵江"小三峡"（沥鼻峡、温塘峡、观音峡）为河流横切华蓥山脉所形成。

川江右岸的最大支流——乌江，发源于乌蒙山东麓、贵州威宁县香炉山，自西南至东北横贯贵州高原中北部，思南以下转向北流，穿过四川盆地边缘，于四川涪陵汇入长江。全长 1037 千米，天然落差 2100 余米，流域面积为 8.79 平方千米。乌江绝大部分河段流经石灰岩区，山峦起伏，岩溶地貌发育明显，多溶洞、暗河，河谷下切剧烈，多呈"V"字形峡谷，仅下游局部河段有砂页岩宽谷。全河坡陡流急，滩礁众多，故有"乌江天险"之称。

除上述四大支流外，直接汇入川江、河长超过 100 千米的一级支流，左岸还有大洪河、龙溪河、小江、汤溪河，均分布在重庆以下；右岸宜宾以下有南广河、长宁河、永宁河、赤水河、綦江、龙河、磨刀溪、长滩河，自上而下分布较均匀，其中赤水河为川江第五大支流。

因为这些支流的汇入，长江在川江段的水量一下猛增至之前在金沙江段的 3 倍，多年平均年径流量达 4510 亿立方米，大约占长江入海水量的一半。丰沛的水资源将四川盆地滋养成了富饶的天府之国。

长江三峡天下闻

川江出四川盆地后，自重庆奉节白帝城至湖北宜昌南津关，进入两岸山峦夹峙、水流湍急的峡谷地带，这里有著名的"长江三峡"。

> 三峡指的是长江上游西起奉节夔门、东至宜昌南津关204千米长的峡谷地带，是瞿塘峡、巫峡、西陵峡这三大峡谷的统称。三峡自然风景雄奇险峻幽，无奇不有，被世人称之为"百里画廊""天然博物馆"。瞿塘峡的雄伟、巫峡的秀美、西陵峡的险峻早已闻名于世，峡中星罗棋布的名胜古迹，举不胜举。

长江形成之初，三峡河段是起伏不大的丘陵，河床宽阔高悬，江流缓慢，水量也小。到距今300万年前，长江流域西部地势进一步抬高，江水加剧了对三峡地段的切割，下切持续300万年之久，终于切穿了七曜、巫山、黄陵等背斜，分别形成瞿塘峡、巫峡、西陵峡西段和西陵峡东段以石灰岩为主的90千米大峡谷。同时在穿过巫山向斜、秭归向斜和被风化剥蚀的黄陵背斜核部时，又形成了大溪、香溪和庙南三段总长约110千米的宽谷。

经过以上自然演变，才诞生了长江三峡景色的奇、幽、深、秀。

长江三峡河段是大自然的塑造。这里，是200千米的天然画廊，是时越数千年的文人大会堂，是丰富多彩的地质博物馆，集自然风光、人文景观和各种地质现象于一体，是世界著名的峡谷、观景旅游胜地，令古今骚人墨客为之挥洒翰墨，令中外游客为之心驰神往、流连忘返，令中华民族近代史上的伟大政治家们为之帷幄运筹，令无数中外科学家们为之倾洒心血。

就凭这些，在世界著名峡谷行列中，三峡无疑是独领风骚了。

瞿塘峡又名夔峡，上起重庆奉节白帝城，下至巫山县大溪镇，全长8千米，以雄伟险峻著称。

长江进入瞿塘峡后，江面骤然缩窄，两岸高山连绵，绝壁处处，急湍咆哮，

三峡风光

惊涛拍岸，蔚为壮观。郦道元笔下的"两岸连山，略无阙处。重岩叠嶂，隐天蔽日，自非亭午夜分，不见曦月"，正是这段峡谷景观的写照。

在瞿塘峡，山峦云雾和日月交相辉映，意境万千。雨后，青山碧透，烟雨霏微，迷雾把山峰浮托，扑朔迷离；放晴日，著名景观"赤甲晴晖""白盐曙色"遥遥地映入眼帘；皓月当空，则可领略"峡门秋月"的神韵，发"犀牛望月"之遐思。

夔门的险峻，堪称"三峡一绝"。两崖对峙，中贯一江，望之如门，杜甫诗曰"众水会涪万，瞿塘争一门"，实系绝唱。

夔门是长江三峡的西门，又是古代军事要隘，也称瞿塘关。其北岸为赤甲山，因山巅大片岩壁风化变为土红色，宛如巨人袒背而得名；南岸为白盐山，因山头呈灰白色而得名。白盐山较赤甲山略低，整体笔立江边，伟岸壮观。

瞿塘峡栈道绝壁凌空。枯水时，从瞿塘峡口白帝城山脚涉水过草堂河可至；大水时，需赖专船在缓坡处靠岸直上。四川盆地四周皆高山，古人从中原通往四川的路，除经陕西过秦岭至川北外，唯有通过川东三峡这一天然通道从三峡水路入川，洪水期往往断航。清光绪年间在三峡北岸开凿栈道，才有了这条与水道并行的陆路。栈道大部分在绝壁上开凿，高出水面数十米、宽二三米，绵延50多千米，途中间或有石桥跨过沟壑，坦坡极少，两处摩崖题刻的"开辟奇功""天梯津隶"，记下了当年万千石工身依绝壁、下临深谷凿道之艰险，可见工程之伟大。

　　瞿塘峡悬棺是又一奇观。从白帝城下行二三千米，在江北岸黄褐色石壁的断岩立壁高处，有几只木箱，传说是鲁班的"风箱"，高出江面近百米，徒手无法攀登，吸引了不少人为之寻奇探胜，并称这一峡为"风箱峡"。1971年，两位采药人合力攀登成功，终于解开了这千古之谜："风箱"是古代巴人的悬棺，亦称船棺，船棺里还保留着一批巴人文物，现白帝城内有部分陈列。这一带古代属巴国，悬棺是巴人独特的葬俗，随着巴人的迁徙，已流传到了南方诸省山区。悬棺作为一种奇特的历史文化、民俗文化，正日益引起学者们的注意。

　　扼守瞿塘峡西口的古城奉节东部白帝山上有白帝城、白帝庙，是三峡最负盛名的古迹。"城"为西汉末年在此割据的公孙述所建。传说山上一井常冒白气，宛如白龙，公孙述遂自称"白帝"。原庙是当地人追怀公孙述统治四川的28年地方安定，立祠纪念他。但终因公孙述非汉朝正统，因此白帝庙内无白帝，长期祀奉的是蜀汉君臣刘备、诸葛亮、关羽、张飞等。白帝城陈列有70余方古碑，艺术与科学价值甚高，被称作"三峡第一碑林"。

长江出瞿塘峡后，过大宁河宽谷，接纳大宁河后，便进入巫峡。巫峡因巫山得名，素享幽深秀丽之盛名。上起大宁河口，下至湖北省巴东县的官渡口，全长45千米，是三峡中最整齐的一段峡谷，亦称大峡。

巫峡长且多谷，奇峰层叠，瀑泉飞漱，江流迂回，云腾雾障，气象万千，像一幅天然巨型山水屏画。

坐落在巫峡西口的巫山县城，位于长江北岸大宁河与长江交汇处，古老而庄重，阅尽人间沧桑。其三台八景，说的都是神女与夏禹治水的故事，富于神话色彩，令人神往。

"放舟下巫峡，心在十二峰。"清代诗人许汝龙的这两句诗，是游人对巫山十二峰仰慕心情的写照。

十二峰高耸于巫峡两岸，江南江北各六峰。进入峰区，即可领略万千景色——十二座峰峦，由低而高呈蜿蜒上升之势。

如卧龙登天者，名"登龙峰"；峰似雄狮，峰前有一白色岩石，峰下甘泉终年不尽者，称"圣泉峰"，俗称"狮子挂银牌"；峰前清晨云雾浓集，朝阳辉映似彩云飞舞者，曰"朝云峰"；峰巅一石，似亭亭秀女，朝朝暮暮玉立江天，迎晨曦，送晚霞，凝眸远眺，永不歇息者，即"神女峰"；峰顶松杉密布，郁郁葱葱，形似帽盒者，名"松峦峰"或"帽盒峰"；多座山岩林列，俨然群仙聚会，远眺形似剪刀者，为"集仙峰"，又称"剪刀峰"；峰顶平旷如坛，下有碧渊，又因山势极险，少行人至者，尊为"净坛峰"；峰高入云，云气变幻莫测者，称"起云峰"；峰峦两旁山势呈凤凰展翅之势者，叫"飞凤峰"；峰势呈飞腾之势者，作"上升峰"；峰形似屏风，漫山苍翠者，名"翠屏峰"；峰顶奇石峥嵘，林木常青，传说入晚即有白鹤栖歇者，乃"聚鹤山峰"。

十二峰中，数神女峰最令人瞩目，令人神往。不仅因为一个动人的传说，更因其形态阴晴万变，神韵娴逸，着实迷人。

长江从巴东官渡口至湖北秭归县香溪口，是一段长48千米的香溪宽谷。

古城秭归坐落在香溪宽谷北岸的卧牛山麓。伟大诗人屈原的出生地在秭归县三闾乡乐平里，这里有许多关于屈原的古迹与传说。

香溪发源于大神农架群山中，酷似一条碧绿的玉带，在秭归下游7千米的江北岸注入长江。碧绿的溪水和金色的江水在此汇合，泾渭分明。溪水四季常绿，清澈见底。香溪河畔的湖北兴山县宝坪村，相传是王昭君的故乡。那里的种种传说、名胜古迹，几乎都与王昭君有关。从香溪下段东岸的七里峡再下行不远，有一大峡口，美丽的高岚河由此汇入香溪。从大峡谷逆高岚河而上，又是一方天地，以峰峦高峻而享有盛名。在长达10千米的高岚河谷两岸，无山不奇，无峰不秀，无石不异，且山山相靠，景景相连，千姿百态，神高韵逸，任人遐想。

过了香溪口，就进入了西陵峡。从香溪口至宜昌南津关为西陵峡，长66千米。西陵峡以滩多水险著称，峡内有大小滩险20余处，平均每3千米就有一处。著名的新滩、崆岭等都在这里。这些滩险有的是两岸山岩崩落而成，有的是上游来石冲积而成，有的是岸边伸出的岩脉，有的是江底突出的礁石。滩险处，水流如沸，泡漩翻滚，汹涌激荡，惊险万状。三峡工程建成蓄水以后，这些滩险大多淹没水底，航运条件大为改观。

西陵峡中，峭壁千寻，奇峰突兀，江流湍急，水势狂奔。两岸翠绿连绵，涧悬瀑飞，景色如画。峡内还有许多拟人状物的奇峰怪石林，任人想象驰骋，伴有许多动人的传说。

峡内著名的黄牛岩，峰高千余米，为这一带的群峰之巅，数十里外都可看见。古代歌谣"朝发黄牛，暮宿黄牛；三朝三暮，黄牛如故"，抒唱的就是黄牛峰岩的高峻、昔日行舟的艰难。黄牛岩还伴有"神牛"助禹治水成功的神话传说。黄牛岩下的黄牛庙，又称黄陵庙，是三峡中珍贵的明代建筑，庙中还有长江1870年大水的水痕印记，极为清晰，是重要的历史洪水研究资料。

据调查，西陵峡内还有200多个溶洞景观，大多数分布在西陵峡两岸，其中黄颡洞深远、玉虚洞神秘、三游洞名声显赫。仅只三游洞内石壁上的题刻就已令人神往，前三游白居易、白行简、元稹，后三游苏氏三父子，都有诗文赞颂，流传千古。

到了三游洞，也就到了南津关，到了三峡的东口。

随着葛洲坝工程和三峡工程相继建成，人类用两道坚固的大坝截断了巫山云雨，特别是自2010年10月三峡工程蓄水至175米后，长江三峡段形成了从宜昌到重庆绵延650千米的人工湖，"高峡出平湖"的壮观景象呈现在世人面前。

如今，每年深秋时节，三峡水库水位上升至175米标识线，古老的长江三峡呈现出秀丽多姿的新景观——平湖之上，水天一色，流光溢彩，江清岸洁，百鸟翱翔。此时的江不再咆哮，而是以一种深情款款的缓慢姿态，静静地漫溯两岸。江面被温柔地抬高起来，就像一个垂髫孩童踮起脚尖，要和守望他亿万年的西陵峡、巫峡、瞿塘峡，依次亲昵地挨下脸。

荆江九曲回肠

自湖北宜昌以下，长江进入中游河段。

长江一冲出三峡，便天阔江宽，给人以"极目楚天舒"之感。在南津关下游3千米处，江面由300米左右猛然展宽到2000多米。

在这里，江中原来有两个小岛，一个叫葛洲坝，一个叫西坝，把长江分成了大江、二江和三江三股水流。

长江流过了葛洲坝，虽然在地理划分上已算是进入中游平原，但宜昌以下沿江两岸，仍然有绵延不断的丘陵，只不过没有三峡的山脉那么高峻罢了。直到长江快要到达湖北枝城时，两岸低缓的丘陵不甘心就此消逝，突然昂首屹立，紧束江流，变成峭壁急流，形成峡谷。这就是由荆门山和虎牙山对峙形成的"全楚西塞第一关"。

长江过了这最后一"关"，景色与上游迥然不同，再也看不到急流险滩和绝壁峡谷。这里是浩瀚的江流、无边的原野。

诗仙李白从四川穿三峡下来，发出了"渡远荆门外，来从楚国游。山随平野尽，江入大荒流"的感慨。

长江在这里山原交替，山水分明。江水茫茫，远与天平，又是一番景象。

初唐诗人陈子昂出川沿江东下，舟过荆门时，作诗云："遥遥去巫峡，望望下章台。巴国山水尽，荆门烟雾开。"诗里说的"荆门"，指的就是宜昌下游的荆门山。

荆门山在湖北枝城县西北25千米处，屹立于长江南岸，上有"十二碚"，是12座虽不甚高但景色秀丽的山峰。

虎牙山与荆门山隔江对峙，山下冈陵起伏，为古镇猇亭所在。相传蜀将张飞任宜都太守时曾镇守西陵。虎牙山下是虎牙滩，水流湍急，礁石林立，横亘江心，枯水季节无数暗礁露出水面，犹如虎牙交错，历来舟行过此，全靠人力拉纤。如今经航道整治，原来的五道险滩均已荡然无存。

战国时，这里是楚国的西部门户，史称"上收蜀道三千之雄，下锁荆襄一方之局"，地理位置十分重要。

"全楚西塞第一关"的雄姿，上合下开，近似紧束的袋子口。夹岸峭壁林立，峥嵘突兀，状如虎齿，形成一扇壮丽的门阙，不愧为荆门。

自宜昌至湖北枝城的67千米河段，实为长江自三峡峡谷至中游冲积平原的过渡段。在这一江段，长江的右岸有重要支流——清江，在枝城汇入。

清江，是一条蜿蜒在鄂西南千山万壑中的神秘河流。

清江就像一条碧澄的缎带。

清江发源于鄂西利川齐岳山龙洞沟，自西而东切割属云贵高原东部边缘的鄂西群山，大部分河段形成高山峡谷。流经利川、恩施、建始、巴东、长阳等市县，至枝城注入长江，全长423千米，流域面积1.67万平方千米，80%以上为山区，最大谷深达1000米左右，多年平均降水量在1400毫米左右，雨量特别丰沛，支流众多，与干流构成羽状水系。每当暴雨来临，洪峰陡涨陡落，容易成灾。清江干流400多千米，落差1430米，其中，恩施以上153千米河段，集中落差1070米，蕴藏着丰富的水能资源。

清江流域内岩溶发育，两岸多残丘、洼地、沟谷、溶洞、落水洞，形成多彩多姿的景观。

清江从利川齐岳山发源，一出利川城东北7千米，却突然失踪了，高耸的山崖下排列着两个洞穴，左边是古称"卧龙吞江"的落水洞，右边是号称世界"溶洞之王"的腾龙洞。

腾龙洞已是蜚声海内外的著名景区。洞口高74米、宽64米，一幢20多层的高楼适可补满。主洞中心轴线全长约9千米，洞内最高处235米，最宽处174米。洞内因岩石浸蚀，垮塌形成5座山峰，将主洞分割成10个平坦宽阔的大厅。已开放的15大景区、63个景段中，石柱、石笋、石花、石幔或悬或立，或晶莹如白玉，或灿烂如翡翠。洞中特有的鱼类透明鱼形若蝌蚪，透若水晶；洞中蝙蝠、飞鼠上下翻飞，惊如闪电。洞内空气流畅，四季恒温18℃。

腾龙洞自1985年开发开放以来，引得不少名人雅士挥毫，赞其为"人间仙境""地下大理石公园""溶洞之王"。

被称为"卧龙吞江"的落水洞更为神奇。一条最大流量达676立方米每秒的江水被一个幽暗、深邃的神秘大穴一口吞噬，不留一点一滴。清江从源头流出，徜徉了60多千米后就伏流了，伏流达16.3千米。

16.3千米的伏流段有许多地方是真空段，目前尚无一人全程经过伏流。1988年，用高科技全副武装的比利时探险队花了32天时间仍半途而返。

伏流江面，时而窄得仅能容小舟，时而宽敞得可容千舟共泛。

洞内静悄悄的，清江失踪了，在大山深处撞击、闯荡、挣扎……

伏流16.3千米后，清江积聚了力量，从黑洞洞的洞口喷薄而出，以悍勇无比的气势，浩浩荡荡，劈出了400千米河段上最险峻的20千米长的一线天。这里，隔着一道雨雾弥漫的幽谷，两岸峻峰紧紧对峙，黛青色的峰峦险恶凝重，灰蒙蒙的幽谷神秘深邃。

八百里清江，八百里画廊！

清江，蕴藏着巨大的财富，正一天天被人们开发利用。清江，长阳人的故乡，沉寂了千百年的故土正一天天被唤醒。

清江，从源头风尘仆仆400千米，依然是那样清澈，清得让人神往。

万里长江接纳了清江这个清丽而又倔犟的儿女之后，继续中游之旅，别是一番景致。

长江从湖北枝城至湖南城陵矶的一段俗称荆江，以藕池口为界，分为上荆江和下荆江。上荆江长约175千米，中有江心洲16处，因而水流分散，具有分汊型河床特色，"枝江"因此得名。下荆江河段自几处裁弯后，由原来的240千米缩短至162千米。

> 荆江是长江最险要的河段，"万里长江，险在荆江"。上荆江河床特高，如同地上河。下荆江是长江弯道最多的一段，原河长240千米，直线距离只有80千米。江水在这里绕了16个大弯，曲折蜿蜒如同肠道，是典型的蜿蜒型河道，历来以"九曲回肠"著称。

先秦时期，长江出江陵进入范围广阔的云梦泽以后，河床形态还不显著，荆江河槽淹没于江汉平原古云梦泽所在的湖沼中，以泛滥漫流的形式向东南汇注。

秦汉时期，由于长江泥沙长期在云梦泽一带沉积，以江陵为顶点的荆江三角洲开始形成。江水呈扇状分流，向东向南扩散。处于高度湖沼阶段的下荆江，开始出现一些分流水道，如夏水等。荆江主泓道偏在三角洲的西南一边。

近万年来，长江荆江河段河道形态有过重大的演变，其特点是：荆江及其分流与两岸湖泊相互依存、相互制约，在统一体中同时经过复杂的演变，最后塑造成目前的荆江河道形态和江汉平原、洞庭湖地区的地貌景观。

如今的江汉平原曾是我国历史上著名的云梦泽。后来，荆江左岸分流和汉水分流所挟带的泥沙长期堆积，湖泊三角洲不断扩展合并，湖泊景观向平原景观演变，形成目前阶段的地貌形态。

在河型的演变上，近500年来，上荆江基本上保持了原来微弯分汊的河道形态；下荆江则经历了从分流分汊河型到单一顺直河型，最后发展到蜿蜒型河道的历史演变过程。

"九曲回肠"的下荆江，自由河曲极为发育，横向摆幅20～40千米，河弯曲折率为3～5，多为复式河弯，经常发生撇弯、切滩的自然裁弯，仅百余年来，就曾发生自然裁弯10余次，最近一次为1972年发生的石首沙滩子自然裁弯。自然裁弯发生后，江水从河曲颈部通过，成为新河。老河道上下江门淤塞，因形似牛轭得名"牛轭湖"（亦称弓形湖）。

下荆江两岸分布了许多牛轭湖，正是荆江古河道的残迹。

由于荆江河道异常弯曲、比降小、水流慢，长江从上游挟带来的泥沙每年在此大量沉积，致使河床逐渐淤高。通洞庭湖的三口洪道，经过历年的泥沙淤淀，分流量不断减少，因而，荆江的分、泄洪能力日趋降低，洪水位有所抬升。近四五百年来，荆江洪水位已升高5米左右。为了逐渐控制下荆江河势，利于洪水宣泄和航运，湖北省在中洲子和上车湾两处弯道实施人工裁弯取直工程，加上沙滩子发生的自然裁弯，下荆江河段长度已由原来的240千米缩短至162千米，荆江入洞庭湖流量减少，缩短航程78千米，笼统称80千米。

荆江河段还是一段地上"悬河"。汛期，荆江洪水位高于荆北地面10～14米，形势极为险峻。这是因为河床愈淤愈高，挡水的堤防也越修越高，以致河床高出堤外的地面。目前荆江大堤已高出堤外地面10米左右，最高的地段达16米。

每当洪水季节，站在沙市的楼房上眺望，江上行船就像从屋顶上飞过，人们称之为"飞来水，天上河"。

三峡工程建成后，荆江河段防汛形势发生了天翻地覆的变化。

寥廓江天千重浪

长江从城陵矶到江苏江阴1168千米河段上，江天寥廓，水流浩荡，河谷宽阔，阶地发育。

两岸除部分为山地和丘陵外，大部分为地势平坦的冲积平原，平原上河网与湖泊密布，圩堤交错，稻田毗连，稻浪千里。

这里是长江中下游，中国重要的农业区。

长江最长的支流——汉江来此相汇。

汉江，又名汉水，湖北襄阳以下又称襄河。历来认为汉江发源于陕西宁强秦岭南麓的嶓冢山，上源名漾水，故《禹贡》有"嶓冢导漾，东流为汉"的说法。

20世纪80年代，经实地勘测，汉水南源玉带河比中源漾水长24千米，水源沮水比玉带河长45千米，按"江源唯远"的原则，将沮水定为汉水正源。沮水从秦岭、大巴山之间的谷地蜿蜒东下，经陕西南部、湖北西北部和中部，在武汉注入长江，全长1577千米，流域面积15.9万平方千米，跨甘、陕、川、豫、鄂五省。流域内气候温和，土地肥沃，支流众多，雨量丰沛，春秋战国时期已经初步开发。

汉江的自然落差1964米，多年平均流量1710立方米每秒。

汉江干流沿岸重要城市有汉中、安康、十堰、襄阳等，最大的为湖北武汉；支流上最大的城市是白河之滨的古城南阳。

汉江自河源至丹江口为上游，长925千米，属盆地与峡谷相间河段。其中，汉中一带是沿河谷分布的狭长形平原，亦称汉中盆地。这里土地肥沃，物产丰富，曾经是西汉与蜀汉两朝的主要发祥地。汉中地区古代水利事业非常发达，至今还有不少古堰。早在西汉时，这里就已发展为当时著名的灌溉区。20世纪50年代以来，又在干流和支流上兴建了一批近代灌溉工程，还广泛利用渠堰水力发展小水电，有"陕西小江南"之称。汉江峡谷段水流湍急，各种地貌条件与长江三峡河谷相似。1958年曾在此动工兴建丹江口水利枢纽，作为兴建大三峡枢纽的实战准备，获得成功。

汉江自丹江口至钟祥为中游，长270千米，为丘陵与河谷盆地。钟祥以下为下游，长382千米。汉江过钟祥后，流经江汉平原，多曲流和洲滩。从钟祥至武汉，两岸都有堤防。汛期，汉江洪水常与长江洪水遭遇，又因河段上宽下窄，大水时，最宽处可达1000～2000米，在武汉入长江时汉江口仅100～200米，活像一段瓶颈，一遇洪水，宣泄不畅，往往溃堤成灾。

三千里汉江，不仅山美，水也美。

从汉阳电视塔上的旋转餐厅俯瞰，汉江碧绿，宛似一位清秀的少女，悠悠静静地汇入长江。

汉江也是一种风格，不称大，不称雄，那么古老，那么风光多姿。秦汉时，刘邦曾以汉中为根据地进行统一全国的战争。三国时，汉中是蜀汉的重要基地。就连其支流白河之滨的南阳地区，也因地处中原，曾经是兵家必争之战略要地。

在秦统一六国战争时，曾不断从六国向南阳郡移民。

汉江有过辉煌，也有过苦难。如今，汉江已是南水北调工程重要的水源地。

长江中下游的河床形态属分汊型，与下荆江蜿蜒型河道有明显差异。

这一河段有各种矶头103个，其中72个分布在右岸。这些坚实的山丘临江矶头大多相隔10～20千米，成为控制河床变化的"节点"。当岸边有矶头"节点"时，河床紧束，江水汇成一股；越过矶头"节点"，河床展宽，江心洲滩出露，水流分汊，如此一束一放，宽狭相间，形成藕节状河床。在河床展宽处，江心洲和汊道普遍发育。据统计，这一段河道有大小沙洲80多个、汊道100余处。

这样的宽宽窄窄，林林总总，又是一种景观。

长江下游右岸支流均甚短小，唯青弋江和水阳江水系较大。青弋江发源于风景如画的黄山、九华山地区，水阳江发源于皖浙二省交界处的天目山北麓。这两条山溪性河流向北进入芜湖平原后，合而复分，互相串通，最后在芜湖和当涂一带注入长江。

青弋江和水阳江水系虽然不大，但在长江下游各支流中却名列前茅，也是皖南经济的一大生命线。

这里不但风光优美，还是著名的稻米产地。青弋江汇入长江处的芜湖，是我国著名的四大米市之一。

流过了辽阔的中下游，长江快要奔向大海了。

长江口雄姿

长江自江苏江阴以下为河口段，江阴附近江面宽1.4千米，到了徐六泾，在江心沙洲围垦成陆前江宽13千米，如今已缩窄到5千米，然后向东南迅速扩展，至长江口北端苏北嘴与南端南汇嘴之间，江面宽达91千米，整个河口段呈喇叭形，全长约200千米。

江阴位于长江南岸，形势险要，城东黄山西端鹅鼻岙突出江中，与江北的孤山对峙，形如藕节，是长江的咽喉、"锁航要塞"。由东海乘船溯江而上，是第二道"江海门户"，设有闻名中外的江阴要塞。

长江流到江阴，河床开始呈喇叭口逐渐展宽，江面豁然开阔。

大江东去反映的是长江的总流向，在江阴以下的河口段受潮汐影响，经常出现"上水船只顺水走，下水船只逆水行"的现象。这种溯江潮，大汛时可深入江阴上游百余千米的镇江附近。

千百年来，江阴一直是大江南北物资的集散地和水陆交通的枢纽。900多年前，江阴就相当繁华。宋代的王安石曾热情地赞咏江阴："黄田港北水如天，万里风樯看贾船。"

> 长江即将入海之时，又接纳了最后一条支流——黄浦江。黄浦江与长江汇流处，巍然出现了中国最大的城市——上海。黄浦江与长江汇合处叫吴淞口，吴淞口外就是"极目皆水，水处惟天"的长江口。

黄浦江，"襟江负海"，不仅是长江的最后一条支流，也是我国江海联运的枢纽、对外贸易的重要口岸。

黄浦江发源于苏南太湖，全长136千米，从吴淞口注入长江后，奔向碧波万顷的东海。黄浦江很短，年平均流量仅300多立方米每秒。从长江涌进的海潮流量，超过本身水量的十几倍，因此下游的河槽又宽又深，获取了丰足的水量，且各年不减，1万～2万吨巨轮凭借涨潮可以直达港口各泊位，上海港于是成为"东方大港"。

上海港虽是我国最大的对外贸易港，是江海门户，可上海市区离吴淞口还有二三十千米，并不直接靠海。可以说，是黄浦江优良的自然条件使上海港成为著名的东方大港。

黄浦江，古名黄浦，相传为楚春申君黄歇所开，故又名"春申江""黄歇浦"，黄浦江两岸如今已是闻名世界的大都会。

如今的黄浦江，正是满江春色得意时。

长江入海口水天一色，烟波浩渺，海阔天空，漫无边际。每当红日从海面上喷薄而出，冉冉升起，艳红的火球照红东方，染红波涛，瑰丽而壮观！

长江入海口

如果把长江比作巨龙，入海口比作龙口，那么，纵卧在长江口中的崇明岛，就是龙口含着的一颗宝珠。

长江从冰山雪岭走来，走过巍巍高原，走过深邃的峡谷，走过起伏的丘陵，走过辽阔的平原，沿途接大川纳溪流，行程万余里，滋养大地，哺育了人民，最后，深情地投入大海的怀抱。

湖泊璀璨妩媚

长江的湖泊众多，宽广、多姿、妩媚。

长江流域的湖泊众多，大的有全国淡水湖中的冠军、亚军、季军——鄱阳湖、洞庭湖、太湖，还有巢湖、洪泽湖等，小的则数不胜数。洪泽湖通过大运河与长江相遇，实际上可划为长江水系范围，但现在一般划归淮河流域。

长江流域不论中下游的平原沃野上，还是江源地区的雪山冻土之间，或是滇北黔西的高原群山中，都点缀着许多大小湖泊，成为长江流域自然地理的一大特色。

这些星罗棋布的湖泊往往在一定地域内成群集聚,形成稠密的湖区。有的湖泊与长江干支流相沟通,成为长江水系的重要组成部分;有的则自成体系,与江流隔绝,成为长江流域的内流湖区。

> 长江流域目前约有湖泊面积 1.42 万平方千米,约占全国湖泊总面积的 1/5。长江中下游平原是我国最大的淡水湖区,拥有全国著名的洞庭湖、鄱阳湖、巢湖、太湖四大淡水湖,还有许许多多中小型淡水湖泊,占流域湖泊面积的 90%。

江源地区的湖泊星罗棋布,但以小型湖泊和咸水湖居多,一般面积在 40 平方千米左右,约占长江流域湖泊总面积的 4%,多为构造运动形成的构造湖和受冰川作用形成的冰蚀湖。较大的有叶鲁苏湖等 10 多个,其中有的属外流湖,有的是内陆湖。

雀莫错,面积 85 平方千米,湖面高程 4923 米。湖的东北侧有圆锥形的雀莫山耸立,高出湖面 922 米,山顶终年积雪。雄伟奇特的雪山与湛蓝辽阔的湖水交相辉映,构成江源地区罕见的美景。

滇北黔西高原湖区包括滇北、黔西以及毗邻的川西一带的高原湖泊,总面积约有 500 平方千米,占长江流域湖泊总面积的 3% 左右。多为构造湖,少量的是岩溶湖。主要湖泊有滇池、泸沽湖、邛海等。

如梦如幻泸沽湖

泸沽湖一称左所海,又称鲁窟海子,位于云南宁蒗和四川盐源之间的永宁盆地,水域面积约 171 平方千米,因地质构造下陷形成,具有独特的高原湖泊风貌,湖湾迂回,烟波百里。湖中有里务比岛、里格岛、王妃岛,山姿水色,浑然一体。湖中盛产各种鱼类,尤以细鳞裂腹鱼和高山冷水鲤鱼最为出名。湖畔群山覆盖着原始森林,林中盛产贝母、黄连、当归、虫草等药材,熊、獐、鹿、豹出没其中,俨然一座天然宝库。

泸沽湖是名副其实的高原明珠。在层峦叠嶂的绵绵山区，四周的碧岭青峰好似一围若隐若现的翠屏，紧紧围住一汪湛蓝碧透的春水。泸沽湖水碧蓝碧蓝的，蓝得令人心醉。泸沽湖静得没有人世的纷扰，仿佛沉睡在遥远的古梦之中。高原湖面蒸发量大，群山环抱，雾气一时难以消失，湖面常常被轻纱似的雾气笼罩，朦朦胧胧。

泸沽湖的东南面有一座山梁直伸湖心，形成一个半岛，活像一条巨龙凌空飞下，低头饮水；西北的狮子山又如一头雄狮，威踞湖畔；湖对面矗立着一座陡峭的巨峰，好像端坐的巨人凝视雄狮、巨龙，浑然一体。

在纳西族古老的传说中，狮子山是格姆女神山，格姆女神山使泸沽湖人民健康成长，五谷丰登，六畜兴旺。她和纳西族妇女一样，没有丈夫，和这里的几位男山神过着"阿注"式的婚姻生活。"阿注"是纳西族语言，是"伴侣"、"朋友"的意思。这种关系没有约束，只要男女相爱就结成伴侣，一旦不合，男方不再约会女方，"阿注"关系就宣告结束。因此，孩子只有母亲，无通常意义上的父亲。从这里，可以窥见遥远的母系社会的痕迹。现在，泸沽湖畔已普遍地推行一夫一妻的婚姻制度。

滇池景物璀璨万千

滇池，古称滇南泽，又名昆明湖，位于昆明市西南郊，海拔1885米，最深6米，被称为"高空之湖"，是云贵高原最大的湖泊。

古代的滇池，湖盆面积广达1000平方千米，远在昆明市内的翠湖也是它的一部分。今天的滇池，南北长约40千米，东西平均宽约8千米，湖岸长200多千米，湖面尚有290多平方千米，旧说"五百里滇池"，可蓄水近16亿立方米。湖西岸逼近山岭，多断崖峭壁；湖东岸是丘陵区，有盘龙江等20余条河流汇入；南部海口螳螂川是滇池唯一的出水口。滇池汇聚十多条河流，通过海口流入普渡河，然后进入金沙江。

海口附近的石龙坝水电站1908年筹建，1913年开始发电，是长江流域最早的水电站。

滇池沉积深厚，富有丰富的有机质，是云南省重要的水产基地。

滇池地处温暖的气候带，辽阔的水面俨似巨大的空气调节器：白天，湖水吸收热量，西南风把湖面风吹向市区；入夜，湖水中蓄藏的热量放出，同市区的冷空气交换。昆明之所以夏无酷暑、冬无严寒，得天独厚地成为"春城"，四季如春，无处不飞花，与滇池的调节密不可分。

滇池的妩媚，辅以北岸大观楼及其长达180字的著名长联，伴以西岸西山风景区幽奥深邃的古刹、覆盖整座西山的葱绿，以及西山脚下的聂耳之墓……为春城昆明平添了几多璀璨与深幽，唯有身临其境才能感受。

世外桃源九寨海子

九寨沟位于嘉陵江上游四川南坪县（今九寨沟县）境内，因原有九个藏族村寨而得名。在总面积约620平方千米的范围内，有大大小小的海子108个，多分布在三条呈"人"形分布的沟里，全长50多千米。这里的一山一水、一木一石、一草一花都保持着原始、自然、古朴的本色，堪称世外桃源。这里，青山妩媚，水色缤纷，到处是山绕水、水偎山，树在水里长，水在林间流，山水相映。大大小小的海子，各有自己的特色；层层叠叠的海子，形成许多蔚为壮观的瀑布，珠连玉串，跌宕起伏，可谓"梯瀑"。因此人们说："桂林山水甲天下，九寨风景胜桂林。"

八百里洞庭

古代号称八百里的洞庭湖，原为我国第一大淡水湖，现在已退居鄱阳湖之后，名列第二了。

烟波浩渺的洞庭湖位于湖南省的北部、荆江南岸，属构造断陷湖。

洞庭湖，南有湘、资、沅、澧"四水"入江，北有荆江松滋、太平、藕池、调弦（1958年堵塞）"四口"分流，吞纳长江洪水，最后，湖水在东面的岳阳城陵矶注入长江。洞庭湖历来是长江最大的吞吐湖，长江洪水经过洞庭湖的调蓄，一般可削减30%左右，因此洞庭湖对长江中下游平原起着重要的调洪、滞洪作用。

古代的洞庭湖面积很大。《山海经》上说："洞庭乃沅澧之交，潇湘之渊。夏秋水涨，方九百里。"《一统志》上说："洞庭横亘八百里，日月若出没其中。"从唐宋时期的文献看，洞庭湖极为壮观。孟浩然诗云："八月湖水平，涵虚混太清，气蒸云梦泽，波撼岳阳城。"可见洞庭湖是极为浩渺壮阔的。

千年以来，特别是20世纪以来，洞庭湖逐渐变小，令人担忧。

由于长江"四口"和"四水"的泥沙来量大，湖区大量围垦，洞庭湖的缩减速度很快，1825年广达6000平方千米，1949年为4350平方千米，1977年为2740平方千米，1984年为2691平方千米。截至2022年，洞庭湖面积为2625平方千米，较1825年湖泊面积6000平方千米萎缩了3375平方千米。

<u>如今洞庭湖已分割为东、西、南洞庭湖三片。东洞庭湖约1300平方千米，西洞庭湖约400平方千米，南洞庭湖约900平方千米。</u>

洞庭湖

1956—2010 年统计，洞庭湖入湖泥沙年输沙量，四口为 1.27 亿万吨，四水为 2554 万吨。城陵矶年平均出湖沙量为 3610 万吨，湖区平均年淤积量约为 1 亿吨。与此同时，沿湖地区大量围垸开田，出现了用堤防围筑的农业区——垸子，最多时曾达到 990 多个，湖面减小的速度越来越快，湖区增加了大量肥沃耕地，附近许多区县就是由这种垸子构成的。洞庭湖区和滨湖区跨湘、鄂两省 7 地市、42 县，是我国最著名的粮仓之一。据 2010 年资料统计，湖区耕地面积总计 1233.11 万亩，粮食总产量约 558 万吨，棉花总产量约 26 万吨，油料约 71 万吨，肉类 77 万吨，水产品约 86 万吨，生产总值 5577.12 亿元。

　　泥沙淤积，使湖泊萎缩，沙滩逐年增高，提供了围垦的条件。人们开始在洲滩上建堤，从小堤到大堤，从小垸到大垸，获得了较好的生产效益，围垦的积极性日涨，大小垸垸在洞庭湖区星罗棋布。围垦使国土资源得到充分利用，但造成湖面缩小、水位抬高，增大了洪水风险。100 多年前，有人提出了"退田还湖"的主张，但也有人针锋相对地提出"与水争地"的意见，终无结论。

　　20 世纪 50 年代，有人提出"大水年退田还湖，中小水年与水争地"的理论，是蓄洪垦殖的雏议，得到专家学者们的肯定并付诸实施。这一理论实施后，明显的收益在农业经济方面。因为这些泥沙冲积而成的田地，土层深厚，通透性好，含存大量的有机质，特别肥沃，再加上气温适中，水源充足，无霜期长，因而粮棉产量特别高。但同时，因过多强调垦殖效益，产生了盲目围垦的倾向，对防洪不利。20 世纪 90 年代后期，洞庭湖水灾频频发生。1998 年长江大水后，中央提出了 32 字方针：封山植树，退耕还林；平垸行洪，退田还湖；以工代赈，移民建镇；加固干堤，疏浚河湖。

　　洞庭天下水，还得益于汇聚于洞庭湖的湘、资、沅、澧四水。四水形成的洞庭湖流域，面积 23 万平方千米，绝大部分在湖南境内。洞庭四水发源于南岭山脉和贵州高原东部，均为长江重要支流。四水中流域面积最大的是湘江，人口土地也最集中，全长 844 千米，总落差 756 米，流域面积 9.5 万平方千米。湖南四大城市长沙、株洲、湘潭、衡阳都在洞庭湖流域内。

　　这四条河流，殊途同归，汇入洞庭湖的时候浑然一体，白茫茫一片，一望无涯。

洞庭美，美在白银盘里一青螺——君山！

洞庭湖的湖名源于湖中的君山。君山传说是神仙的洞府，所以又名"洞府之庭"和洞庭山，古人就借"洞庭"之名来命名环绕君山的一片水域为洞庭湖。洞庭之名，春秋战国时就已见于史籍。其实，君山只是洞庭湖中的一个小岛，面积仅0.96平方千米，由72个大小山峰组成。得天独厚的地貌特征和神奇秀丽的湖光山色，使君山神秘莫测。在这玲珑小岛上，历史、传说、神话交织在一起。

尧舜，传说是上古的贤明君主，被后人誉为圣人。尧推选舜为继承人，命其管理政事，且以二女妻舜以观其内。舜接帝位后，经常外出治理山川，开拓国土。为了安抚三苗，舜亲自南巡。二妃见舜帝日久未归，就南下追踪寻找。不料船在洞庭湖中遇狂风大浪，只好登上湖丘小岛安身，忽然传来舜帝南巡崩于苍梧之野的噩耗。二妃为此日夜痛哭，眼泪洒在竹子上，斑斑点点，成了斑竹。后来，二妃悲痛欲绝，死于君山，小岛就成了二妃的归宿。传说她们从此成为湘水之神，被称为湘夫人。为了纪念二妃，人们将洞庭山改名为湘山、君山，把斑竹叫作湘妃竹。《史记》记载，舜"践帝位三十九年，南巡狩，崩于苍梧之野，葬于江南九嶷，是为零陵"。

君山上关于二妃的遗迹很多，近年来已多加修缮。特别是那一处处斑竹林，最能唤起人们的想象。伟大诗人屈原曾据此传说创作了流传千古的《湘君》和《湘夫人》，不但传情，而且最早描写了洞庭湖的风光，"袅袅兮秋风，洞庭波兮木叶下"，被后世视为咏洞庭秋色的绝唱。君山还有《柳毅传书》及八仙之一吕洞宾的传说。

郁郁葱葱的茶园把君山装点得四季常青。君山产的银针茶堪称一绝。

浩浩荡荡的洞庭湖，青青葱葱的君山，以及雄伟壮观的岳阳楼，是长江之滨的骄傲，是华夏民族的自豪。

洪湖水，浪打浪

长江，告别了八百里洞庭，来到了美丽的洪湖。

洪湖位于湖北省洪湖和监利之间，东西均通长江，属河间洼地湖泊，为江汉平原最大的淡水湖。洪湖呈多边几何形状，湖岸平直，湖底平坦，南北最大湖宽20.8千米、东西最大湖长23.4千米，湖岸线长108.4千米，水面面积308平方千米，容积4.23亿立方米。沿湖有进出口22处，其中闸口5处、明口17处，可蓄洪。

洪湖宛如一颗晶莹的宝石，点缀于万里长江中游，镶嵌于江汉平原南端。洪湖与烟波浩渺的洞庭湖隔江相望，仿佛一对姐妹湖。

据考证，洪湖的雏形构成始于1亿年前的中生代，固有的多边形几何体湖貌实际上是古云梦泽分割、解体、残留的一部分。

洪湖水域的自然条件得天独厚。洪湖水域辽阔，淤泥深厚，水深适度，气候温和，因此培育了鱼、虾、蟹、鳖、贝、莲、藕、菱、野禽等上百种水生动植物，尤以鱼类、野鸭为最。在这个"鱼库"里，天然饵料丰富。这里是我国淡水鱼类的重要产地，淡水产品年产量连续15年位居全国前列。据2004年调查，有42种鱼类，年产量几千万公斤。

洪湖不仅水生资源丰富，湖光山色也极为秀丽。

春天，洪湖岸边的芦苇、菖草碧绿，泛舟于水天一色的湖面，和风拂面，草香阵阵，鱼游浅底。

入夏，满湖的荷花亭亭玉立，俨似仙子下凡。粉红的，如霞似锦；皎白的，玉洁冰清。

金秋，满湖欢笑，满湖飘香，采莲、摘菱的姑娘们出没于荷海绿丛之中。

隆冬，湖面野鸭群集，或展翅击水，或逗打嬉闹，或潜水觅食。

一年四季，景色虽异，韵味相同。虽无亭台水榭之美、庙宇寺院之神，却纯净、自然、真实。

洪湖已被列入国家重要湿地保护名录，也是我国红色旅游景点之一。

神州第一大淡水湖

鄱阳湖，已经威风地从洞庭湖手中接过"神州第一大淡水湖"的桂冠。

鄱阳湖古称彭蠡泽，距今约 2 亿年前，受燕山运动影响，湖北、安徽境内的黄梅、宿松、望江一带形成断陷，成为湖盆的雏形。此后，新构造运动使湖盆形成了彭蠡盆地，继而成为河网交织的平原洼地。西周时已形成彭蠡泽，并不断向南扩展到湖口一带，开江穿湖而过。三国时期，逐渐演化为今日鄂、皖境内的龙感湖和大官湖，并不断南侵，逐渐扩展演化为鄱阳湖。隋末唐初，始有"鄱阳湖"之称。

鄱阳湖洪枯水位面积变化大，常年水面面积 2978 平方千米，上承赣、抚、信、饶、修五水，流域面积 16.2 万平方千米，组成鄱阳湖水系，平均水深 6 米，湖泊多年平均水资源总量 234 亿立方米，相当于洞庭湖容积的 1.6 倍。鄱阳湖接纳五水后，自湖口注入长江，水量超过黄、淮、海三河总和，约占长江入海总量的 1/5。湖泊可蓄纳江西省境河流的大部分洪水，滞洪期可达 1 个月，对减轻长江下游洪灾十分有利。湖面南宽北狭，全湖最大长度（南北向）173 千米、东西平均宽度 16.9 千米，南部最大宽约 74 千米、北部束狭仅 5~15 千米，入江水道最窄处的屏峰卡口宽约 2.8 千米。以松门山为界，分为南、北两湖。

鄱阳湖口是长江中游与下游河道的天然分界处。

鄱阳湖湖周有五水来相会，北端与长江相通。由于鄱阳湖地势高于长江，主要对"五水"起调节作用，一般汛期可调蓄洪水 100 亿立方米，枯季入长江水量可达 200 亿立方米。每当长江流量最小的 1、2 月份，鄱阳湖可以 400~500 立方米每秒的流量补充长江的水量，对长江下游的枯季航运十分有利。鄱阳湖是调节长江洪水的天然水库。

鄱阳湖水面宽阔，水温适度，年平均水温在 18℃左右，加上水草丰盛、水质肥沃、浮游生物众多，不仅利于湖泊型鱼类栖息、繁育，还吸引了部分浅

鄱阳湖湿地

海鱼类溯江入湖产卵、觅食，因而成为蕴藏极其丰富的天然鱼库。鱼类多达22种，肉嫩味鲜的银鱼更是古今鄱阳湖常盛不衰的名特产品。栖息于水中的珍稀动物白鳍豚，曾在鄱阳湖留下身影。另一种豚类动物江豚，也常常成群结队出没。

鄱阳湖又是候鸟越冬栖息之地，已知鸟类310种，30万只左右。白鹤、天鹅、丹顶鹤、白枕鹤等均为珍贵鸟类，分别属国家一级、二级、三级保护动物。1984年鄱阳湖已辟为候鸟保护和观赏区，被誉为"候鸟王国"。

每当秋去冬来，候鸟拖家带口从北大荒飞来，从西伯利亚飞来，从青海湖飞来，在这里度过冬天。冬季枯水期，鄱阳湖裸露出广阔的草洲湖滩，草洲面积可达200万亩，各港、汊、湾独自成湖。候鸟们不仅可以在这里找到美味佳肴，而且可以自由活动。

鄱阳湖五大支流中，数赣江最大，发源于赣闽交界处的武夷山，纵贯江西省南北，全长755千米，总落差937米，流域面积83500平方千米，占鄱阳湖流经面积的一半左右。万安附近有100千米河段，滩峡断续分布，形成著名的"十八滩"。

鄱阳湖周围镶着平畴万顷、沃野千里的鄱阳平原，面积2万多平方千米，是江西省重要的粮仓，素称"鱼米之乡"。

鄱阳湖年平均淤积量远小于洞庭湖。1967年时，湖泊面积3960平方千米，跃居我国淡水湖的榜首。但其湖泊面积也在萎缩，1954—1967年，湖面缩小1090平方千米，平均每年缩小约84平方千米。1998年长江大洪水后，湖区实施大规模"退田还湖"工程，退出耕地面积81.6万亩。

鄱阳湖的风光妩媚迷人。

阳春三月，江南草长，鄱阳湖畔茵茵一片，柳叶似剪刀裁出，燕呢喃，莺啁啾，从千山万壑钻出来的桃花水，蹦蹦跳跳地向鄱阳湖涌来，湖面渐渐扩展到5000平方千米以上，一望无垠。

入夏时节，鄱阳湖出现间歇性的平静，湖面碧波粼粼，渔歌唱晚。四周的浅水湖，满眼清荷，争芳吐艳。

秋高气爽，四周一片澄黄，湖面渔舟穿梭。

隆冬不寒，草洲毕露，候鸟归来，叽叽喳喳，一派欢腾。

在鄱阳湖和长江汇流处，两座山峰——上、下石钟山，耸立江岸，以下石钟山更为著名。山似巨钟覆盖，山上怪石林立，江边石洞环生。每当微风拂浪，水石相击，洪钟声声。

鄱阳湖中还有些孤立的岩岛，最著名的是大孤山。地质学家说，它是冰期从庐山漂流下来的巨石长期兀立江中被水流浸蚀而成的。小岛上岩壁峻峭，林木葱郁，景色宜人。

巢湖

巢湖又称焦湖，是长江流域五大湖泊之一。位于安徽省中部、长江以北、淮河以南的巢湖、肥西、肥东、庐江等县市之间，为陷落所成，湖呈鸟巢状，故而得名。水面东西长62.2千米，湖岸线长200千米，巢湖闸以上集水面积9153平方千米，蓄水量55.14亿立方米。东经裕溪河下泄长江。

由江湖泥沙形成的巢湖平原是安徽省的主要农业区。裕溪河口对岸的芜湖曾经是我国四大米市之一，市场上的大米除来源于皖南外，就是来源于巢湖平原。巢湖旧有"三百六十汊，汊汊有鱼虾"之说，有各种鱼类94种，还盛产银鱼和珍珠。

巢湖一派水乡景象。湖中的姥山小岛，面积虽不到1平方千米，却有三山九峰之盛，湖光山色，令人陶醉。2002年，这里被国务院批准为国家重点风景名胜区。

巢湖平原还是和县人的故乡，这是一片古老的土地。湖周不远处有半汤温泉，有曾使伍子胥一夜之间白了头发的昭关，还有唐宋时就闻名遐迩的褒禅山。

水碧山青太湖美

太湖古称震泽、具区、笠泽，是中国第三大淡水湖，湖泊面积约2427.8平方千米，水域面积为2338.1平方千米。

太湖位于长江三角洲南部，江苏、浙江两省之间，面积2400～2460平方千米。太湖底平坦，平均水深不到2米，最深处仅2.6米。在湖底的黄土层上曾发现古洼地和古河道，并发掘出距今6000年以前的大量古文化遗迹、街道和墓葬，证明太湖一带曾为陆地，可推断太湖是因冲积平原上河道、洼地宣泄不畅及水域扩大而形成的。以往认为太湖是浅显潟湖，近些年来，经科学考察、考古发掘研究，证明全新世期间太湖一带已经成陆，并未发生海浸，并非由潟湖演变而成。

注入太湖的河流，南有发源于浙江省天目山的苕溪，西有发源于茅山和苏皖之间山地的荆溪，京杭大运河江南段出水口集中在北部和东部，有70多道水道汇合为望虞河、浏河、吴淞江（苏州河）和黄浦江，分别注入长江。湖周有阳澄湖、淀山湖、澄湖、洮湖、滆湖、长荡湖等较大湖泊250余个，千亩以下的湖荡数以千计，流域面积36500平方千米，其中山区丘陵约占三成，大部分是平原水网，分属江苏、浙江和上海。

长江三角洲中间低，四周稍高，很像一个大碟子，这"碟子"的中部就是太湖。太湖也是江南的水网中心，在一些天然水道之间，开凿的人工水道纵横交织，形成"五里一纵浦，七里一横塘"的稠密水网。塘浦之间的陆地周围修筑圩堤，圩内村舍相望，田连阡陌，叫作"塘浦圩田"，一方方农业区就开辟在塘浦之间的棋盘里。这一地区古代的交通主要依靠塘浦，乘上乌篷船，近则走亲赶集，远则载货运输。这些古老的塘浦初兴时无疑是一大创举，后来却造成了水系紊乱，影响太湖宣泄。

太湖像只大铁锅，锅底水的出路始终是太湖治理的大问题。1998年以来，国家为此加高加固太湖大堤提高蓄洪水位，增辟和扩大部分泄洪河道，同时加强调度管理，通过引江入湖向下游及周边增加供水85.7亿立方米。

太湖平原土地肥沃，自唐宋以来就是我国重要的商品粮产地，产量甚高。唐宋以来，"国家根本，仰给东南"，指的就是这里。五代时期的吴越在太湖地区立国，这一地区又有发展。南宋靠太湖地区经济维持偏安局面。在北方建都的明清王朝所需的皇粮漕米，很多出自太湖之滨。可见，这一地区的开发时日已久。考古发掘出来的古稻米证明，早在6000多年前，我们的祖先就在这里创造了原始农业。这里还有许多闻名全国的特产，银鱼、白蚌是太湖水产中的佼佼者。

由于太湖地区在经济上长期处于领先地位，我国晚明发达的商业集中于这一地区。

雄浑的太湖，烟波浩渺，峰峦隐现，素有"太湖七十二峰"之说。

太湖最美的是水，有歌谣说："太湖美，美就美在太湖水。水上有白帆，水下有红菱；水边芦青青，水底鱼虾肥。"

太湖号称"三万六千顷"，水澄如碧；太湖又多山，湖中有大小岛屿48个，山水相映；湖周是连绵起伏的青山，湖光山色，相映成趣。太湖又与历史名城苏州相依，在历史的长河中出现了众多的名胜，建起了一座座园林，显示了名湖独特的异彩。

太湖诸山中，最大的当推洞庭山。山有两座，东边的称东洞庭，亦叫东山；西边的称西洞庭，亦叫西山。东山上的莫里峰和西山上的缥缈峰遥遥相对，并峙于太湖的东南，为太湖群峰之最。

洞庭东山原是湖中一岛，因还与陆地相连，三面湖水环绕，成了半岛。面

太湖

积约30平方千米，位于苏州城西南隅40千米，自然条件非常优越，素有"花果山"的美称。东山有各种果木20多种，以"白沙枇杷""洞庭红橘""太湖莼菜"最享盛名。茶叶"碧螺春"的味与色均含诗意，是中国十大名茶之一。这里四时景色虽异，但风韵长留。山上古迹传说多不胜数。

洞庭西山屹立于太湖水域中，《水经注》中称其为苍山，是湖中最大的岛，周长50多千米，面积62.5平方千米，海拔337米。传说春秋时这里是吴王的避暑行宫。岛上小桥流水，古树浓荫，堪称世外桃源。这里盛产著名的太湖石，宋代蔡京的"花石纲"就是从这里运往汴京建造园林的。

邓尉山是太湖东岸的一个半岛，位于苏州城西25千米处，自古以探梅胜地著称。红梅、绿梅、白梅、墨梅，品种齐全，梅花似玉如雪，香气迷人，美称"香雪海"。

鼋头渚位于无锡市西南太湖之滨，一端伸入太湖中，构成一个三面环水的半岛；山下有一巨石翘首望湖，形状很像探向湖中的鼋头。这里湖光山色相映成趣，景色甚为独特。随着无锡现代工商业的发展，人们选择鼋头渚这块宝地建造园林，形式多样，风格各异，雄浑与秀丽交融，或听涛，或观荷，或赏菊，或咏梅。

依托太湖，周围苏州的园林、无锡的山水、宜兴的奇洞也多姿多彩。

太湖，美丽、富饶、神奇相交织，是长江流域的一块瑰宝！

太湖也是长江奔向大海之前的最后一个较大的湖泊。

名楼古刹林立

长江流域名楼林立，宗教圣地集中，古刹丛林驰名，融人文景观于大自然之中，在世界诸大河流中，独领风骚。

大观楼与天下第一长联

大观楼位于昆明城西、滇池北面湖滨，与太华山隔湖相望，所以又名"近华浦"。

最初是清康熙年间，湖北僧人乾邱选择在此地讲经，修建了观音寺。

据史料记载，清康熙二十九年（1690年），云南巡抚王文纪为了显示"政通人和"与"太平盛世"，选择这块宝地建造了一楼，取名"大观楼"。楼周围添筑外堤，夹种桃柳，点缀滇池湖山风景。

从此滇内高人雅士、墨客骚人登临大观楼者络绎不绝，这里遂成为云南省城第一名胜。

大观楼历经沧桑，清咸丰七年（1857年）曾毁于战火，同治五年（1866年）重建，为一座正方形三层大型亭阁式建筑，飞檐四角攒尖，黄琉璃瓦顶，造型轻盈，精巧美观。后又陆续整建了亭堂。

大观楼并不大，其建筑规模、风格与装饰在中国古建筑中只能算是寻常。但大观楼大门两侧的一副长联却脍炙人口，被誉为"天下第一联""海内长联第一佳者"。

上联云：

　　五百里滇池，奔来眼底。披襟岸帻，喜茫茫空阔无边，看东骧神骏，西翥灵仪，北走蜿蜒，南翔缟素，高人韵士，何妨选胜登临？趁蟹屿螺洲，梳裹就风鬟雾鬓；更苹天苇地，点缀些翠羽丹霞。莫辜负：四围香稻，万顷晴沙，九夏芙蓉，三春杨柳。

下联云：

　　数千年往事，注到心头。把酒凌虚，叹滚滚英雄谁在？想汉习楼船，唐标铁柱，宋挥玉斧，元跨革囊，伟业丰功，费尽移山心力。尽珠帘画栋，卷不及暮雨朝云；便断碣残碑，都付与苍烟落照。只赢得：几杵疏钟，半江渔火，两行秋雁，一枕清霜。

　　这副180字的长联一经出口，便被争相传抄，轰动一时，赢得赞叹不已。因为这副长联，大观楼享誉海内外。
　　长联立意朴实，构思深邃，直抒情怀，写景、抒情、叙述、议论融为一体，既写出诗人对滇池湖光山色及四季风光的爱恋，又袒露自己对历史和人生的领悟，情景交融，神思驰骋，气势磅礴，回味久长。
　　上联写"景"、写"看"，下联写"事"、写"想"，全无楹联写作中矫揉造作、阿谀奉承之俗气，还人清新、空旷、自然、真实，给人以现实的开阔感与历史的厚重感。
　　长联作者孙髯，字髯翁，号颐庵，活动于清康熙乾隆年间，昆明人。自小聪颖，曾去应童子试。当他看到考官对考生全身搜查后才放入试场时，掉头就走，说："是以盗贼待士也，吾不能受辱。"从此再也没有应试。孙翁傲骨铮铮，蔑视功名，其道德文章令人仰止。他喜梅，自称"万树梅花一布衣"，终生未仕，后家道中落，一生穷困潦倒。

岳阳楼头月中天

自古以来被称为"江南三大名楼"之一的岳阳楼，在我国古代建筑中，可谓独具一格，历来有"洞庭天下水，岳阳天下楼"之美誉。

岳阳楼矗立在今岳阳市西门城楼上，楼前是一望无际的洞庭湖，原本是三国东吴鲁肃在洞庭湖训练水军用的阅兵台。唐开元四年（716年），中书令张说谪守岳州，看到西城地势险要，风景优美，就在鲁肃阅兵台上建一楼阁，初名南楼，后来定名为岳阳楼。张说经常在岳阳楼上与一些怀才不遇的官吏、文人聚会，吟诗作文。李白、杜甫、白居易、孟浩然、元稹、李商隐、刘禹锡等唐代著名诗人都曾先后登楼吟诗作赋。据统计，仅在唐代，吟咏岳阳楼和洞庭湖的诗就有100多首，其中不少成了绝唱。

李白诗云："楼观岳阳尽，川迥洞庭开。雁引愁心去，山衔好月来。"这是他流放归来途经岳阳时作的。

杜甫诗云："昔闻洞庭水，今上岳阳楼。吴楚东南坼，乾坤日夜浮。"这是他抱病登上岳阳楼时的感慨之作。两年后，他就瞑目在湘江的一条船上。

北宋庆历四年（1044年），环庆路都部署滕子京被贬至岳州，第二年，他重修岳阳楼，请好友范仲淹为岳阳楼作记。范仲淹是苏州人，官至参知政事，相当于副宰相，又是领兵的将帅和才华超群的文学家，此时因主张改革而被贬到南阳。范仲淹应好友之约，根据有关材料及一幅《洞庭晚秋图》，一气呵成，写出了千古名作《岳阳楼记》，充分显示了其奔放的激情、横溢的才华。

《岳阳楼记》一开篇就气势非凡，寥寥数句写出岳阳楼的一派雄伟壮观，显示了作者开阔的视野、宽广的胸襟。

岳阳楼美，《岳阳楼记》更美，二者交相辉映，已铸成一种文化载体，凝聚了中国自古以来优秀知识分子的价值取向，沉积了他们的理想人格，并且随着时代的发展，更加焕发出人文精神的光彩，与天地共长久，与日月同光辉！

自《岳阳楼记》问世后，人们便将滕子京修楼、范仲淹作记、苏舜钦书法、

岳阳楼

邵竦篆刻的"楼、记、书、篆"誉为岳阳楼"四绝"。可惜南宋时这座岳阳楼被大火毁灭了。清乾隆八年（1743年），重修岳阳楼，著名书法家张照书《岳阳楼记》雕屏，刻于12块紫檀木上，成为珍贵的文物。道光年间，巴陵的一位知县处心积虑，欲占雕屏为己有，指使心腹临摹直至可以乱真，然后仿照原物刻制成赝品，离任时，以赝品换下真品运走，不料途中船覆人殁。后来雕屏被渔民捞起，被当地名士吴某珍藏。1932年，岳阳楼重修委员会以120元大洋从吴某后裔手中购回，这就是今天岳阳楼二楼正堂挂的雕屏。它的失而复得，为岳阳楼增添了名作戏剧性的色彩。

岳阳楼在我国古代建筑中可谓独具一格，四柱、三层、飞檐、纯木、盔式楼顶。主楼三层，高15米，中间以4根楠木为柱，承荷全楼；再用12根木柱作为内围，支撑二楼；周围还有30根彼此牵制的柱子，结为整体；三楼则用"如意斗拱"，层叠相衬，顶部为盔形。那12个翘首蓝天的飞檐，像12只展翅飞翔的翅膀；龙凤陶塑耀眼夺目，雕梁画栋、琉璃彩瓦争妍斗艳。

这样一座楼阁竟然全部用木头做成，没有一颗铆钉，结构技术之高超，在中国古代建筑史上可谓首屈一指。

新中国成立后，岳阳楼进行了多次整修。1961年，郭沫若为岳阳楼重题了金字匾额。1962年，岳阳楼下的山坡上，为纪念杜甫诞生1250周年，新建了"怀甫亭"，朱德题写亭名。

岳阳楼，洞庭水，自古以来牵动了多少诗人墨客的情思，抒发了多少失意者的忧患、离索。

黄鹤归去来兮

黄鹤楼，旧址在湖北省武汉市武昌蛇山的黄鹄矶头，相传始建于三国的吴黄武二年（223年）。楼屡毁屡建，古代最后一次重建工程始于清同治七年（1868年），最后一次焚毁于清光绪十年（1884年），只存在了15年。

历代诗人到此慕景抒情，留下了诸多名篇，以唐崔颢的《黄鹤楼》和李白的《送孟浩然之广陵》最为脍炙人口。

崔颢诗云："昔人已乘黄鹤去，此地空余黄鹤楼。黄鹤一去不复返，白云千载空悠悠。晴川历历汉阳树，芳草萋萋鹦鹉洲。日暮乡关何处是？烟波江上使人愁。"

黄鹤楼屹立江边矶头，俯瞰江汉，极目千里，相传仙人子安曾乘黄鹤经过此处。崔颢此诗吊古怀乡，触景生情，情景交融，动人肺腑。最后两句抒游子思乡之情，情殷殷，意切切。

古人曾评说此诗居唐人七律第一位。

古人又传李白曾偕友人登黄鹤楼，见崔颢题诗，说："眼前有景道不得，崔颢题诗在上头。"李白都为之搁笔，可见此诗享尽盛名。

李白诗云：

故人西辞黄鹤楼，烟花三月下扬州。
孤帆远影碧空尽，唯见长江天际流。

这是一首极有名的"送别诗"，作者借滚滚不息的江水，衬托自己的孤独寂寞与深深的离愁。最后两句有一种迷惘的感觉，给人留下久久不能平息的离情别绪。

在会聚与别离之间，有一种永恒的友情维系。这是人世间的一种遗憾、一种思念、一种隽永！

楼因诗，美名远扬；诗因楼，流芳千古。

近百年来，重建黄鹤楼的呼声甚高，但终因种种原因始终未付诸实施。及至改革开放的春潮涌动，重建黄鹤楼的工程才于1981年7月破土开工，1985年春建成，5月正式向游人开放。

重建的黄鹤楼屹立于武昌蛇山西端，居高临下，下瞰大江，面向长江大桥，收尽三镇鼎立的雄姿、江汉汇合的风流。

根据历代诗人的描述，古黄鹤楼有两大特点，一是"高"，一是"飞"。

新建的黄鹤楼严守古意，气势远远超过古楼。主楼5层，总高51.4米，巍峨壮观。四面檐下，正面题"黄鹤楼"，余三面为"楚天极目""南维高拱""北斗平临"匾额。以同治时期黄鹤楼为原型，是根据古今不同的环境所设计的塔式楼。每层有12个高翘的翼角，上下60个翼角重合中见参差，酷似黄鹤凌空高飞，"江、山、楼"三者融为一体。

黄鹤楼外观高峻壮观，内景富丽典雅。主楼台基下，一对造型优美的铜鹤亭亭玉立，意在"黄鹤归来"，正厅中一副7米长联云：

> 爽气西来，云雾扫开天地撼；
> 大江东去，波涛洗尽古今愁。

特别是世纪之交，武汉市政府铸造了我国最大的"千年吉祥钟"，于2000年降临的一刻响鸣于黄鹤楼。

武汉千年吉祥钟身重20吨、吊钩重1吨，共21吨，取20与21世纪相连之意。口径3米、高5米，规模仅次于明永乐大钟，作为纪念大钟，前无古人。中国已经580年没有铸造过同类大钟了。

铭文是钟鼎之器的画龙点睛之笔。千年吉祥钟铭文：

公元1999，岁次己卯，千载重周，武汉市人民政府聚三楚精金，求举国良冶，以3500年历史为范，取720万民心为声，铸此洪钟于黄鹤楼畔……洪钟乃先人潜德幽光，丰功盛业，开百岁之华，结千秋之实。问历史，应答未来，我中华儿女闻此钟声，当自策自励，勇展鹏程，雄飞于世。

钟声雄浑悠远，平和中正，庄严肃重，是心灵归附的依托。

黄鹤楼头，千年洪钟，钩沉历史演变，萦绕时代风云，更增加了名楼的历史厚重感。

滕王高阁临江渚

滕王阁为江南名楼之一，位于今江西南昌赣江之滨。唐高祖子滕王李元婴为洪州都督时始建，后阎伯屿为洪州牧，宴群僚于阁上。王勃去交趾省亲经过洪州，即席作《滕王阁序》，文中"落霞与孤鹜齐飞，秋水共长天一色"为千古佳句，闻名于世。

原阁极高大，共3层，曾建有压江、挹翠、迎恩诸亭，几经兴衰，1926年被北洋军阀邓如琢焚毁。

王勃是个才子，他即兴写下《滕王阁序》后，还写有《滕王阁》诗：

滕王高阁临江渚，佩玉鸣鸾罢歌舞。
画栋朝飞南浦云，珠帘暮卷西山雨。
闲云潭影日悠悠，物换星移几度秋。
阁中帝子今何在？槛外长江空自流！

诗人在这里惆怅地感叹生命有限、人事无常，唯有大自然永久不变，万古长在。诗人十分伤感，似乎有了一种预感、一种感应。不幸的是，他在省亲途中因溺水受惊身亡。

《滕王阁序》和诗篇为王勃短暂的生命留下了永恒，人们也因而为王勃的才华与不幸投注了更多眷恋和钟爱！爱屋及乌，滕王阁因此更加扬名。

1000多年来，滕王阁兴废重建29次之多。1985年再次重建，新址距唐阁旧址仅百余米，在赣江、抚河交汇处，负城临江，遥对西山。

暮秋之后，鄱阳湖区有成千上万只候鸟飞临，构成一幅活生生的"落霞与孤鹜齐飞，秋水共长天一色"图，成为滕王阁的一大胜景。

纵观长江流域的几座名楼，都因诗文的华美与内涵的深邃而增色，诗文又因楼阁为载体而传诵、不朽。两者互为因果，超越时空。

古刹驰名

长江流域宗教圣地集中。

作为我国的本土宗教，道教大致起源于东汉末至魏晋时期，东汉顺帝时（125—144年）张陵所创五斗米道为道教成形之始。当时沛国（今安徽濉溪）人张陵以战国时大思想家老子的《道德经》为底本，杂以庄周等人学说，做成道书，宣传老子"抱一""无为""好静""无事""无欲"的思想，又制作符书、符水，为百姓治病，目的是使百姓过上"甘其食、美其服、安其居、乐其俗"的生活。后来张陵离开安徽到四川传道，活动范围大致在今都江堰市、崇州市、彭州市和大邑县等一带山区。传道初期并无固定宫观，大多在山区结茅而居，散在民间游走。道教仪轨规范化始于北朝寇谦之、南朝陆修静改革，道教之名自此盛。唐玄宗时将江西贵溪上清镇的龙虎山赐给二十代天师，建嗣汉天师府。但张陵的后裔、历代天师还是以青城山为祖庭。唐玄宗在朝廷设天下道门使，道教这一规范化名称才被官方确认。

青城山第三混元顶岩腹天师殿上层有天师洞，石龛中有隋刻天师像，历代天师都到此朝拜先祖。因此，四川的青城山成了我国道教的发源地之一，有"神仙都会"之称。由于张陵号为天师，所以张陵这派又称天师道，亦称五斗米教。

青城山位于四川省都江堰市，亦名云谷山，被道教称为第五洞天。除张陵结茅于此外，其子孙几代嗣法于此。道观有天师洞、上清宫等。

武当山

> 道教徒多选择幽远的深山大岳作为修炼之地。道教名山甚多，著名的有龙虎山、青城山、茅山、终南山、武当山、崂山等，大多在长江流域。

武当山位于湖北省西北部，亦名太和山、太岳山、仙室山，是道教名山之一、七十二福地之一。道书称真武在此修炼42年，功成飞升，后世因此认为非真武不足以当之，因此名武当山。

明永乐十年曾于山上建宫观，历时7年，建成八宫、二观、三十六庵堂、七十二岩庙，其中金殿（亦称金顶）和真武等神像铜铸鎏金，最为著名。

茅山位于江苏省西南部，是道教名山之一，原名地肺山，又名冈山、句曲山，道教称其为"第八洞天""第一福地"，是茅山派发源地。大茅山北的抱朴峰有炼丹井。

地处西南边陲的鸡足山与五台、普陀、九华、峨眉齐名，至明代已发展成为西南第一佛教丛林，山上寺庙曾达150多座，最大的报国寺有大殿四重，逐重上升，寺内有14层铜塔，塔身铸佛像4700尊。

位于岷江、大渡河、青衣江三江汇合口的四川乐山江边悬崖上雕凿有一座大佛，举世罕见。顶天立地的乐山大佛背靠陡壁悬崖，面临滚滚激流。大佛双手护膝而坐，高达71米，相当于20多层楼房的高度，其脚背容得下上百人聚会。大佛于唐玄宗开元元年（713年）开凿，断断续续历90年凿成，经千百年风雨剥蚀，庄严如故。

乐山大佛是世界艺术宝库中的珍品，也是当今世界上尚存的第一大佛。开凿乐山大佛据说主要是为往来舟船祈求平安。

四川还被称为"大佛仓库""大佛之乡"，10米以上的大佛有18尊之多。

> 四川民间历来有"上朝峨眉，下朝宝顶"之说，宝顶指的是重庆大足宝顶山石刻区。相传南宋时的宝顶山，五里之内遍布石佛，寺院有48殿，"声势之盛，倾动朝野"。现存石刻尚有13处，造像数以万计，以大佛湾最为集中。

宝顶山所在的大足位于四川东南部，大小石刻点群达40余处，共有唐宋以来各种造像5万余尊，其中规模较大的有14处，以宝顶山、北山、南山、石门山、石篆山等五处最为可观。

北山石刻区共有石窟290个，造像多达5000～6000尊，始刻于晚唐，经五代而至南宋，历时250多年。

石门山、石篆山石刻也始凿于南宋，最大特色是佛、道、儒三教并存共处，这在我国石窟、丛林等宗教圣地不多见。

四川也是佛教石刻盛行地，较著名的有12处。

广元市城北嘉陵江东岸的千佛崖摩崖造像绵延数百米，原有佛像1.7万余尊，现尚存龛窟400余个、造像7000余尊。造像崖面长约417米，离地面最高处40余米，龛窟重叠，最多有13层，为南北朝至明、清各代作品，以唐代居多。

嘉陵江西岸乌龙山东麓乌奴寺因唐贞观年间武则天出生于此，后改为皇泽寺。皇泽寺摩崖造像共有1000余尊。

巴中市城南的南龛摩崖造像共有120余龛石窟，大小造像约1800尊，多刻佛像，是盛唐时期的作品。

安岳县城西北卧佛院摩崖造像有卧佛造像等石刻1611尊，还有经龛、佛塔、经洞等。

清雍正年间，四川已有藏传佛教印经中心，即德格印经院，被誉为"藏族文化宝库"。

为什么四川境内集中了这么多宗教遗迹？

这与唐代统治者对佛教的大力提倡有关，出生于四川的武则天十分崇尚佛教。经过魏晋南北朝的长期战乱，人们祈求神明使生活安定。

唐在安史之乱之前，社会相对安定和繁荣。所以唐代四川佛教特盛，摩崖中的佛教造像数不胜数。四川除成都平原外，大多地区丘陵起伏，山冈连绵，利于雕刻的岩石多，为佛教造像提供了物质条件。

当然，情况是变化的，也是复杂的。

唐武宗会昌五年（845年），皇帝下诏灭教，主要针对佛教，但佛教有着顽强的生命力，如原上之草，"野火烧不尽，春风吹又生"。

长江上游除四川外，云南、贵州一带亦有诸多著名的宗教踪迹，如云南南诏时期的大理三塔为佛教珍品，南诏铁柱是宗教祭祀遗物。

长江中下游各地亦多有驰名的宗教踪迹。

我国四大佛教名山中，长江流域有两座。

古刹更为普遍，荆州的玉泉寺，武汉的归元寺，南京的鸡鸣寺、栖霞寺，南通的天宁寺，苏州的寒山寺，上海的玉佛寺，等等，所以有"南朝四百八十寺"一说。南通的天宁寺是长江下游保存较为完整的一组明代佛教建筑。黄梅的五祖寺是佛教宗派之一——禅宗的发源地。

古典园林竞秀

"小楼一夜听春雨，深巷明朝卖杏花"，因为地理、气候、文化的差异，长江流域古代建筑带有浓厚的江南风格，或富丽繁复，或秀丽灵巧，匠心独具，

别有风情。

长江流域著名建筑数不胜数，特别是江南园林令人惊艳。

"凝固的诗，立体的画"，这八个字形象生动地概括了我国古典园林的艺术特性。建筑、流水、土石、花木构成幽雅精巧的园林，以小空间、短距离而包容大天地，既可望、可行、可游，亦可居住，能达到足不出户而获山水之乐、身居闹市而获林泉之趣的效果，尤其能满足中国古代士绅追求清高出世又不放弃享受的精神境界。历代的达官贵人多以巨资建造园林。

<u>根据建造风格，我国园林可以分为江南、北方、巴蜀、岭南四大体系。六朝以来，江南经济发达，成为官僚地主、士大夫和巨富豪强的消遣享乐之地，他们兴建园林，使长江流域成为园林荟萃之地，主要集中于苏州、南京、无锡、扬州、杭州、绍兴、嘉兴等。</u>

习家池位于湖北襄阳南郊，是中国唯一从东汉开始修建使用并保存至今的私家园林，堪称中国园林建筑的鼻祖，对后世园林建筑产生了深刻的影响。

江南园林"甲天下"，苏州园林则"甲江南"。苏州古典园林开始于春秋，发展于晋唐，繁荣于两宋，全盛于明清。据记载，明代苏州有园林271处，清代有130处，较具代表性的有拙政园、留园、沧浪亭、狮子林等，都有很高的艺术造诣。

拙政园是一座大观园式的古典豪华园林，被誉为"天下园林之母"。初为唐代诗人陆龟蒙的住宅，元代时为大弘寺。明代正德四年（1509年），御史王献臣归隐苏州时买下大弘寺地块拓建为园，聘吴门画派代表人物文徵明参与设计，历时16年建成，借用西晋著名文人潘岳《闲居赋》中"灌园鬻蔬，以供朝夕之膳……此亦拙者之为政也"之意境，命名为拙政园。建成后不久，王献臣去世，其子在一夜豪赌中将整个园子输掉。500多年来，拙政园屡换主人，一度一分为三，部分成私园，部分为官府，部分作民居。20世纪50年代才合三为一，恢复拙政园旧名，1954年对外开放。全园占地面积78亩，是苏州面积最大的古典山水园林，分为东、中、西三部分。总体布局东疏西密，绿水环绕。水面面积约占全园面积的 1/3，是全园的纽带和灵魂。东部地势空旷，平岗草地，竹坞曲水，天泉亭等亭阁点缀其间。中部以远香堂为主体，山水明秀，亭榭典雅，花木繁茂，是全园的精华所在。西部水廊逶迤，楼台倒影，清幽恬静，三十六鸳鸯馆和十八曼陀罗馆等体现出江南建筑的精巧。

留园始建于明代万历二十一年（1593年），以园内建筑布置精巧、奇石众多而知名。整个园林采用不规则布局形式，大致可分为中、东、西、北四个区间，中部以水景见长，是全园的精华所在；东部以曲院回廊的建筑取胜，有著名的佳晴喜雨快雪之亭、林泉耆硕之馆、还我读书处、冠云台、冠云楼等十数处斋、轩，院内池后立有三座石峰，居中者为名石冠云峰，两旁为瑞云、岫云两峰；北部则为乡村田园风光，并辟有盆景园；西区是全园最高处，有野趣，以假山为奇，土石相间，堆砌自然。一个园林中能领略到山水、田园、山林、庭园四种不同景色，留园堪称江南园林艺术的杰出典范。

沧浪亭是苏州现存众多园林中历史最悠久且唯一基本保持了旧有规模和风貌的宋代园林。全园布局自然和谐，构思巧妙，有"写意山水园"之誉。据史料记载，沧浪亭始建于五代，后因连年兵燹荒废。北宋庆历年间，名士苏舜钦拓展修葺，营造亭园，命名为沧浪亭，并写了一篇有名的《沧浪亭记》。绍兴年间，此园一度为抗金名将韩世忠的府邸。园内亭台楼阁，池石花木，参差各处，别有一番天地。

狮子林以假山著称，有道是"苏州园林甲江南，狮子林假山甲园林"。园中的假山多用历经千万年浪激波涤的太湖石垒叠而成，状似形态各异的狮子，故名"狮子林"，为元代园林的代表，至今已有650多年的历史。狮子林虽缀山不高，但洞壑盘旋，嵌空奇绝；虽凿池不深，但回环曲折，层次深奥，飞瀑流泉隐没于花木扶疏之中，古树名木令人叫绝，厅堂楼阁更是精巧细致，无愧为吴中名园。

"苏州好，城里半园亭"，苏州是大名鼎鼎的"园林之城"，网师园、可园、西园、艺圃、环秀山庄、怡园、耦园等园林，各有情趣。

江南园林是我国的国粹，但古典园林的经典之作不全在苏州。清代学者李

斗在其笔记集《扬州画舫录》中评价江南名城时曾涉及各地园林："杭州以湖山胜，苏州以市肆胜，扬州以园林胜，三者鼎峙，难分轩轾。"这样看来，至少在清代，有人更推崇扬州的园林。这也难怪，园林盛首先要地区盛。清代中期，乾隆皇帝六次下江南。江南诸省为了讨皇帝的欢心，杭州、苏州、扬州等地官员大张旗鼓地打造园林，期盼成为御驾的驻跸之所，是故仅扬州一地，颇具规模的园林就曾达数以百计。

扬州的瘦西湖原是一段自然河道，经过疏浚治理，巨贾富商在此大肆建造园林，形成了"两堤花柳全依水，一路楼台直到山"的胜境。不仅在瘦西湖，在与市井相连的"春风十里扬州路"上，园林也占很大的比重。有一说法是扬州"园林多是宅"，可以想象当时扬州园林之盛。园林的住宅化，就是不论财力大小，只要稍微富裕之家，都可大可小、或简或繁地营造自己的园林之家。

扬州瘦西湖

扬州到了清代已进入鼎盛期，园林盛也是地区盛的一个具体体现。扬州现存主要园林还有个园、何园、西园、小盘谷，其中尤以个园最负盛名。

其实，不管是苏州、杭州，还是扬州，都地处山清水秀、烟波万顷、风光旖旎的江南水乡。园林产生在江南，首先是秀丽的自然风光为建造园林提供了良好的自然条件。除此之外，我国经济重心南移后，百姓安居乐业，也为富商建造园林提供了必不可少的外部环境。由北向南的移民在江南形成了"人文荟萃之邦"，也集中了大量的造园的能工巧匠，这才使得建造艺术园林成为可能。

一方园林，别有洞天，曲径通幽，叠山理水。聚会、宴客、游乐、读书、吟诗、作画、对弈、品茗等，无一不可，用途极广，不仅是一种物质环境，也是一种精神氛围，是我国古典文化活色生香的一例样本。

江南美，美在山水，美在古镇，还美在这一处处微型景观——古典园林，苏州、杭州、南京、扬州等城里一个个"虽有人作、宛如天工"的园林，实在是江南献给世界的又一张制作精巧的中国名片。

钟灵毓秀

中篇

　　同黄河流域相比，长江流域拥有优越的自然条件。

　　钟灵毓秀，必然人杰地灵。上下五千年，神州大地广阔的舞台上、中华文明壮丽的史册中，难以计数的风流人物，或诞生于长江流域肥沃的土地，或活动于长江流域广阔的地域。

　　政治家注目长江这条巨龙在华夏大地足以牵动全国的地位、内在的能量，把长江作为治国平天下的筹码，留下了任后人评说的功与过！

　　军事家盯住了长江天堑，导演了多少叱咤风云的人间悲剧和喜剧，演出了多少英雄故事！

　　经济学家看中了长江可以安天下的富饶，把长江看作华夏的台柱、国家经济的命脉！

　　文学家和诗人感怀长江的浩荡气势和山川的千姿百态，豪情勃发，锦绣诗文千古传诵。中国历史上悠远清幽的山水诗，有多少属于长江！

　　中国数千年史册上，政治、军事、经济、文化，有多少重要的篇章可以离开长江？

　　商文化是古代中国版图内具有主导性影响的文化，主要来自黄河流域。周灭商前，主要文化在渭水流域。周文化吸收融合商文化和其他一些北方地域文化，奠定了之后3000年华夏文化的根本面貌。

　　西周的政治势力和文化扩张一直延伸至长江下游

的江苏。但西周晚期及东周春秋时期长江中下游的青铜器呈现出的地方色彩，反映了中原文化的地方化，也反映了长江流域、江南地区土著文化的成长。早在商代，湖南一带就已有了青铜铸造业。

东周时代政治上列国争雄，文化上则表现为区域文化繁荣发展。在长江流域，巴蜀文化、荆楚文化、吴越文化都呈现出自身的特色。

唯楚有材

东周时，楚为一方翘楚。植根于这块土地的楚文化，影响半个中国，一度问鼎中原。

东周文化和南方文化这两个子系统耦合而成的，实际上主要是中原文化和楚文化的相互交融和发展。

就哲学范畴而言，先秦时，北方以儒家为代表，南方以道家为代表。此外，先秦时期还有其他重要的思想流派，如阴阳家、法家、墨家、兵家、纵横家、杂家、农家等，它们都有各自独特的思想和观点，对中国哲学和文化的发展产生了深远影响。

道家是以先秦老子、庄子关于"道"的学说为中心的学术派别。传统的看法认为，老子是道家的创始人，庄子则继承和发展了老子的思想。道家的正式形成，约在春秋战国之际。然而，楚人以为道家的起源早在楚人得国之前，楚人把自己的先王看成是道家的先驱。他们认为楚国转弱为强的经历恰好印证了道家学说的积极方面。

楚国哲学的精华萃于《老子》一书。关于老子有三种说法，一说老子即周守藏室之史李耳；一说老子即老莱子，系春秋末年楚国隐士；一说老子即周太史儋。三说未能判定孰为正确，传说中的三个人也许实际只是两个人，第一与第三为同一人。

《老子》是楚国的哲学著作，导源于楚人的思想传统。李耳、老莱子都系楚人，前者原系陈国人，楚灭陈后，并入楚国。

要用简明的语言来介绍《老子》哲学的博大精深是不可能的。《老子》中阐述的"道"不是普通的要素，而是指宇宙最根本的本体。

> 《老子》是中国哲学史上第一个用否定性的概念描述宇宙本体的。认为"恒道"不可道，就是认为不可用肯定性的概念，只能用否定性的概念，如"无""无形""无为"等，描述宇宙本体。

在中国哲学史乃至世界哲学史上，用否定性的概念描述宇宙本体，是人类认识进展的重要里程碑。在西方，只有阿那克西曼德的"无限"与此相当，黑格尔曾高度评述阿氏哲学的进步意义。阿那克西曼德是古希腊米利都学派唯物主义哲学家，生于约公元前610—公元前546年，他认为万物的本原不是具有固定性质的东西，而是"无限者"，即无固定界限、形式和性质的物质。"无限者"在运动中分裂出冷和热、干和湿等对立面，而产生万物。

老子曾为周守藏室之史，传说孔子也向他请教。就总体而言，孔老都讲社会，孔子依据六经文献而讲，照《论语》所记，只讲到尧舜之古。老子依据神话传说而讲，所以讲到洪荒远古，比尧舜不知道要古老多少，老子的"小国寡民"之说，就是依据口头传说的远古原始社会的材料。

庄子名周，战国中晚期人，生卒无可考，一生无意仕进，只在不长的时间内做过管漆园的小官，其著作即《庄子》。庄周是一位颇具文采的哲学家，被后世认为是老子哲学的继承者与发展者，与老子并称为"老庄"。《庄子》系统的哲学特征也是否定性，与《老子》系统相同。但后者是系统的、相对的否定性，前者则是绝对的否定性，遂发展为绝对的相对论。《庄子》的《逍遥游》篇讲绝对的自由，《齐物论》篇讲绝对平等。《庄子》不遗余力地启发人们看到人的意见的局限性，还认为不仅人的意见有局限性，人的语言也有局限性，人的理性也有局限性，等等。深入研究《庄子》关于这些问题的论述，对于理解和改进中华民族的思维模式大有裨益。

屈原曾先后任楚国的左徒和三闾大夫，锐意革新，终因不得志而投江自尽。其作品21篇，集于《楚辞》。屈子的哲学掩于《楚辞》之中，未受后世重视。

屈原在楚国主张变法，主张"法治"，反对"心治"。屈原在政治思想上属于法家，哲学思维方面追求形而上，即无形的或未成形的东西，属于稷下道家的精气说。屈原两度出使齐国，正值稷下学宫兴盛之时，接受稷下道家的精气说是可以理解的，这正是南北文化交融的体现。屈原的《离骚》中包含了这种种思想，他追求"美政"，追求"正气"，追求"内美"等，都是"精气"。屈原在《悲回风》中对于反对变法的邪风表示十分痛恨，在《国殇》中对于为国捐躯的武勇刚强精神热烈歌颂。求精气而不得，他"形枯槁而独留"，他要求清除污秽，追求正气，最后无法解脱。

简单地说，屈原哲学的本体论是精气说。精气在人身上就是精神，简称"神"，也就是"道"，也就是道德和智慧，聚集于恬静的人心内，聚集得越多越好。

屈原哲学的另一重要内容是他关于宇宙生成的论说。屈原的《天问》是对"天"的质问或说系"授天命以发问"。屈原提出了170多个问题，包括自然现象、神话传说、历史人物等，反映出深刻的探索精神，并保存了许多神话传说的资料。以道观之，这是从天的观点看问题，从多种角度、多种方面、多种层次、多种观点观宇宙、观万物，这是屈原，也是老庄思想的特色。屈原的《天问》问而不答，正是以不答为答。

屈原和庄周的哲学著作是楚人精神的最高体现，对楚文化、长江流域文化乃至南方文化产生了深远的影响。

由于老庄的倡导，淳朴真诚成为中华民族的可贵精神。

就文学范畴而言，先秦的文学也呈现出南、北两种不同的风格。

战国时期，北方散文大盛，南方则散文与诗歌俱兴。

南方散文以《庄子》为代表，诗歌以屈原的《离骚》及其他作品为代表，合称"庄骚"。

北方文学或称黄河流域的文学，基本上是现实主义的，文学风格的基本特征是严谨；南方文学或称长江流域的文学，基本上是浪漫主义的，文学风格的基本特征是活跃。后者属浪漫主义的虚无，有时也是寓实于虚，寄有于无。

《庄子》的散文极富诗歌韵味。其诗歌韵味不在于韵律，而在于想象和意境。《逍遥游》写鲲鹏，气势磅礴，为后人所欣赏。《齐物论》写风，有声有色。

王国维评论说："南人想象力之伟大丰富，胜于北人远甚。彼等巧于比类，而善于滑稽""此种想象，决不能于北方文学中发见之"。

鲁迅在《汉文学史纲要》中说，《庄子》的文章"汪洋辟阖，仪态万方，晚周诸子之作，莫能先也"。

> 屈原是我国历史上最早的伟大的爱国诗人，也是世界文化名人。1953年，世界和平理事会把屈原定为世界纪念的文化名人之一。以《离骚》为代表的屈原的诗歌作品主要表现了他对楚国的深切忧念和为理想而献身的精神，语言瑰丽，想象奇伟，融合了大量的古神话传说，富有积极的浪漫主义色彩。

《离骚》共373句、2490字，是屈原带自传性质的长篇政治抒情诗，也是中国古代抒情诗中独一无二的鸿篇巨制。

《离骚》在创作精神、表现手法和语言形式上都显示了独特的风格和高度的成就，标志着楚辞的产生，奠定了楚辞的地位。

诞生于长江流域的楚文学是源远流长的中国文学的重要组成部分，反映了先秦时期中国文学创作所取得的最高成就，开创了中国浪漫主义文学的先河，在文艺思想、创作精神、表现手法、体裁形式、修辞技巧等方面都对后世文学创作产生了巨大而深远的影响。

由《老子》发其源、《庄子》拓其流的文艺美学思想也对后世产生了深远的影响，如强调文艺创作的自然朴素美，提倡化实为虚、以虚托实、虚实相生的艺术表现，提倡文艺创作应追求"言有尽而意无穷"的境界，等等。楚文学中的浪漫主义精神在后世形成了中国文学创作中的浪漫主义传统，促成了中国文学史上的浪漫主义流派。

李白是继庄周、屈原之后的伟大浪漫主义作家，他赞叹"屈平辞赋悬日月，楚王台榭空山丘"，写出了"笔落惊风雨，诗成泣鬼神"的浪漫主义杰作。

《庄子》中的某些寓言故事已初步具备小说的特征，可以说是中国小说创作的滥觞。《庄子》对中国小说的产生有着开拓性的贡献，并给予魏晋志怪小说的发展以直接的影响。

汉赋双星

在四川的历史上，司马相如与扬雄是两位杰出人物。

> 司马相如（前179—前117），字长卿，西汉著名辞赋作家，四川古代文化史上第一位著名文学家，因终生仰慕蔺相如，遂更名"司马相如"。

汉景帝时，司马相如为武骑常侍，是侍从汉景帝打猎击兽的武官，因酷爱文学，托病去官，专工辞赋。成名之作《子虚赋》为汉武帝赏识，因此得召见，又写出姐妹篇《上林赋》。被汉武帝用为中郎将，奉使四川西南，处理有关西南夷的事务。司马相如出使西南夷时，与当时西南少数民族进行了广泛的交往，排除关隘，开辟道路，设置郡县，并广为宣传，使西汉中央与边区的友好关系一直发展到牂牁（今贵州中部）、邛都（今四川凉山彝族自治州）等地，"还报天子，天子大悦"。司马相如一生致力于四川边区少数民族与中原地区的和睦相处，加强其间的经济文化交流，意义重大深远，不亚于他在文学创作上取得的成绩。

司马相如的赋描写帝王苑囿之盛、田猎之乐，篇末则寄寓讽谏，极富文采。司马赋中人物取名"子虚""乌有""亡是公"，均暗示豪华生活总归似过眼烟云，君王宜节俭。

司马相如晚年住在长安茂陵，"称病闲居，不慕官爵"，只担任负责管理汉文帝陵园事务的闲官"孝文园令"。晚年仍关切汉代的盛衰，写《谏狩猎疏》与《大人赋》讽谏汉武帝迷恋狩猎与幻想成仙；针对汉武帝晚年的若干失误，写了《哀二世》，劝其吸取秦二世国之宗灭的深刻教训。

司马相如的文学创作对后世产生了很大影响，受到高度评价。汉班固称其"弘丽温雅"，明王世贞称其"长卿之赋，赋之圣者"，鲁迅评价为"广博阂丽，卓绝汉代"。

司马相如的文学创作业绩影响与带动了蜀中文学创作的繁荣，正如班固所说的，自从司马相如游宦京师及四方诸侯，以文名大噪天下，蜀中人遂欣慕此道，并以之为楷模，遂有了后来以文章名冠天下的王褒、严遵、扬雄等人。

扬雄，即扬子云（前53—18），西汉末四川郫邑（即今郫县）人，也称成都人，我国古代著名的文学家、哲学家和语言学家。

班固在《汉书》里称杨雄"博览无所不见""默而好深湛之思""不汲汲于富贵，不戚戚于贫贱""自有大度，非圣哲之书不好也；非其意，虽富贵不事也。顾尝好辞赋"。司马相如以辞赋名扬天下后，蜀中辞赋之风颇盛，扬雄也深受影响，"每作赋，常拟之以为式"。扬雄敬仰屈原为人，悲悯屈原投江，特地仿《离骚》之体，反《离骚》之意，写《反离骚》，"自岷山投诸江流以吊屈原"。40多岁后杨雄来到长安，汉成帝时为给事黄门郎，写了《甘泉赋》《河东赋》《校猎赋》等，学习司马相如，除用铺张夸饰的手法、华丽雕砌的辞藻对汉成帝的功业尽力歌颂外，又以讽喻的手法对汉成帝穷奢极欲的作风进行规劝。

后来，扬雄自认为"辞赋以贤人君子诗赋之正"，若干"极丽靡之辞"毫无讽劝作用，只不过是"雕虫小技，壮夫不为"，主张一切言论都应以"五经"为准则，逐渐转向研究哲学，少问政事。

茅盾把扬雄这种从"尽力作赋到反对作赋"的重要变化喻为"比韩愈早八百年揭起反对文学骈俪化旗帜的第一人"。

扬雄潜心学术之后，发愤著书，仿《论语》作政论性著作《法言》，仿《周易》作哲学著作《太玄》，仿《仓颉》作文字学著作《训纂》，仿《尔雅》作语言学著作《方言》，等等。

这些著作流传至今，是研究古代史的宝贵资料。

特别是《方言》一书，是方言学专著，记录了西汉时期全国各地的方言材料和古今不同的词汇材料，也记载了各地相同的民族共同语"通语"，不仅是我国，也是全世界第一部方言学专著。《太玄》一书提出以"玄"作为宇宙万物之根源，强调如实认识自然现象的必要，认为"有生者必有死，有始者必有终"，驳斥了神仙方术的迷信。

王莽时，扬雄曾一度因事被株连问罪，欲自尽，未遂。后王莽赦其罪名，仍任大夫。晚年，扬雄过着"家素贫""人稀至其门"的生活。

湖湘南阳多人杰

在长江流域中游地区湖南、湖北、河南一带出现过大量杰出人物。

古城长沙有一处贾谊故宅。

贾谊（前200—前168），河南洛阳人，西汉杰出的政治家和文学家。从小聪慧，博览群书，18岁时就以诵读诗书、书写文章闻名，被称为"贾生"，20岁时被汉文帝征为博士。前176年因受权贵谗害，被贬为长沙王太傅。那时长沙是一个远离中央政府的偏远荒凉的地方，长沙王又是那时仅剩的异姓王，地方最小，力量最弱，"太傅"实际上是个没有实权的闲官。贾谊十分气愤、伤感，也十分委屈，满怀忧郁到长沙上任。渡湘水的时候，他想起了屈原，写下了著名的《吊屈原赋》，把心中的愤慨和不平表现得淋漓尽致。他在长沙写的《鵩鸟赋》写出了自己怀才不遇的痛苦、内心的矛盾，假托和鵩鸟对话，阐述了"万物变化"祸福可以互相转化的哲理，以此来安慰自己。这两篇赋都很有名，且都带有明显的地域特色，为汉代大赋铺张扬厉之外开辟了一条托物言志的路子，对后世抒情小赋的发展有很大影响。

贾谊的政论文《过秦论》，对秦能统一中国又速亡的原因作了精辟的分析。

贾谊才德过人而又薄命，只活了33岁。虽说任长沙王太傅仅3年，但他的思想、才华和身世遭遇在湖南一带影响却极为深远。人们怀着崇敬的心情，称其为贾太傅、贾长沙，还有人称长沙为"屈贾之乡"。2000多年来，虽然长沙城历经沧桑变化，但贾谊故宅却屡废屡修，一直保存原址，供人凭吊。

蔡伦（？—121），字敬仲，东汉时湖南郴州（当时称桂阳）人，是湖南土生土长的杰出人才。有才学，东汉和帝时任宫廷工场的主管，制作皇室所用的刀剑和器械，精工、坚密，为后世所法。先任中常侍，后任尚方令。安帝元初之年（114年）封龙亭侯。

我国自古以来，书册多著于竹帛，取材不便，传播更难。蔡伦总结两汉以来用麻质纤维造纸的经验，发明新法，采用树皮、麻头、破布、旧渔网等混合为原料，以石臼捣碎，再压成纸片，这种新造的纸甫一出现，即为大众所采用和仿制。于元兴元年（105年）奏报朝廷，时有"蔡伦纸"之称，后世传其为我国造纸术的发明人。当年蔡伦在耒阳故居筑蓄水池作泡制纸浆之用，遗迹尚在，今名为蔡伦宅和蔡侯池。

蔡伦发明的造纸术不仅造福中国，而且功在世界。

张衡（78—139），字平子，河南南阳石木齐镇人。东汉伟大的科学家、文学家。曾两度担任执管天文的太史令，精通天文历算，创造了世界上最早利用水力转动的浑天仪和测定地震的地动仪。浑天仪用来表示天象，类似现代的天球仪。张衡利用齿轮系统将浑天仪和漏壶联系起来，用漏壶滴出的水发动齿轮，带动浑天仪绕轴旋转，并使浑天仪的转动与地球的周日运动相等，可以将天象准确地表示出来。他所制的"候风仪"比欧洲早1000年。张衡的天文学著作《灵宪》中明确提出"宇之表无极，宙之端无穷"，已认识到宇宙的广博，并认识到行星运动的快慢与距离地球的远近有关。

张衡《二京赋》铺写京都景象，规模巨大；《归田赋》形式短小，重在抒情；《四愁诗》《同声歌》各具特色，在五、七言诗的发展上有一定地位。

张仲景（约150—219），名机，是东汉时期我国著名的医学家，南阳郡人，曾官至长沙太守。当时伤寒病流行，病死者很多，他钻研《内经》《难经》《胎胪药录》等古代医书，并广泛收集有效方剂，著成《伤寒卒（杂）病论》。其书辗转流散，经后人多次收集整理，成《伤寒论》及《金匮要略》两书，分论外感染病和内科杂病，倡六经分证和辨证施治原则，具体阐述了寒热、虚实、表里、阴阳的辨证及汗、吐、下、温、清、和等治法，总结了汉以前的医疗经验，对祖国医学的发展有重大贡献。《伤寒论》及《金匮要略》为中医经典，张仲景被誉为"医中之圣"。他的墓碑上写着："汉长沙太守医圣张仲景"。

诸葛亮（181—234），字孔明，本是琅琊阳都（今山东沂南）人，但自汉末以来便隐居邓县隆中（今湖北襄阳西）。他一边"躬耕垄亩"，一边读书自学。虽隐居山林，结庐而居，仍留心世事，被称为"卧龙"。

他是三国时期蜀汉的政治家、军事家，他一生的主要活动在四川，长江流域这一方水土造就了他一生辉煌的功业。

东汉建安十二年（207年），刘备礼贤下士、三顾茅庐，诸葛亮运筹帷幄，向刘备提出了占据荆益两州（今湖北、湖南、四川辖地），谋取西南各族统治者的支持，联合孙权对抗曹操，统一全国的策略。刘备根据这一策略联孙攻曹，取得了"赤壁之战"的胜利，占领荆益，建立了蜀汉政权。曹丕代汉后，诸葛亮说服刘备称帝，自任丞相。刘禅继位后，被封为武乡侯，领益州牧。政事大小悉由诸葛亮决定。诸葛亮当政期间，励精图治，赏罚严明，推行屯田政策，并改善和西南各族的关系，有利于当地经济文化的发展。他奉公守法，严于律己。他十分强调"为君之道，以教令为先，诛罚为后，不教而诛，是谓弃之"，提出治蜀以攻心为先。诸葛亮切实发展生产，一直以"唯劝农业，无夺其时，唯薄赋敛，无尽民财""务农殖谷，闭关息民"作为治蜀大计，他加设"督农"官吏，还在都江堰设置堰官，派1200名"征丁"专门保护维修都江堰水利设施，蜀汉的农业很快得到恢复与发展，并一直保持较高的水平。同时，他在政府专设"锦官"，管理丝织业。

诸葛亮是一位古今共仰的杰出的政治家。现在成都的诸葛亮祠分前、后两殿，前殿祀刘备，因为他是君；后殿祀诸葛亮，因为他是臣。庙名初叫"汉昭烈庙"，但老百姓习惯上叫"武侯祠"。

一位未留姓氏的文士写了一首诗："门额大书昭烈庙，世人都道武侯祠。由来名位输勋业，丞相功高百代思。"

魏晋南朝才子多

魏晋南北朝时期，北方陷入战乱，政局动荡，经济受到严重的摧残。大批人士为避战乱，南逃至长江流域，长江流域的社会经济得到发展。西晋一度统一，但为时很短。

东晋和南朝宋、齐、梁、陈等王朝延续270多年，政治中心和统治区域都在长江流域特别是长江中下游地区，全国经济重心逐渐南移。

东晋政权的南迁，也标志着华夏文化中心的南移。长江流域逐渐演化为华夏文化的代表地区，华夏文化继承和传播的中心也逐步转移到长江流域。

> 魏晋南北朝时期是我国历史上一个社会大动荡、思想大变革的时期。一些文人名士质疑当时占统治地位的儒家思想，转而钻研《老子》《庄子》《周易》三玄之学，出现了一股玄学思潮，玄学清谈之风盛行。

这时，在长江流域这片土地上，出现了陶渊明。

陶渊明（约365—427）又名潜，字元亮，江州浔阳郡柴桑县（今江西九江）人，别号五柳先生，世称靖节先生。

在中国文学史上，陶渊明被看作是开宗立派的诗人，被称作田园诗之祖、古今隐逸诗人之宗，留下五言诗116首。他沿着汉魏以来文人五言诗向抒情化、个性化发展的道路发展，并形成了独创的新风格，其诗直抒真情、质朴自然。读陶诗，如见其人，如闻其声。陶诗具有巨大的感染力量，正是基于一股真情。陶诗的这一风格为我国诗歌的发展作出了巨大贡献。陶渊明的文赋《归去来辞》等质朴自然。

人们读陶诗"结庐在人境，而无车马喧""采菊东篱下，悠然见南山""众鸟欣有托，吾亦爱吾庐"，看似十分平常，却蕴有深远无涯的意境。

陶渊明不为"五斗米而折腰"的高亮气节，传诵千古。陶渊明的诗文如一股清泉活水，注入沉闷百年之久的东晋文坛。

东晋无锡人顾恺之，是我国古代杰出的画家之一。顾恺之有"才绝、画绝、痴绝"之称，其人物画尤精。中国的早期绘画，以人物、动物、花草及宗教人物为主，江南的画家多擅画人物，著名的《女史箴图》作者就是顾恺之。

顾恺之，字长康，小字虎头。顾氏多才艺，工诗赋、书法，尤精绘画。他画人注重点睛，因为他认为传神写照，都在眼珠之中。其"迁想妙得""以形写神"等论点，对中国画的发展有很大影响。

传存世的《女史箴图》原是西晋张华所作，旨在约束宫廷嫔妃的行为规范，是顾恺之早期的摹本。《女史箴图》现藏于英国伦敦不列颠博物馆，系1900年八国联军入侵北京时从清宫劫走。

后人评论顾恺之，说他善于运用游线般的线条，超忽飘逸，给人流水行云般流动的美感。"虽寄迹翰墨，其神气飘然在烟霄之上，不可以图画间求"。

顾恺之是中国绘画史上具有现实主义绘画精神的宗师。

王羲之（321—379），字逸少，东晋时人，曾官至右军将军，会稽内史，人称"王右军"。本系琅琊临沂（今属山东）人，但定居于会稽山阴（今浙江绍兴），为江南地区的书法开拓了一片新天地。

书法是中国有着古老光辉传统的艺术，是方块字无与伦比的独特艺术，经过近3000年的发展和创新，已成为中国乃至世界艺术宝库中的瑰宝。在中国书法史上，草书和行书始于汉代，对后世影响极大。魏晋南北朝时期是中国书法史上的黄金时代。尤其是晋代的书法艺术，可与历史上的唐诗、宋词、元曲媲美，堪称中国书法发展的顶峰，主要指的是王羲之及其子王献之的行草和北魏的新魏体。在两晋南北朝的著名书法家中，最著名的当推王羲之，被尊为"书圣"。

王羲之初学卫夫人（即卫铄，东晋时的女书法家），后向张芝（东汉时书法家，被称为"草圣"）学草书，又向钟繇（三国时书法家）学楷书。王羲之博采众美，推陈出新，一改汉魏以来的质朴书风，集书法之大成，自成一体。他不仅精于行书，草书也俊逸超凡，对后世影响极大。人们评论王羲之的字"字势雄强，如龙跳天门，虎卧凤阁""飘若浮云，矫若惊龙"，认为是书法艺术最高境界的体现。王羲之被公认为中国最伟大的书法家。其千古名帖《兰亭序》，书法遒媚健劲，端秀清新，是当时书法的高峰、后人学书的范本。

与王羲之齐名的还有他的第七子——王献之，其书法英峻豪迈，气度不凡，较其父更逸气，彻底破除了当时自守古拙的书风，称为"破体"，与其父并称"二王"，对后世影响极大。

萧统，梁武帝长子，南朝梁文学家。曾招聚文学之士编辑《文选》三十卷，世称《昭明文选》。因被武帝于天监之年立为太子，未及即位而卒，谥昭明，后世称昭明太子。《文选》选录先秦至梁的诗文辞赋，不选经子，史书也只略选"综辑辞采"的论赞，初步注意到文学作品与其他类型著作的区分，分38类，共700余篇，包括许多具有代表性的作家作品，为现存最早的诗文选集，是研究梁以前文学的重要参考资料，对后世文学颇有影响。

刘义庆（403—444），彭城（今江苏徐州）人，南朝宋宗室成员。组织编撰《世说新语》，记述汉末魏晋士大夫的言行，是记载当时名人高士轶闻琐事的"志人"小说的代表作，是当时盛行的品评人物的清谈风尚的产物。作者善于即事见人，以一目尽传精神；勾勒人物，描摹情状，尤见功底；语言精练含蓄，隽永传神，对后世小说的产生和发展有极大的影响。

陶弘景是南朝齐梁时期的医学家，丹阳秣陵（今南京）人，人称"山中宰相"。曾整理古代的《神农本草经》，并增收魏晋间名医所用新药，成《本草经集注》七卷，共记载药物730种，对本草学的发展有很大贡献。

唐风宋韵，气象万千

唐是我国专制社会的极盛时期，长江流域的发展一直处于鼎盛状态，整个流域的经济水平逐渐超过了黄河流域和其他地区，成为全国最重要的农业区，形成了"国家财赋仰给东南"的局面。作为政治中心的关中地区全靠漕运江南的粮食维持。

长江流域的文化也随之兴盛起来，人才辈出。

> 长江流域，诗星灿烂。众多千古不朽的诗歌巨匠出生在长江流域或长期生活在长江流域，或钟爱、青睐长江风物，或贬谪、避难于斯。

唐代曾有一大批当时最负盛名的骚人墨客云集蜀中。

被称为诗仙的李白虽出生在碎叶国，但自幼即随父迁居四川绵州（今四川省绵阳市）。李白与长江的缘分很深，26岁时出行，长期在各地漫游，长江上下遍留他的足迹。"蜀道难"是李白对长江上游的深切感叹。中年虽曾心怀抱负入长安，未几匆匆离开，一生不得志，晚年漂泊困苦，最后长眠在安徽当涂。

诗圣杜甫的祖上杜审言是湖北襄阳人，后迁河南巩县。杜甫生于河南巩县，一生东西漂泊，晚年穷愁潦倒，死于湘江舟中，足迹几乎遍及半个中国。杜甫与长江流域，特别是与蜀中的关系很深。杜甫在蜀中生活了9年，这9年正是杜甫诗作的成熟期，也是他生活相对安定的时期，诗作大丰收。他在成都草堂写诗260多首，在梓州及其附近写诗160多首，在夔州（今奉节）写诗400多首。蜀中9年，杜甫共写诗900多首，超过他一生写诗总数1400多首的一半，很多名篇在蜀中产生。杜甫年轻时胸怀报国之志，在长安生活了将近10年，仕途无门，贫病交加。755年才开始当八品小官，但安史之乱爆发，战火连天，家人饿病，生活无着。759年冬，携全家从甘肃出发，决心远走比较安定的蜀中，投奔诗友彭州刺史高适。

杜甫在巴蜀的9年多时间里，远离中原，虽然没有"三吏""三别"，却发出了"盗贼本王臣"的呼喊，为百姓发出了"富家厨肉臭，战地骸骨白"的哀叹！

在夔州时期，杜诗风格最后形成。

杜甫属于中国，也属于世界。人们爱把蜀中成都西郊的杜甫草堂作为杜甫的重要纪念地，足见杜甫与巴蜀不可割断的联系。

唐代两位著名的边塞诗人高适与岑参都与巴蜀有缘。

高适在安史之乱中从边境回到内地，在蜀中生活了六年，度过了晚年生活。他初任彭州刺史，后迁剑南西川节度使，是唐代入四川的著名诗人中官位最高，也是唯一"以诗人为戎帅"的人物。高适在蜀中繁于军政事务，诗作不丰，但他接纳、资助了离乱中贫病交加的杜甫一家，对杜甫的创作起了重要的作用。

岑参在蜀中度过晚年并病卒。51岁时，被任命为嘉州（今乐山）刺史，几经周折，晚年写下了"杀人无昏晓，尸积填江湾……三江行人绝，万里无征船"这样蜀中兵祸、社会蒙难的纪实诗句。

我国古代伟大的现实主义诗人之一白居易曾在忠州（今重庆市忠县）生活了两年多，"三年留滞在江城，草树禽鱼尽有情"，离开蜀中时仍依依不舍。

著名诗人刘禹锡任夔州刺史时，对四川东部山区的民歌竹枝词十分喜爱，爱听、爱唱，并依调填词，如："杨柳青青江水平，闻郎江上踏歌声。东边日出西边雨，道是无晴却有晴。"

著名诗人元稹曾被贬在四川通州（今达县）任司马四年之久，此时写的遣怀小诗多是写给好友白居易的，感人至深。如《得乐天书》："远信入门先有泪，妻惊女哭问何如？寻常不省曾如此，应是江州司马书。"

著名诗人李商隐曾两度入蜀，写下了脍炙人口的绝句《夜雨寄北》："君问归期未有期，巴山夜雨涨秋池。何当共剪西窗烛，却话巴山夜雨时。"

我国古代苦吟派诗人代表贾岛长眠于四川蓬溪。

唐诗中最长的叙事诗《秦妇吟》的作者韦庄是我国词作早期阶段的主要代表人物之一，在成都生活了近十年，描写王孙都市生活，真实、形象。

> 蜀中夔州即今日之奉节，自古有"诗城"之誉，仅唐一代就有陈子昂、李白、杜甫、白居易、刘禹锡等在此留下了足迹，写下了优美的诗篇。

很多著名诗人入蜀吟诗，但诗人们并不独钟巴蜀。

诗人们出三峡，过江陵，临洞庭湖畔，停黄鹤楼头，登庐山，聚滕王阁，听鄱阳雁叫！

诗人们或浔阳江头送客，或采石矶下赏月，或金陵怀古惜前朝如梦，或咏叹两岸青山相对出，或仰问何处春江无月明，他们用心血、用生命咏叹长江，苦吟流水。

诗人们熔诗情、画意、自然、人生于一炉，发思古之幽情，倾吐对人生与社会的思考！闻一多说，唐诗是诗中的诗，顶峰上的顶峰！

植根于深厚的历史、社会土壤中，唐代书法与诗歌相辅而行。与唐诗一样，唐代书法充分吸收了魏晋南北朝南北文化的营养，书法艺术臻于完美。

这一时期，长江流域更是书法人才济济，各有所长。

中国书法史上颇具盛名的唐初四杰——欧阳询、虞世南、褚遂良、薛稷中，其中三位是长江流域的江南人士。欧阳询是潭州临湘（今湖南长沙）人，初学王羲之，后渐变其体，楷书为唐代之冠，行书亦一时之绝。虞世南是浙江余姚人，书法外柔内刚，姿媚遒劲，风流种种。褚遂良是杭州人，楷书自成一家，所学虽杂而本体不失，其书流畅、丰艳、多变。

唐代以楷书称雄，但行草也不乏名家。

唐代扬州人李邕曾任北海太守，故有"李北海"之称。他师法"二王"，后独辟蹊径，成为一代宗师，人称"书中仙手"。因为人刚正，屡忤权贵，被李林甫杀害。李邕的书法沉雄、倜傥、俊朗、流畅、洒脱、豪迈。评书家说："右军如龙，北海如象。"

唐代的草书以孙过庭、张旭、怀素最为有名。

孙过庭自述为吴郡人，他的草书如丹崖绝壑，如渴猊游龙，飘逸沉着，婀娜刚健。他同时还是一位书法评论家，立足于书法抒情论。

苏州人张旭不仅以草书见长，还被称为唐代"三绝"之一，"三绝"即李白的诗歌、裴旻的剑舞、张旭的草书。张旭精通楷书，更以狂草闻名。张旭嗜酒，每大醉，呼叫狂走乃下笔或以头濡墨而书。既醒，自视以为神，不可复得。张旭的书法飞速流动，奔放不羁，纵横挥斥，一气到底，如急风旋雨。人称其为"张癫"，称其作品为"神品"。杜甫更称其为"草圣"。

怀素，本姓钱，名藏真，僧人，长沙人。怀素承张旭书法，"以狂继癫"，笔下的线条"风趋电疾"。其《自叙帖》下笔狂怪怒张，流泻一种"狂来轻世界，醉里得真知"的思想感情。怀素以狂草出名，超妙自得，笔老而意新，虽率意颠逸，千变万法，终不离魏晋法度。相传他广植芭蕉，以蕉叶代纸练字，因此名其所居曰"绿天庵"。怀素好饮酒，兴到运笔，晚年趋于平淡。与张旭并称为"癫张醉素"，对后世影响很大。存世书迹有《自叙》《苦笋》等帖。

人们喜爱草书，实因草书的蛇形线生气勃勃，充满动态，洋溢着活泼的生命力；更因草书线条的挥运，任意所为，得心应手，来不可止，去不可遏，颇能淋漓尽致地痛快抒情。

书家无篆圣、隶圣，而有"草圣"。草圣的诞生正在盛唐。

唐代也是绘画的极盛时期，这一时期的画坛题材广阔而深厚，风格多彩多姿，涵盖工笔重彩、青绿山水、人物肖像等风格。

画家张璪是苏州人，人们评价张璪与中唐一代最著名的画家吴道子气质相近。他擅写山水泉石，尤工画松，是唐代水墨画崛起的重要画家。相传他能手握双管，一时齐下，应手而出。张璪曾提出"外师造化，中得心源"的创作原则，对中国绘画理论和实践有很大影响。

扬州李思训、李昭道父子的山水画创造了金碧辉煌的青山绿水，开启了后世青绿设色的先河，成为传统山水画的一种重要样式，有"山水绝妙"之誉，影响了后世众多的画家。

从宏观上看，宋文化是魏晋以来文化运动的一个总结。自汉末以来始终互相抗衡的儒、道、佛三大思想流派，在理学家手中完全结合，一个庞大的哲学思想体系在中国的文化结构内重建。汉末以来支离破解的礼治秩序、宗法文化也在宋代得以重建，深刻支配中国封建社会后期文化近千年。中国的文化中心从东晋以后开始南移。准确地讲，这种南移从东汉末年就已开始。可以说，中国从上古至西晋末，文化中心一直在黄河的中下游流域，一直以黄河及其最大支流渭河的河谷为轴线，呈东西向，中国的几个著名古都——长安、洛阳和开封等，都分布在这一轴线上。

中国经济重心虽在唐末完成由北向南的转移，但全国文化的重心还滞留在上述轴线上，至北宋依然未变。宋仁宗末年，洛阳仍是文化重镇。"二程"毕生从事讲学，其活动中心便在洛阳。重臣退休、半退休或因政见不和辞官，多被安置在洛阳，所谓"许洛两都轩裳之盛，士大夫之渊薮也"。

但是，在北宋，文化中心南趋已十分明显。

"二程"在洛阳讲学，弟子却以南人居多。程颢送他的大弟子南归时，叹曰："吾道南矣！"

周敦颐被称为理学的开山祖师，其学说是道教思想与传统儒家思想的混合物，也间杂了一些佛教思想，在认识论上把唯心主义向前推进了一步，成为中国思想史整个链条中的重要环节。周敦颐系道州濂溪（今湖南道县）人，是濂溪学派之首。

以北宋王安石（江西临川人）为代表的临川学派，曾是王安石变法的支柱。

就文学而言，词为宋代文学的主体；就地域性而言，其风格、题材、情调均具有"南方文学"品性。北宋的词家，前期的如晏殊、欧阳修、张先等，都是长江流域人；后期著名词家，如苏轼、黄庭坚、秦观、周邦彦、李清照等，也多数生长于或长期生活于长江流域及其周边地区。

就地区而言，宋代的江西文坛如日中天，步入光辉灿烂的鼎盛时期，数百年内，处于英才荟萃、名家辈出、群星璀璨、光耀中华时期，蔚为壮观。欧阳修、曾巩、王安石是江西文坛的三巨星，诗、词、文流芳千古。黄庭坚、杨万里、文天祥也是照耀在两宋诗坛上的三颗辉煌巨星。晏殊、晏几道父子与姜夔为江西词坛上的三星。辛弃疾不是江西人，但他长期生活在江西，写下了流传千古的名篇。

> 唐宋八大家中，四川占了三个，江西占了三个，柳宗元虽然是北方人，但他独钓寒江雪，把《永州八记》留给了长江。

宋代，长江流域及江南地区的画坛更加繁荣。

北宋米芾居襄阳，后定居镇江，擅诗文书画，在绘画方面开创了独特风格。

南宋四画家除李唐外，冯远、夏圭、刘松年都是江南人。

夏圭是以山水入画的大家，对后世颇具影响，曾作《长江万里图》。

夏圭、苏东坡等大家，将诗、书、画融于一体。

宋代，长江流域还诞生了重要的科学家。

沈括，杭州人，不仅是伟大的科学家，还是政治家，曾参与王安石的变法运动。沈括是我国古代多才多艺的科学家，被英国科学史家誉为"中国科学史上的坐标"。可以说，沈括是我国古代科学技术方面的全才。沈括晚年居润州（今江苏镇江东郊）梦溪园，举平生见闻，撰《梦溪笔谈》，被称为古代科技史上百科全书式的著作。1979年，国际上以沈括的名字命名了一颗新星。

南宋数学家秦九韶（四川安岳人）研究提出中国剩余定理，创立了"大衍求一术"，讲的是数学中同余问题的解法，是数学史上一项伟大的贡献，在世界上占有很重要的地位。18世纪，欧洲高斯和欧拉才重新求得此类问题的解法。1876年，德国数学家康托评价秦九韶是"最幸运的天才"。后来，美国科学史家萨顿也称赞他是"他那个民族，他那个时代，并且确实也是所有时代最伟大的数学家之一"。

长江流域，人杰地灵！

科技文化的发展、人才的培育，离不开造纸术与印刷术。长江流域一直是造纸与印刷业的中心。

造纸术和印刷术是我国古代的伟大发明。我国的造纸术形成于汉代，晋代时传到全国，但古籍中一直未见汉晋时期纸张重要产地的记载。唐代，四川出现了我国第一个造纸业中心。李约瑟在《中国科学技术史》中明确指出："四川从唐代起就是造纸中心。"宋代，全国造纸中心发展到四省七处，四川占两处。

宋代是我国古代雕版印刷臻于完美、大规模发展的时期，四川是全国的三大中心之一，北宋时刻印两部大型书：《太平御览》1000卷，《册府元龟》1000卷。

宋代，成都出现了世界上第一所国有的纸币制作与管理机构"益州交子务"，发行了世界上第一种纸币——交子。当时四川的印匠、雕匠、铸匠，水平极高。

书院光彩耀千秋

宋代，书院制度确立。

"书院"一词始见于唐代。唐代的书院或是官方藏书、校书的地方，或是士人自学读书的地方。相对于宋以后延续千年的教育组织而言，唐代的书院仅仅是萌芽。书院之名起自唐代，书院制度创于五代，而书院制度的确立在宋初。

> 书院最早源于私人讲学。长江流域历来是书院最为集中的地区。据统计，宋代有书院379所，其中沿江的江西、浙江、江苏、安徽、湖南、湖北、四川七省有272所，约占总数的72%。元代有书院227所，长江流域有152所，约占67%。明代书院有1239所，长江流域为646所，仍居第一位。清代仅浙江一省就有书院200多所。

书院是一种具有教学、学术研究、祭祀、藏书、刻书等综合性文化功能的文化载体，对一个地方文化的发展、人才的培养起了多方面的作用。书院制度自宋初确立，历元、明、清三朝，越千年之久，是我国也是世界教育史上辉煌的篇章。

长江流域、长江沿岸分布的众多书院中，最为耀眼夺目、光照千秋的有湖南长沙的岳麓书院、江西九江的白鹿洞书院、江西宜春的华林书院、江西上饶的鹅湖书院，还有江苏无锡的东林书院、浙江杭州的诂经精舍等。

岳麓书院位于山川奇异的岳麓山中。自晋以来，陶侃、马燧、裴休、杜甫等名贤纷纷在此寄寓结庐。北宋开宝年间（976年），由唐末五代时一座由和尚兴办的学校转化为官府支持下的书院，初创时就拥有讲堂5间、斋舍52间。由此时起，直到清光绪二十九年（1903年）改为湖南高等学堂止，近千年的时间内，岳麓书院在不同历史时期、不同程度地代表或影响中国书院的发展趋势。

岳麓书院是中国古代重要的学术中心。

南宋时，这里是当时学术界影响最盛的湖湘学派的基地，书院环境幽静、清新、古朴。南宋绍兴末年，湖湘学派创始人胡宏的门徒张栻主讲岳麓书院，"四方学者争向往"，受业者几近千人。

张栻明确要求书院的教学和治国平天下的经世济民活动联系起来，反对把书院看作攫取功名利禄的场所，反对专攻科举取士的文辞之学。因此，书院学风崇实，注重经世。

书院在学术上能融合众家学术之长，具有开放性。不同学派都讲学，相互讨论，辨析异同。朱熹也曾来此讲学。书院还能在研究课题和教育内容上不断

更新，清光绪年间就已增设"史学、舆地、算学、译学、掌故"等，书院藏书也增加了声、光、电、化、数、气象、机械、工程等120种400余本"西书"，几乎包括了国内当时翻译出版的介绍西方文化科学知识的全部书籍。清道光年间，已在经堂下设科，似近代大学设院、系、专业。明代起，就出版师生的研究论著等。

清末，岳麓书院作为高等教育中心日趋成熟、完善。20世纪末，湖南大学校庆时称已有千年历史，自然把岳麓书院的历史也计入在内了。

白鹿洞书院真正开端在宋初，一度遭火焚，使其成为知名书院的是南宋朱熹。那时朱熹亲自讲学，为书院订立了"洞规"，明确提出了他的教育方针和培养目标，设立了课程，教材就是他在教学过程中撰写的《四书集注》。教学上实行相当于现今的导师制，教学形式上既有升堂讲说，又有自学理会，还鼓励切磋、质疑等。院址选择山光水色、清秀宜人的庐山，"无市井之喧，有泉石之胜"。朱熹还向政府申请承认和支持，赐额、赐书，为书院创造相应的物质条件，征集图书，充实教学设备，延请名师，开展学术交往，等等。白鹿洞书院成为南宋书院的楷模，并深远地影响了后世书院的发展。南宋入元时是鼎盛期，后逐渐荒芜。

东林书院位于太湖之滨、无锡惠山脚下。明万历年间，顾宪成、高攀龙等建立并主持讲学。这是明末最著名的书院。当时书院盛行讲会制度，已由教育组织发展成为地区性乃至全国性的学术活动组织。

顾宪成为书院写的对联颇为有名，联曰："风声雨声读书声声声入耳，家事国事天下事事事关心。"东林书院的入世态度很受老百姓关注。

诂经精舍位于浙江杭州西湖之滨，专重经史训诂的朴学之风，是清代学术的特色。朴学大师俞樾主讲诂经精舍达31年之久，两浙之士出其门者不可胜数。诂经精舍是清中叶之后最有影响的书院之一。

20世纪初，由于科举制度的最终废除，旧式的书院纷纷改为学堂。书院逐渐成为历史的陈迹。

长江流域书院风气之盛，为学术交流与人才培养作出的贡献不可磨灭，对长江流域成为人才渊薮也有影响。

东南财赋地，江浙人文薮

　　长江流域是才子之乡，人文之盛远非其他地区所能比拟。

　　我国历史上的科举制度之雏形始于隋，趋于完善则在唐代。科举制度的出现，打破了魏晋以来"上品无寒门，下品无士族"的九品中正制带来的积弊，令许多有才能的寒士有机会施展抱负，进入仕途。这从另一方面刺激人们习文，刺激文化的发展。

　　宋朝，太祖赵匡胤以兵变夺得政权，深知兵权、武人的重要。但他接受赵普的建议削藩，"杯酒释兵权"后更懂得文人谋士的厉害，于是采用了重文轻武的基本国策，在一定程度上也刺激了文化的兴盛。宋朝文风大开，科举制度进一步发展。

　　南宋偏安江南后，江南成为文化教育中心。南宋的太学设在杭州，规模已相当可观，人数不断增加，待遇也十分优厚。

　　长江流域，特别是江南地区，通过科举考取进士的，数不胜数。

　　以浙江为例，仅南宋就有6000多人考取进士。明清两朝，登科入仕者更是不胜枚举。

　　以苏州为例，明代有进士341人，武进士8人；共有8人考中状元，1人中武状元。清代有进士600多人，武进士26人，状元达24人，武状元1人。清代，苏州状元占全国状元总数的1/4。

　　明代中央一级的学校——国子学，最初设在南京鸡鸣山下，后改为国子监；明成祖迁都北京后，在北京也设立国子监，形成了历史上有名的南监和北监并立的情况，江南文化的中心地位并未因迁都而改变。

　　明代科举考试中出现过南北榜，实行"分地而取"的原则，反映了江南文化的迅速发展。

　　所以人们赞叹："东南财赋地，江浙人文薮。"

　　长江流域，尤其是江南地区，重视家教师承，出现以家族为纽带的文化世家现象。众多世家子弟兢兢业业，惴惴自奋，形成一种良性循环，文化家族得以代代相传。随着家族的扩大、繁衍，不断派生、演变出新的文化群体、文化世家，文化积淀、文化继承累世不衰。

以元代著名书画家兼诗人赵孟頫为例，其妻管道升、子赵雍均善书画，有"绘画世家"之称。其外甥王蒙亦精于诗画，为元四家之一。王蒙的画受赵孟頫影响很深，又自成一家，不为所囿。

沈周为明画坛一代宗师。沈氏是吴中典型的文化世家，沈周的祖父沈澄、父沈恒、伯父沈贞、弟沈召、长子沈云鹏、孙沈湄荣，一门五代诗人画家，相承相继。

一代启蒙思想家、浪漫主义诗人龚自珍的成就中也刻上了家学渊源的烙印。其父为汉学家，外祖父段玉裁为经学家、训诂考据学派大师，其母段驯也长于吟诗作赋。

长江流域医学、科学、技艺等各方面都有世代相传的文化氛围，也有不少属全能型，涵盖面之广，其他地域少有。虽说长江上游地区有苏氏三父子，中游地区有公安袁氏三兄弟等，但长江中下游特别是江南地区，文化之兴盛仍令人瞩目。

从学术流派方面来说，首推朱熹和程朱理学。朱熹是江西人，生于福建，南宋的哲学家、教育家，提出了理学的基本范畴和命题。朱熹集理学之大成，建立起完整的理学思想体系，对中国后期社会产生了十分广泛深刻的影响。理学是北宋以后出现的特殊形态的儒家哲学，多以阐释义理为主，重视理性思维的作用，以儒学伦理思想为核心，糅合佛、道而形成三教合一的新特点。朱熹本人学识渊博，兴趣广泛。

其次是陆九渊和心学。陆九渊是江西抚州人。他认为宇宙的本原是心，说"宇宙便是吾心，吾心即是宇宙"，提出"心即理"的命题，认为一切知识和真理都在"心"中，"只要心有所主，即可应天地万物之变"，等等。其学说为明哲学家王守仁（王阳明）继承与发展，形成陆王心学，其唯心主义学说在明代中期以后影响很大。

还有胡宏、张栻和湖湘学派。湖湘学派的先驱是胡安国，系胡宏之父，提倡"经世"。胡宏继承其父的学术思想，和学生张栻共同创立了湖湘学派，宗旨是经世致用。事实上，从宋代到近代甚至当代，湖南人才辈出，代有闻人。岳麓书院明确主张治学应有益于世用，而不为空谈。"经世致用"意即学术要为政治、为现实服务。

最后是黄宗羲、王夫之、顾炎武等及"经世致用"的"实学"。这是明清之际的一种社会思潮，指学问须有益于国事。上述三位都提倡过"经世致用"的"实学"。黄宗羲，明清之际的思想家、史学家，东林党人黄尊素之子，浙江余姚人；顾炎武，明清之际的思想家、学者，江苏昆山人；王夫之，明清之际的思想家，号船山病叟，湖南衡阳人。三人侧重点不同，黄从社会政治思想方面抨击君主窃取了人民赐予的"公"；王比较深刻地批判了宋明理学中的唯心主义；顾着重从历史学和地理学方面，提倡文章应关当世之务。顾炎武被誉为明清之际的朴学大师，他批判"二程"、朱熹、陆九渊、王阳明等人空谈"心、理、性命"时说"昔之清谈，谈老庄，今之清谈，谈孔孟"，缺乏"实"字。王夫之的一生坚持爱国主义和唯物主义，至死不渝，学术成就很大。

这种"实学"思潮到清代又演化成由戴震、龚自珍、魏源等人倡导的"经世致用"之学。

魏源，湖南邵阳人，曾就读于岳麓书院，与陶澍、林则徐等有交往。他在士林重训诂的"汉学"的情况下，主张经世致用，提出"师夷长技以制夷"，对近代中国的洋务运动、戊戌维新运动都产生了深远的影响，起了启蒙和号召作用；对湖南的影响更大。

就科学技术而言，明科学家宋应星，江西奉新人，堪称一代巨星，所著《天工开物》一书，详细记录各地农业和手工业的生产技术和经验，并附有大量插图，共18卷，分3编，是明代重要的科学技术文献。上编内容包括谷类和棉麻栽培、养蚕、缫丝、染料、食品加工、制盐、制糖等；中编内容包括制造砖瓦、陶瓷、钢铁器具，建造舟车，采炼石灰、煤炭、燔石、硫黄，榨油，制烛，造纸等；下编内容包括五金开采及冶炼，兵器、火药、朱墨、颜料、曲药的制造和珠玉采琢等。该书对原料的品种、用量、产地、工具构造和生产加工的操作过程等，都有详细记录。

明代科学家徐光启（上海人），科学研究范围广泛，以农学、天文学最为突出。他向罗马传教士利玛窦等学习研究西方科技知识，包括天文、历法、数学、测量和水利等，并在国内普及，对当时的社会生产起了促进作用。徐光启的著作《农政全书》共60卷，50多万字，主要辑录古代和当时文献，多达225种，并记载自己的心得体会共6万余字。体系完整，材料丰富，图文并茂，是集古农书大成的巨著。徐光启与利玛窦合译的《几何原本》影响很大。《几何原本》是古希腊数学家欧几里得写的，原共15卷，他们合译了6卷。这部著作，不仅介绍了西方的几何学，更重要的是引进了数学公理、公式的论证方法，对中国数学界产生了影响。

明代杰出医药学家李时珍，湖北蕲春人，所著《本草纲目》共52卷，全书分16部，60类，收藏药物1892种，搜集古代医家和民间流传的方剂共11000余条，并附有1100余幅药物形态图。该书系统地总结了我国16世纪以前药物学的经验，是我国药物学、植物学的宝贵遗产。有多种外文版本在国外流传，为世界药物学者及植物学者所重视。李时珍出身医药世家，重视研究药物，重视临床实践，深入民间调查并参考有关书籍800余种，历时27年著成《本草纲目》。

明代地理学家、旅游家徐霞客，名宏祖，江苏江阴人，毕生从事旅游和地理考察，足迹所至，北及燕、晋，南至云、贵、两广。自22岁至临终，历30余年，行程数万里。以科学的态度撰写了专题论著《江源考》，纠正了自《禹贡》以来1000多年间以岷江为长江正源的偏颇。他按日记述1613—1639年间的旅行观察所得，对地理、水文、地质、植物等现象均作详细记录，且文笔生动，为西南边区地理提供了不少稀有资料。徐霞客有关石灰岩地貌的记述，早于欧洲人约两个世纪。徐霞客逝世后，季梦明等整理出富有地理学和文学价值的《徐霞客游记》。

明末清初历史地理学家顾祖禹（1631—1692），江苏无锡人，少承家学，熟谙经史，明亡后，隐居著述直至临终。积30多年之久，著成《读史方舆纪要》，凡130卷，着重考订古今郡县变迁及山川险要战守利害，著作过程中参考了二十一史和100多种地方志，是研究我国军事史及历史地理的重要名著。

明清之际著名学者、思想家顾炎武，江苏昆山人，主要著作有《天下郡国利病书》《日知录》等。《天下郡国利病书》系著名地理著作，根据明代地域隶辖分区对地理形势、水利、粮额、屯田、设官、边防、关隘等都有详细论述，偏重经济和军事形势概论，又录及西域、交趾和海外诸国，在我国地理书中别开生面。《日知录》系读书札记，按经义、吏治、财赋、史地、文艺等分类，作者广集资料，用力极勤，倾其一生精力所注，贯穿了作者的全部学术政治思想，切中时弊。

清末民初的历史地理学家杨守敬，湖北宜都人，生平长于历史地理的考证，著有《历代舆地图》《水经注图》《水经注疏》等。

可以说，明清时期是我国地理科学蓬勃发展、从古典地理学向近代地理学转化的时期。徐霞客是杰出代表，他在流水地貌的考察研究中，是世界上最早提出分水岭、流域面积等概念的科学家之一，他首次作出长江的流域面积比黄河的流域面积大一倍的科学论断。顾祖禹、顾炎武等都是提倡"经世致用"、注重考察、讲求实际的新型的地理学家。

就文学艺术而言，明清时期在宋元山水花鸟画日趋昌盛、成就卓著的基础上更上一层楼，出现了众多书画家与流派，名家辈出，佳作如云。唐寅、沈周、文徵明、仇英被称为"明四家"。

徐渭，字文长，绍兴人，明书画家，善水墨画，擅书法，尤擅行草。在文学上也颇有建树，强调独创，反对模拟，对公安派颇有影响。

董其昌，明书画家，上海松江人，提倡"读万卷书，行万里路"，其画风与画论对晚明以后的画坛影响十分深远。

原济即石涛，清初画家，原籍广西，但一生的活动主要在南京与扬州，主张"笔墨当附时代"，对扬州画派及我国近现代画坛影响极大。

郑板桥和扬州八怪，确切说是扬州画派，是清朝前期涌现的一个在绘画史上取得杰出成就的画派。这是一批以卖画为生的画家，正式文献未作确切记载，"扬州八怪"究竟指哪八位尚难确定，通常指郑板桥（郑燮）、汪士慎、李鱓、金农、黄慎、高翔、李方膺、罗聘八人。主张绘画中应突出个性，不能拘泥于古法，八人各具独特风格。

朱耷，清初名画家，号八大山人，朱元璋后裔，明亡后在江西削发为僧，清初潜回南昌，一度装疯，长期浪迹四方。一生主要精力在绘画方面，擅长水墨花卉禽鸟，笔简形赅，极富个性，被誉为"八大名满天下"。八大山人除绘画外，在书法、题跋、篆刻等方面也都有很高的造诣，尤以大笔水墨写意画著称。三百年来，凡大笔写意画派或多或少受他的影响。近代一些著名大画家任伯年、吴昌硕、齐白石、潘天寿等，无不受其启迪，对他推崇至极。

就文学而言，明清时期我国文学领域成就最大的当推小说。无论是长篇小说还是短篇小说，成就都十分辉煌。

《三国演义》《水浒传》《西游记》代表了明代长篇小说的最高成就，《聊斋志异》《儒林外史》《红楼梦》等标志着中国长篇小说进入极盛时期，这些不朽名著是中华文化的瑰宝，也是世界文库中的珍品。短篇小说有"三言""二拍"，谴责小说有《官场现形记》《孽海花》等。作者绝大部分是长江中下游地区的人或长期生活在这些地区。

罗贯中，钱塘（今浙江杭州）人，一说是江西吉安人；吴承恩，江苏淮安人；施耐庵，钱塘人，后居苏州、淮安；吴敬梓，安徽全椒人；曹雪芹原系满族，自曾祖起三代任江南织造，从小生活在江南；冯梦龙，江苏吴县人；凌濛初，浙江吴兴人；李宝嘉，江苏武进人；曾朴，江苏常熟人。

这一地域人才集中，是一种值得研究的文化现象。

文化是个大概念，是系统工程，是人才赖以生存的基本环境；而书籍是人类进步的阶梯，是人才赖以生存的土壤。

据统计，清乾隆年间纂修《四库全书》，征召天下图书，自乾隆三十七年至乾隆三十九年，三年内共征书12次，以江浙呈献的藏书最多。十二次进呈中，武英殿移取900种，直隶总督进呈258种，奉天府尹进呈3种，两江总督进呈1365种，安徽巡抚进呈523种，江苏巡抚进呈1726种，江西巡抚进呈859种，浙江巡抚进呈4588种。江南藏书之盛以私人收藏为主。需要经济保障当然是重要的一面，更主要的是需要文化素养。

位于绍兴的古越藏书楼，开私人创办公共阅书楼之先河，相当于后世图书馆，在清代是个创举。藏书楼主人徐树兰认为"国之强弱，系人才之盛衰"，"是以环球各邦国势盛衰之故，每以识字人数多寡为衡"。古越藏书楼培养了大批人才，近代的绍兴能够人才辈出，古越藏书楼功不可没。

风流人物数长江

中国民主主义革命的伟大先行者孙中山先生虽说是广东人，但他一生的主要革命活动，除了在海外奔走呼吁，多在长江流域。在他的《建国方略》中，曾对长江的建设描绘了众多蓝图，包括提出建设三峡工程"以水闸堰其水"的伟大设想。至今，他仍长眠在长江之滨钟山之下。孙中山的夫人，中华人民共和国名誉主席宋庆龄，一生与长江结下了不解之缘，去世后仍回到长江的怀抱。

> 中国近代史上，中国近代民主主义革命的一大批精英，一批政治家、军事家、实业家，都是长江的儿女：黄兴，湖南长沙人；陈天华，湖南新化人；宋教仁，湖南桃源人；邹容，四川巴县人；徐锡麟，浙江绍兴人；秋瑾，浙江绍兴人；朱执信，浙江萧山人；蔡锷，湖南邵阳人；张謇，江苏南通人；章炳麟，浙江余杭人。

五四运动是新文化运动，揭开了中国新民主主义革命的序幕。

辛亥革命推翻了清王朝的统治，结束了中国几千年来的帝制。但革命果实被袁世凯窃取，中国实际上仍处在沉沉的黑夜中。当时，一些先进的知识分子提出了"科学"和"民主"的口号，这是新文化运动的主要内容。这一运动由1915年陈独秀创办《青年杂志》（后改名《新青年》）拉开序幕，至1919年五四爱国运动，新文化运动更加深入发展，促进了马克思主义在中国的传播。

长江流域及其周边地区是新文化运动的大本营，出现了三位成就卓著的先驱——陈独秀、鲁迅、胡适。

陈独秀是安徽怀宁人，是中国共产党的缔造者之一，在中国共产党第四次、第五次代表大会上被选为总书记。

鲁迅是浙江绍兴人，他站在反帝反封建的新文化运动前列，是闯将，是旗手，他的著作是中国文化史上的一座丰碑，在世界文化史上也占有重要地位。

胡适是安徽绩溪人，主张文学改革，一直宣传民主和科学，1917年元旦发表的《文学改良刍议》对新文学运动影响甚大。

在新文化运动中，长江流域还产生了两位闯将，一位是吴虞，四川成都人，五四前后在《新青年》上发表《吃人与礼教》等文章，大胆抨击封建礼教；另一位是易白沙，湖南长沙人，1916年在《新青年》上发表《孔子平议》，开点名批判孔子的先例。

五四运动在思想上为中国共产党的成立准备了条件，长江流域又为中国共产党孕育、培养、输送了大量优秀人才：何叔衡湖南人，陈潭秋湖北人，董必武湖北人，蔡和森、向警予湖南人，邓中夏湖南人，邓恩铭贵州人，张太雷江苏人，瞿秋白江苏人，赵世炎四川人，博古江苏人，恽代英湖北人，项英湖北人，王若飞贵州人，方志敏江西人，左权湖南人。党内四老吴玉章、董必武、徐特立、谢觉哉，都来自长江。

现代与当代的文学史上，长江流域涌现众多文学家：郭沫若、巴金、茅盾、巴人、何其芳、徐志摩、戴望舒、刘大白、朱自清、郁达夫、洪深、曹禺、阿英、欧阳予倩、宗白华、朱光潜，等等。在科技界、文化教育界，长江同样培养出大量优秀儿女。

人杰地灵，钟灵毓秀，长江是当之无愧的。

明珠璀璨

如果说长江是一根串珠的线，那么沿江那一座座特色鲜明、风情各异的城市，就是这根线上七彩斑斓、璀璨夺目的明珠。

与北方城市大多因政治或军事因素兴起不同，沿江城市大多在港口和市集等商贸中心发展而来，由流域兴旺的经济活动塑造而成。经过数千年的发展，如今长江流域分布着大小城市200余座，是全国城市分布最密集的地区之一，已形成长江三角洲、长江中游、成渝、江淮、滇中、黔中等几大城市群，地级以上城市有70多个。干流流经的重要城市，包括玉树、香格里拉、攀枝花、宜宾、泸州、重庆、万州、宜昌、荆州、岳阳、武汉、黄石、鄂州、九江、安庆、铜陵、芜湖、南京、镇江、扬州、无锡、南通、上海等。支流流经的城市更多，主要有西昌、成都、乐山、绵阳、遵义、汉中、十堰、襄阳、长沙、衡阳、株洲、怀化、湘潭、南昌、吉安、赣州、合肥、苏州、常州、泰州等。

一个地域的城市数量及其繁荣程度，往往是该地域兴衰的晴雨表。长江流域的城市，因长江而生，因长江而兴。

江边自古繁荣

在汉代以前，长江流域地广人稀，城市较少，但也有

一些很著名的城市。

楚国的纪郢，西通巫、巴，东有云梦之饶，后世称纪郢为纪南城，位于今荆州。当时的纪郢已具相当规模。北门有3个7道的水门，很特别。当初纪郢的水陆交通相当便利，城南有长江，逾江而南可经洞庭湖溯湘水至苍梧，溯江而上可通巴蜀，沿江而下可通吴越；西有漳水，通蛮濮聚居的山地；北有大道，经鄢、邓、宛可出方城。有人形容当时的纪郢：城内舲船衔尾咿呀进出于水门，马车振铃叮当进出于陆门，情调雅致。当时纪郢城内人口拥挤，街上百姓需擦肩才能行走。

早在2400多年前，吴王夫差即以今南京、无锡、苏州一带作为根据地，建城郭，实仓廪，开凿胥溪、胥江和邗沟。这时的苏州已有名气。

湘江下游的长沙亦是楚国的一个重要城邑。

秦汉时期，长江流域还属于封建王朝较为边远的疆域，秦只新设会稽（今苏州）、长沙、衡山（今武汉东）、九江、蜀与巴诸郡。秦始皇在位时，曾五次出巡，最后一次才经云梦地区沿江而下到了太湖地区。

汉承秦制，中央集权，采取休养生息的政策，促进了长江流域社会、经济、文化的进一步发展。

汉时长江上游的成都已经非常繁荣，人口发展到7万多户，仅次于京都长安而居全国第二位。成都原是蜀国的首府，春秋战国末期时，蜀王就把都城从郫县迁到成都。

公元前316年秦灭蜀，秦惠王派遣张仪守成都，张仪按咸阳的规模筑成都，"一年成市，三年成都"，成都就是这时命名的。在我国的各大城市中，命名始终如一的极少，成都就是其中之一。汉时成都的织锦业已很发达，蜀锦已经以多样的花色品种行销全国，已专门设置"锦官"管理织锦业，因此，成都亦称"锦官城"，简称"锦城"。西汉时，成都已出现了我国有文献记载的最早的一所学宫———文翁石室，当时有师生100多人。

重庆也是一座历史悠久的古城。大约3000年前就是巴国的首府，古称"巴"。秦灭巴后，成立巴郡，重庆成了巴郡的首府，时称"江州"，位于嘉陵江与长江汇合处，因嘉陵江下游古时有"渝水"之称，重庆又简称"渝"。

司马迁在《史记》中把南阳称为我国的六大名城之一，其他五个为长安、成都、洛阳、邯郸、临淄。

此时，长沙、九江开始成为区域性的政治经济中心。

东汉末年，今安徽巢湖西北的庐州一带逐渐兴起。

苏州（吴地）俨然一个经济上可以自给自足的独立"王国"，是长江下游江东地区唯一的大城市。

荆扬"户口半天下"

三国两晋南北朝时期，中国北方战火连绵数十年，而南方相对安定，大量人口南迁，经济重心南移，长江流域的经济中心形成，出现了一批城市。

西晋一度统一，但为时很短，东晋和宋、齐、梁、陈王朝的政治中心和统治区域都在长江中下游地区，为时270多年，这时的长江中下游地区出现了一批大城市。

南朝时，荆州与扬州，"户口半天下"。

荆州跨南楚之富，扬州有全吴之沃。

事实上，此时南方最大的商业城市要数六朝的政治中心建康。早在2400多年前，吴王夫差曾在这一带建城郭，211年孙权从吴迁都今江苏江宁秣陵，第二年作石头城，改名建业，即今南京。后孙权又迁都鄂城，改名武昌。这样，就形成两个军事和经济中心。

江陵一向是中游重镇，此时变为长江中下游的第三个经济文化中心。南方的繁华可与长安和洛阳相比。

镇江，旧称京口，"东通吴会，南接江湖，西连都邑（即今南京）"，也是一个都会。

汉口，旧称夏口，因地处夏水，即汉水的入江口，成为江汉交汇和洞庭湖流域农产品转运的必经之地。

襄阳已成为江汉重镇，四方凑会，是南北物资交换的通商据点。

成都不但是与西南各民族交换的重要市场，还吸引了不少商贾，西域商人也前来贸易。

南朝后期，江淮间的寿春，江南的浔阳（今九江）、豫章（今南昌）已是商业繁盛的港埠。

水陆交汇，都市繁华

隋唐时期，长江流域的发展一直处于鼎盛状态。大运河沟通四大水系之后，运河沿岸商业城市明显繁荣起来。

扬州之名始于隋代，原名邗城、广陵、江都，位于南北大运河与长江的交汇处，是黄河流域、淮河流域、长江流域和太湖流域物资交流的主要枢纽。又处于江淮要冲，历史上曾为淮盐总汇，素以多富商大贾、珠翠珍怪闻名，此时已是南北交通枢纽和东南沿海地区对外经济、文化交流的一大都会及重要港埠，是唐代漕运及盐铁转运中心。

镇江因位于大运河与长江交叉处，运输更为繁忙，京城所需的物资与贡品大部分要经过镇江，商业、手工业等相当发达。

汉口由于两湖粮食改经长江东下扬州、真州（今江苏仪征）转运河北上，作为东运必经之地而迅速发展起来。

南昌由于对外贸易的发展，再度开辟穿越大庾岭的、较为宽阔的驿道，海外运集到广州的货物得以顺利经江西顺长江下扬州，转运江淮或北方，因而成为各方商贾汇集之区，极为繁华。

杭州也已相当繁荣，是五代十国时吴越国的首都。

宋元时期，长江流域在曲折中继续发展。

北宋末年，宋金对峙，中原战争连年不断，北方已为辽金所占。大运河南北航行中断，扬州大港很快衰落，国内贸易让位于真州，国际贸易分别让位于杭州和明州（今宁波）。

杭州，南宋时不仅是全国的政治中心，还是全国第一大城市和最大的商业中心，至南宋末，人口已超过100万。杭州位于钱塘江北岸。在远古时代，西湖是个小小的海湾，称为武林湾。由于泥沙淤积，武林湾变浅，久之，遂成为一滨海潟湖。新石器时代，人类就在此建立村落，从事耕种、狩猎和捕捞等生产活动。秦时设钱塘县，从隋代开始称杭州。杭州是南北大运河的终点，运河建成后就成为重要的商业城市。杭州城临西湖而建。唐代，城市进一步发展。杭州的地理位置十分优越，襟江、抱湖、沿运河，从杭州可直入华北腹地，还可进入长江、黄河、太湖诸流域，同时又是东海沿岸的重要海港之一。从杭州，海船北可入渤海、日本海，南可下南洋、西洋。

北宋词人柳永词云："东南形胜，三吴都会，钱塘自古繁华。烟柳画桥，风帘翠幕，参差十万人家"，赞美杭州的秀丽和繁华。实际上，北宋时杭州已有近20万户人家了。当时的杭州已出现了细致的行业分工和集市划分，是杭州商业经济十分发达的具体体现，至今仍留有皮市巷等。"市列珠玑，户盈罗绮，竞豪奢"，四方客商汇聚，店铺、酒楼、茶馆、民舍、官邸相互交错，已有夜市和早市，人们称"天下所有临安所有，天下所无临安也有"。

这时的长江流域，干支流汇合处都形成了繁华的城市，如芜湖、武昌（今鄂州）、荆州等。

陆游在《入蜀记》中描写当时的武昌（今鄂州）："贾船客舫，不可胜计，衔尾不绝者数里，自京口以西，皆不及""市邑雄富，列肆繁错，城外南市亦数里，虽钱塘建康不能过，隐然一大都会也"。

据统计，长江流域内当时全年税额5万贯以上的有庐州（今合肥）、无为州等，足见沿江一带商业之繁荣。

这时的长江流域由于手工业的发展，江西的萍乡、景德镇等地日益繁华。

资本萌芽，城市应运而生

鸦片战争前，中国的帝制社会日趋衰落，中国的资本主义在长江三角洲地区萌芽。这时，统治集团大多建都北京，但经济上却依赖江南。随着长江流域以棉花、茶叶为主的经济作物的大力发展，纺织、印染、制茶、制瓷等手工业日趋发展、昌盛，一大批城市应运而起。

南京，依然遥遥领先。

明初以金陵（今南京）为首都，称应天府。从东吴到明初将近1400年的经营，使南京成为我国东南的重镇，以及全国政治、经济和文化的一大中心。明代，南京的锦缎生产盛况空前，已设织造局等管理机构，皇帝皇后的龙凤衣都指定由南京制作。明代南京码头停靠的船只成千上万，郑和"下西洋"就曾以南京为基地，说明造船业已很发达。

明王朝迁都北京后，南京仍气象不衰。明初开办的全国最高学府国子监，学生人数最高时达9000人。被称为我国古代最大的一部百科全书的《永乐大典》计22937卷，3.7亿字，是在南京编抄成书的。

明迁都北京后，为满足江南漕粮经大运河运往北方的需要，整治大运河并广泛应用船闸。因大运河水运便利，两岸通都大邑林立。

长江下游的淮阴、扬州、镇江、常州、无锡、苏州、嘉兴、杭州等均以物阜民丰著称于世。

长江中上游的许多地方，如九江、长沙、武汉、荆州、襄阳、南阳、汉中、重庆、成都等也都已成为我国南方政治、经济的重要地区。

随着经济作物、手工业的发展，长江流域还形成了许多重要的物资转运中心和手工业城镇，如上海、松江、嘉定、太仓、湘潭、衡阳、常德、醴陵、吉安、抚州、赣州等。这些都已是当时颇为发达的城市。

自隋唐以来，长江流域就已是全国的最富裕的地区，出现了一批极为著名的城市，南京、汉口是其中代表。

鸦片战争前，英国对华贸易中，鸦片已是主要商品，受到中国各地民众的坚决抵制。

鸦片战争以后至新中国成立以前，长江流域的半殖民地经济畸形发展。

鸦片战争以后，帝国主义列强用炮舰轰开了清政府闭关自守的大门，长江流域由于外国资本的侵入，城乡物资交流和商品经济出现了畸形发展的局面。

长江成为列强榨取我国资源财富的吸血管，长江流域的社会经济发展蒙上了浓厚的半殖民地色彩。这一段屈辱史，血泪斑斑。

到 19 世纪末，沿长江的重要港口均被迫开放，大致情况是：1843 年，被迫开放上海；1858 年，被迫开放镇江、南京、九江、汉口；1875 年，被迫开放芜湖、宜昌；1894 年，被迫开放沙市、重庆、苏州、杭州、岳阳；1903 年，被迫开放万县、长沙。安庆、湖口、武穴、大通、裕溪口等市镇也被作为外轮停泊、上下客货的码头。1898 年，英国"利川号"轮船驶进重庆；1899 年，英国又有两艘炮舰抵渝，并分别上溯到泸州和宜宾；法国趁机侵入金沙江；有些外国船经洞庭湖到了岳阳、长沙、湘潭和常德。

至 19 世纪末，长江航运权已经完全落入外国侵略者手中，长江流域饱受凌辱和掠夺！

长江流域近代工业的发展坎坷，但是，总的来说，长江流域仍然呈现"原料集聚—初加工业—出口贸易"这种典型的殖民地商品经济的特征，加工工业层次低，手工业、纺织业纷纷破产，农产品被大量输出，帝国主义的商品大量向内倾销。

由于对外贸易的发展，商业城市畸形扩大。

庞大的明珠家族

我国目前有 19 个超大、特大城市，其中 9 个（上海、重庆、成都、武汉、杭州、南京、合肥、长沙、苏州）在长江流域。

长江上游自源头至湖北宜昌，全长 4500 千米，范围广阔，资源富集，是具有很大开发前景的流域经济区域。成渝城市群是长江上游的经济核心地带，是西部大开发的重要平台、长江经济带的战略支撑以及国家推进新型城镇化的重要示范区。成渝城市群以成渝经济区为依托，以成渝两市为双核，具体包括 1 个副省级城市成都、1 个直辖市重庆、14 个地级市以及 12 个县级市。成渝城市群共有 93 座城市，四川片区包含 86 座城市，其中成都市是将 10 个市辖区合并成一个城市；重庆片区包含 7 座城市，其中重庆市合并了 23 个市辖区。

由于交通条件的限制，长江上游地区的开发相对不足，城市经济整体实力较弱，辐射范围有限，集聚与扩散效应不够显著，因此城市化水平相对较低，城市密度也相对较小。长江上游地区的城市多沿河分布，与下游地区相似，但由于支流众多，各支流之间的城市具有明显的差异。

长江中游地区主要包括湖北、湖南和江西三省。长江中游城市群以武汉为中心，由武汉城市圈、环长株潭城市群、环鄱阳湖城市群等主体形成特大型国家级城市群。

长江中游城市群在我国区域发展格局中占有重要地位，是实施促进中部地区崛起战略、全方位深化改革开放和推进新型城镇化的重点区域。长江中游最大的城市群是以武汉为中心的城市圈。武汉城市圈是以中国中部最大城市武汉为圆心，覆盖黄石、鄂州、黄冈、孝感、咸宁、仙桃、潜江、天门等周边8个大中型城市所组成的城市群，武汉为中心城市，黄石为副中心城市。

长江下游是指江西湖口至入海口，长约930千米，以长江三角洲城市群为经济中心。长江三角洲城市群（简称长三角城市群）以上海为中心，位于长江入海之前的冲积平原。

江边的山城

重庆位于四川盆地与长江中下游平原的过渡地带，地形与地貌非常特殊，主要城区坐落在嘉陵江和长江之间的中梁山和铜锣山之间，河谷、台地和丘陵地带交织而成，一簇山陵，三面环水。

这种地势起伏的特点使得重庆的道路和建筑布局别具特色，城市仿佛依山而建，错落有致的高楼大厦亲密地融入了山脉之中，形成了壮美的景观。无论是沿江而建的观光大楼，还是分布在山间的民居和商业建筑，层层叠叠，高低起伏，极富立体感，因此重庆亦称山城。

重庆是一座有着悠久历史和灿烂文化的名城。铜梁文化遗址证明，在2万年前的旧石器时代重庆就有人类活动。

公元前11世纪至公元前316年，巴人以重庆为首府，建立了巴国。公元前316年，秦国从楚国手中夺取战略要地江州。两年后，秦国筑江州城，城址在今渝中区长江、嘉陵江汇合处朝天门附近，这便是重庆建城之始，因而也有"江州"之别名。秦汉时期巴郡首府均称江州，魏晋南北朝时期先后更名为荆州、益州、巴州、楚州。隋文帝开皇元年（581年）以渝水（嘉陵江之古称）绕城，改楚州为渝州，这就是重庆简称"渝"的来历。北宋徽宗崇宁元年（1102年），渝州又改名为恭州。宋淳熙十六年（1189年），南宋高宗之子赵惇因先在恭州于正月封为恭王，二月受内禅即帝位，自诩"双重喜庆"，遂将恭州升格为重庆府。重庆由此得名，迄今已800余年。

重庆自古就是川东的政治中心，兼有长江和嘉陵江航运之利，充分显示出地理位置的优越性。至唐代，重庆古城进一步繁荣。诗人王维曾经到访重庆，在《晓行巴峡》一诗中写道："水国舟中市，山桥树杪行。登高万井出，眺迥二流明。人作殊方语，莺为故国声。赖多山水趣，稍解别离情。"诗句生动传神地描绘了这个江畔水乡码头的兴旺景象。

不过在南宋以前，重庆还是历代贬官迁客的流放之地。南宋以后，随着中国政治经济文化重心南移，川东地区的社会经济地位随之上升，峡江和嘉陵江成为转运川米、布帛、马纲的重要漕运通道，重庆城市的地位开始变得越来越重要。明代，重庆已成为全国重要的商业城市之一。清代，重庆城市人口中从事商业的人口达60%以上，重庆成为长江上游以转口贸易为主的商业城市。乾隆时，重庆"商贾云集，百物萃聚"，已有"九门舟集如蚁"之势。

近代开埠后，重庆迅猛发展，商业经济地位在长江上游乃至中国西部处于独领风骚的地位，仅次于上海和汉口，有四川第一商埠之称。1929年，重庆正式建市。抗日战争时期，重庆是国民政府战时首都和世界反法西斯战争远东指挥中心。抗日战争时期和解放战争初期，以周恩来同志为代表的中共中央南方局在重庆负责领导国统区、港澳及海外地区的党组织和统一战线工作，形成

重庆夜景

的"红岩精神"是国家和民族的宝贵精神财富。民盟、民建、九三学社和民革前身之一的"三民主义同志联合会",均在重庆成立。

新中国成立初期,重庆为中央直辖市,是中共中央西南局、西南军政委员会驻地和西南地区政治、经济、文化中心。1954年,西南大区撤销后改为四川省辖市。1983年,成为全国第一个经济体制综合改革试点城市,实行计划单列。为带动西部地区及长江上游地区经济社会发展、统一规划实施百万三峡移民,1997年3月,八届全国人大五次会议批准设立重庆直辖市。

作为长江上游地区唯一汇集水、陆、空交通资源的超大型城市,重庆是西部地区综合交通枢纽。

隋唐时即为川蜀航运始发港,宋元时为西南贡赋军需运送必经之地,明清时为川粮、川盐、滇铜、黔铅的中转港。

重庆先后入围中国十大幸福之城和十大休闲之城,并荣获中国大陆旅游业最发达城市、中国最具安全感城市等称号。

作为中国著名的旅游城市,重庆以丰富多样的美食而闻名全国。重庆人热爱辣椒，重庆火锅更是享誉全球。重庆的美食文化融合了川菜、湘菜、贵州菜等多种风味，给人们带来独特的味觉体验。重庆人热情似火，川江号子雄壮激昂，滑竿号子俏皮幽默。

重庆的山地面积占市域面积的比重高达75%。这些山地覆盖了重庆的大部分地区，提供了丰富的自然资源和美丽的景观。重庆山区壮丽的峡谷、奇特的岩石和清澈的溪流，以及众多名胜古迹和自然保护区，吸引游客探险观光。

重庆如今已是知名的网红城市。长江两岸一派繁华盛景，江水映照万家灯火，也映照着历史的悲苦和荣光。重庆人把历史的苦难留在灵魂深处，面对生活，他们更愿意呼朋引伴、载歌载舞，让生活有滋有味。西晋文学家左思在《蜀都赋》中说，巴人"刚悍生其方，风谣尚其武。奋之则旅，玩之则渝舞"。

大江大湖大武汉

武汉是中国近代历史上可称"大"的城市。

武汉之大，不仅在于清末张之洞督鄂大力发展洋务从而使武汉"驾乎津门、直追沪上"，更源自其独特的地理格局。

武汉有着得天独厚的地理位置，以江汉平原东部乃至整个长江中游为腹地。滚滚长江与其最大的支流汉江在此交汇，将武汉分为"三镇"——武昌、汉口、汉阳，也就是说，武汉其实是由三座城市合并而成，三镇之内江河纵横、湖港交织，水域面积占全市总面积的四分之一，除了长江、汉江，市内还有全国面积最大的"城中湖"——东湖。所以，武汉也称江城、百湖之市。

大江大湖塑造大城市格局。

武汉历史悠久，距今8000~6000年前的新石器时代早、中期，先民就在这水网之域繁衍生息，用石制器具开拓远古文明。距今3500年前，作为商

黄鹤楼

朝在南方的政治、军事和经济中心，盘龙城在江汉之滨崛起。考古发掘的城垣、壕沟、宫殿基址群、贵族墓葬、铸铜手工业作坊等遗迹，证实了这座古老的城池是当时长江流域的青铜文明中心。

自汉至明，武汉成为水陆交通枢纽，商贾辐辏。

唐宋时期，武汉的商业贸易开始繁荣发展，城市地位开始凸显。当时，鄂州（今武昌）是长江航道上的一个重要商业据点，港埠发展十分迅速，李白曾形容："万舸此中来，连帆过扬州"。唐代宗广德元年（763年），鄂州大火焚烧舟船30多艘，殃及岸上2000多家，伤亡者达数千人。从这场火灾的损失，可以想象当年鄂州的繁盛程度。

武汉的真正崛起是在明清时期，是随着汉水改道完成的。

明成化年间，汉水从不稳定地分汊入江到稳定归一地汇入长江，结束了汉江下游河道游移不定的历史。

汉水改道，成为汉阳、汉口的界河，于是武汉由隔江相望的双城蜕变为三镇相依。可以说，汉水改道最终确立了三镇鼎立的地理格局。

新兴的汉口依托长江和汉水两大水运交通大动脉，成为江汉咽喉和云、贵、川、湘、桂、豫、赣等地区的货物转输地。汉水两岸房屋连片，商船进出繁忙，市场开始出现，逐渐形成了商贾辐辏的汉正街，汉口镇的名声不胫而走。到明朝后期，汉口已经一跃成为与河南朱仙镇、江西景德镇、广东佛山镇并称的"九州名镇"。据清初刘献廷《广阳杂记》记载，明末清初，汉口已以商业大镇卓立华中，与当时的北京、苏州、佛山并称"天下四聚"。光绪二十五年（1899年）分汉水以北地置夏口厅，治所即今汉口。自此，汉口与汉阳城区、武昌城区统称"三镇"。

"五百年前一荒洲，五百年后楼外楼。"汉口镇的崛起，使武汉在全国的经济地位迅速上升。由汉口镇领衔，武汉逐渐成为全国的经济中心和交通枢纽之一。

清末洋务派代表人物张之洞督鄂近20年，在湖北兴实业、办教育、练新军、劝农桑，大力推行"湖北新政"，使武汉经历了一次近代化的崛起。

因为张之洞，武汉从昔日的封建商业重镇一跃成为国内屈指可数的国际贸易商埠，大有"驾乎津门，直追沪上"之势；武汉逐步从一个地处中国腹地，经济、文化不很发达的地区一跃成为晚清最重要的机器工业中心之一；在新式学堂的创办、洋学生的派遣、新军的组训等方面，武汉都走到全国前列。

1911年，辛亥革命在武汉首义成功，在中国历史上写下光辉的一页。辛亥革命结束了统治中国两千多年的封建君主专制制度，起义后颁布的《鄂州约法》是第一个带有宪法性质的文件。这一破一立所体现的中国政体变革，对中国政治的影响十分深远。

20世纪初，孙中山在《建国方略》中已提出将三镇合并建立武汉市的设想。1949年5月16日，武汉解放，武汉市正式建置，三镇合并建置为中央直辖市，1954年6月改为湖北省辖的省会城市。1984年5月被中共中央、国务院批准为经济体制综合改革试点城市、计划单列市。2007年12月，国务院批准将武汉城市圈设立为全国"两型社会"（资源节约型和环境友好型）建设综合配套改革试验区。2016年，经国务院批复同意，国家发展和改革委员会发布《促进中部地区崛起"十三五"规划》，明确支持武汉建设国家中心城市。同年6

月，《长江经济带发展规划纲要》正式印发，重点布局三大城市群，将武汉列为超大城市，打造成内陆开放型经济高地。

武汉是中国近代工业的重要发祥地。晚清张之洞督鄂，推行洋务新政，修筑铁路，兴建炼铁厂、枪炮厂，开中国近代钢铁工业之先河，创设纱、麻、布、丝四局，支持扶助民族工商业的发展，为武汉成为我国中部地区工业基地奠定了坚实基础。新中国成立后，中共武汉市委确立了建立社会主义工业城市的战略目标，武钢、武锅、武重等一大批"武"字头制造企业对新中国的建设发展贡献了重要力量，擦亮了这座城市重工业的底色。经过几十年的建设，武汉已成为我国内地重要的综合性工业基地，以冶金、钢铁、机械、汽车、纺织为支柱，造船、轻工、电子、建材、食品、造纸、医药等均具有一定规模。

20世纪80年代初，武汉的冶金、纺织、机械、建材等传统产业受到冲击，老牌工业城市经历痛苦的调整转型。面对汹涌的世界新技术革命浪潮、澎湃的中国改革开放大潮，武汉东湖新技术开发区应运而生，并于1991年被国务院批准为首批国家级高新技术产业开发区，2001年被原国家计委、科技部批准为国家光电子产业基地，即"武汉·中国光谷"。

在"科学的春天"里，"武汉·中国光谷"发展迅猛，武汉东湖高新区综合实力和品牌影响力大幅提升，知识创造和技术创新能力提升至全国169个国家级高新区第一，是全国10家重点建设的"世界一流高科技园区"之一，已成为全球最大的光纤光缆研制基地、全国最大的光器件研发生产基地、国内最大的激光产业基地。

武汉是我国交通承东启西、沟通南北、维系四方的地理中心，素有"九省通衢"之称。在古代，武汉循长江流域水道可通达四方，东下吴越，西上巴蜀，南经洞庭湖水系可到湘桂，北溯汉水而至豫陕。新中国成立后，武汉更是我国东南西北交通运输的交会点，长江黄金水道联通东西、沟通世界，京港澳高速、沪蓉高速、京广铁路、京九铁路等全国主要的公路和铁路大动脉贯通南北东西，具有辐射全国的基础条件。

武汉还是一座科教名城，有着非常出色的高等教育资源。武汉拥有多所著名的大学，如武汉大学、华中科技大学、华中师范大学等。武汉的科研水平也十分出色。华中科技大学的"光谷"科技园区被誉为中国科技产业化的标志性地区，吸引了大批科研人才和企业。

武汉也是一座著名的历史文化名城，屈原曾在这里行吟，李白曾在这里周游；瑰丽浪漫的楚文化、波澜壮阔的三国文化、撼人心魄的首义文化，是武汉辉煌的基因与底色。

因有崔颢"黄鹤一去不复返，白云千载空悠悠"和李白"黄鹤楼中吹玉笛，江城五月落梅花"的诗句，黄鹤楼名传千古，成为武汉市的重要城市名片。

100多年前，孙中山先生在《建国方略》中明确指出："要把武汉建成纽约、伦敦之大，要建设成东方的芝加哥。"如今，大武汉承奉着光荣，以"大都市圈、大文化、大科教、大光谷、大设计、大交通、大商贸、大江湖、大钢铁、大汽车"的格局与气势，意气风发地朝着梦想进发。

虎踞龙盘，古都南京

南京古称金陵，是长江边上的一座重要城市，自古至今，浓墨重彩，从未褪色。

从晋室南渡到大明夺取天下，再到封建帝制的落幕……这些恢宏的故事皆发生于这座充满"悲情历史"的古都。在华夏文明的长河中，南京不曾缺席，战火烧不尽，春风吹又生。

南京西临浩瀚长江，东依巍巍钟山，其城西的石头城（今清凉山）形似伏虎，东面的钟山（紫金山）则宛如盘踞的卧龙，故称"虎踞龙盘"。诸葛亮言："秣陵之地，钟阜（紫金山）龙盘，石城（清凉山、石头城）虎踞，真乃帝王之宅也。"

早在春秋时期，吴王就在今南京一带建立"冶城"，但第一个在南京建都的却是三国时期的东吴政权。

229年，吴帝孙权在此建都，在原城邑故址筑石头城。石头城依山为城，因江为池，十分险要。此后，东晋、南朝的宋、齐、梁、陈相继在此建都，故南京有"六朝古都"之称。

六朝时期南京称建康，是当时世界上最大的城市，衣冠南渡使汉民族在南京保存了华夏文化。以建康为代表的南朝文化，在人类历史上产生了极其深远的影响。也就是在这个时期，以南京为中心的"海上丝绸之路东海航线"正式开辟，南京"石头津"作为通江达海的国际码头，停泊的中外船只数以万计，出现了"四海流通，万国交汇""舟舶继路，商使交属"的繁华景象，南京成为中国海上丝绸之路的重要中心城市。

隋唐两代，南京受到北方朝廷刻意贬抑，但地理上的优势使南京的经济、文化不断发展强大。李白、刘禹锡、杜牧、李商隐等诗人在这里生活、游览过。唐亡后，南唐定都金陵，并扩建城邑。北方战火不断，而自杨吴始，这里70多年没有发生大的战争。秦淮河两岸集市云集，经济繁荣伴随着文化的发达，诗词、书画开一代之风。

秦淮河

宋代，南京是中国南方地区的政治、经济、文化中心。江宁府是北宋时期中国南方唯一的府级建制，是江南和东南地区等级最高的行政机关。北宋政治家王安石曾三次以宰相之位担任江宁知府并定居，终老于此。北宋末年，靖康之难引发人口第三次大南迁，南京再次成为经济中心。南宋建炎三年（1129年）改称建康府，定为行都。南宋绍兴八年（1138年）改建康为留都，仍有帝王行宫在此，成为南宋重要的军事、政治和经济中心，时人曰："国家之根本在东南，东南之根本在建康"，"非据建康无以镇东南"。南宋名将岳飞曾在南京牛首山一带大败金兵，并有抗金故垒遗存。

1368年，明太祖朱元璋在南京称帝，国号大明，南京再次成为中国政治文化中心。历时21年修建的南京明城墙，是世界第一大城垣。明建文四年（1402年），朱棣发动靖难之役，夺建文帝帝位，在南京称帝。明永乐三年（1405年），郑和从南京龙江关（今下关）启航，开始第一次远航。明永乐十九年（1421年），朱棣迁都北京，将南京改为留都，设南京六部等机构，行双京制，应天府（南京）和顺天府（北京）合称二京府。

明朝南京城的建设是古代南京发展史上浓墨重彩的一笔。规模宏伟的南京城以独特的不规则城市布局在我国都城史上占有重要的地位。宫城平面呈长方形，坐北朝南，南北长5华里，东西宽近4华里。宫外有护城河，宫城形制依《礼记》设三朝五门。正殿之后设乾清、坤宁二宫，象征帝、后犹如天、地；乾清宫左、右立"日精门""月华门"以示日、月相佐。这种模拟天象、依托礼制的布局，目的是强化、烘托明王朝统治的天经地义。

明代中叶，南京城人口达120万。万历年间，西方传教士利玛窦游历中国后，在《利玛窦评传》中写道："目睹南京这座大城，未免眼花缭乱……明代的南京城极其雄伟壮观，堪与十六世纪的欧洲任何最大的首都相比拟。本朝开国皇帝洪武把它造成奇迹，东方所能见到的一切都无法望其项背。"终明一朝，南京一直是中国的经济、文化中心，南方的军事、政治中心。

1853年，太平天国政权定都南京。

1911年12月29日，辛亥起义的17省代表在南京选举孙中山为临时大总统，建立中华民国。1912年元旦，中华民国临时政府在南京成立，孙中山宣誓就任临时大总统。1927年，北伐军节节胜利，4月18日在南京成立国民政府，定南京为首都。

1937年12月5日，日军向南京外围发起攻击，南京保卫战拉开序幕，历时8天面对武器优良、兵力数倍的侵略者，十万中国守军英勇抵抗，日军每一次推进都付出沉重代价。随后，占领南京的侵华日军制造了惨绝人寰的南京大屠杀，暴行持续6周，30万同胞惨遭杀戮，无数妇女遭到蹂躏残害，无数儿童死于非命，三分之一建筑遭到毁坏，大量财物遭到掠夺。这一灭绝人性的大屠杀惨案，是第二次世界大战史上"三大惨案"之一，是骇人听闻的反人类罪行，是人类历史上黑暗的一页。在中华民族生死存亡的关头，中国人民同仇敌忾，浴血奋战，付出了伤亡3500万人的沉重代价，打败了日本侵略者，赢得了中国人民抗日战争伟大胜利，彻底洗刷了近代以来中国屡遭外来侵略的民族耻辱，也为世界反法西斯战争胜利作出了重大贡献。

"钟山风雨起苍黄，百万雄师过大江。"1949年4月21日，毛泽东、朱德发布了《向全国进军的命令》，解放军发起渡江战役。1949年4月23日，南京解放，标志着中国历史翻开了崭新的篇章。

六朝豪华，十朝都会，化作了长江的滔滔流水。秦淮烟花早已消失，不见踪迹，只有那无数的胜迹在静静地诉说南京的古老与辉煌。正如朱自清先生在《南京》一文中所说："逛南京像逛古董铺子，到处都有些时代侵蚀的痕迹。你可以揣摩，你可以凭吊，可以悠然遐想……"

南京位于长江下游，距长江入海口不足300千米。长江流到这里，江面已十分宽阔。在南京，江面最宽的地方有2.5千米，最窄的地方也有1.5千米，是名副其实的寥廓江天。

> 南京是典型的山水城市，城市格局演变与独特的山水环境相互交融，古城选址西临长江、北枕玄武湖，形成"襟江带湖、山水相依"的地理形胜，山、水、城浑然一体，风光极为秀丽。李白至此，忍不住赋诗："三山半落青天外，二水中分白鹭洲。"

南京古迹众多，始建于宋朝景祐元年（1034）的夫子庙，由东晋学宫扩建而成，是一座位于南京市秦淮河北岸贡院街的孔庙，也是南京历史悠久的市集，集历史、宗教、建筑、文化、艺术、民俗、饮食、商业于一体。

南京是中国近代工业的摇篮，作为民国首都及洋务运动的始发地，南京在20世纪的中国工业体系中占有举足轻重的地位，是近代中国城市工业化与现代化转型的典型。1865年金陵制造局的诞生标志着南京近代工业的开端。英商和记洋行、津浦铁路南段机厂（南京浦镇车辆厂前身）、永利化学工业公司铔厂（南京化学工业公司前身）、中国水泥厂等一批知名企业的成立，形成了南京近代工业的雏形。

新中国成立后，南京新发展了石油化工、汽车制造、钢铁冶金、机械装备等支柱产业。在计划经济时代，是工业总产值位居全国前十的综合性工业城市，相继诞生了中国第一座磷肥厂、第一只国产电子管、第一台全国产收音机、第一座无线数字卫星通信站、第一部雷达、第一辆轻型载货汽车、第一部全自动洗衣机等。

南京是中国重要的工业基地、国家重要综合性工业生产基地、国际先进制造业基地，也是中国三大电子工业基地之一。

南京市是首批国家历史文化名城、国家重要的科教中心，自古以来崇文重教，是吴楚文化、南北文化的交汇之地，也是近代以来东西文化的交汇之地，有"天下文枢""东南第一学"的美誉，明清中国一半以上的状元出自南京江南贡院。截至2021年，南京有各类高等院校68所，其中双一流高校13所、211高校8所，两院院士97人；全球科研城市20强排名中，南京位列全球第8、中国第3。

南京是东部沿海经济带与长江经济带战略交汇的重要节点城市，已形成以电子信息、石油化工、汽车制造、钢铁为支柱，以软件和服务外包、智能电网、风电光伏、轨道交通等新兴产业为支撑，先进制造业和现代服务协调发展的产业格局。目前，南京正在全力打造泛长三角地区承东启西的门户城市、国家综合交通枢纽、区域科技创新中心，加快建设现代化国际性人文绿都。

东方明珠大上海

长江奔腾了6300余千米，接纳了最后一条支流——黄浦江后，从吴淞口东流奔向大海。

通江达海的上海地处长江入海口，是我国第一大城市，也是闻名遐迩的国际大都会。与长江沿岸其他大城市相比，上海的城市历史并不太长。

春秋战国时期，战国四公子之一、楚国春申君黄歇的封邑离今日上海不远。据文献记载，上海境内的黄浦江，当年系由黄歇倡导开凿，并因此得名，又名黄歇浦、春申江，简称申江，上海因此别称"申"。

古时上海地区的渔民发明了一种捕鱼工具"沪"，即用绳子将细竹竿编联成排、插在滩涂上，潮来时尽没于水中，潮退后，水去鱼留。当时还没有"上海"这个地名，这一带因此被称为"沪渎"。慢慢地当地就被冠以"沪"这个称呼了。

"上海"这一名称的由来，始于宋代。当时的上海已开始成为我国的一个新兴贸易港口。上海地区有十八大浦，其中一条叫上海浦，在今外滩至十六铺的黄浦江中；上海浦西岸有个上海镇。

元代，朝廷设立上海县，标志上海建城之始。明代，上海成为全国最大的棉纺中心，有"衣被天下"之誉。

上海的兴起与繁荣，始于鸦片战争后。1843年，上海被辟为通商口岸。英、法、美等国在此设立租界，开办工厂、银行，倾销商品。上海在经受帝国主义侵略的同时，工商业快速发展，逐渐成为跨国公司开展贸易和商务的枢纽，是亚太地区最繁华的金融中心和经济中心，被誉为"东方巴黎""江海之要津""东南之都会"，呈现出"一城烟火半东南"的繁荣景象。

可以说，近代上海领导了中国现代文化潮流，因此有了"海派文化"的说法。从另一个角度来说，长江造就了上海，而上海也成了长江的骄傲！

上海通江海之利，居水陆要津，这一地理优势使上海从黄浦江畔一个寂寞

黄浦江畔

的小渔村发展成为闻名世界的大都会。

我国历史上重农抑商，上海的商业却一直占重要地位。到 1909 年，至少已有 160 多种商业行业；至 20 世纪 30 年代末，上海共有商店 8.6 万家，规模居全国之冠。在认识到近代机器生产的好处后，上海的民族工业迅速从无到有，1933 年时，上海民族资本的近代工业产值达 6.24 亿元，占上海全部工业产值的一半以上。上海的民族工业因为在帝国主义入侵的夹缝中诞生，因而从来就及时进取、自强不息、富于竞争意识。上海的民族资本家利用第一次世界大战的有利时机，使纺织、面粉、造纸等行业获得较大发展。他们还努力创立自己的名牌，或挤出或并吞、击败洋厂洋货。

在我国近现代史上，上海又是一个重要的政治舞台，孙中山曾长时间在这里从事革命活动，中国共产党在这里诞生。相当长一段时间内，上海是中国共产党政治活动的中心。上海人民富有斗争精神，不屈服于外来的侵略者和国内的反动势力，上海小刀会起义、五卅运动、上海工人三次武装起义、"一·二八"、"八一三"抗战及解放战争时期的历次斗争都在这里发生。

从历史角度看，上海确实开中国近代文明之先，难怪近代很多著名知识分子与上海结缘，如康有为、梁启超、蔡元培、陈独秀等。

1949年5月27日，上海解放。刚解放时，工业产品以消费资料为主，原料大多依赖进口，商业、外贸、金融等呈畸形发展，被称为"冒险家的乐园"。经过坚持不懈的努力和建设，上海已成为我国最大的、门类齐全的综合性工业基地，宝钢、金山石化等一批大型工程投产，使钢铁、机械、造船、化学、仪表、电子、纺织、医药、食品、印刷等工业在我国占有重要地位。航空、航天、汽车等工业的崛起，新型金属材料、高分子合成材料、微电子、计算机等新兴工业的发展，使上海能生产各种高精尖产品。

每一座因时代进程而加速演变的城市，总有一个区域以前沿门户之姿，聚合核心资源，引领城市未来，一如陆家嘴之于上海。

随着浦东的改革开放，昔日的烂泥渡路如今华丽变身为银城中路，周边高楼林立，金融机构汇聚，展示着陆家嘴这座中国金融城的魅力。

2015年4月，上海自贸区试验区扩容至陆家嘴。陆家嘴金融城成为上海自贸区金融改革和对外开放的试验田和主战场。

目前的陆家嘴金融城已成为中国金融市场体系最完备、金融交易最活跃、金融机构最集聚、国际化水平最高的金融产业高地。区域内已集聚了12家国家级要素市场和金融基础设施870家银、证、保持牌金融机构及其分、子公司，6000家新兴金融机构以及3000多家专业服务机构。

《数字中国发展报告（2021年）》显示，上海市数字化综合发展水平位居全国第三。仅2022年一年，上海市就新增科技"小巨人"企业和"小巨人"培育企业155家，累计超过2600家。年内新认定的高新技术企业多达9956家，有效期内的高新技术企业数突破2.2万家。

在交通方面，上海已经形成由铁路、水路、公路、航空、轨道等五种运输方式组成的超大规模综合交通运输网络，可以抵达全国14个省（自治区、直辖市）的660个地方。市内交通网络也非常发达，由地面道路、高架道路、越江隧道和大桥以及地铁、高架式轨道交通组成，形成了立体型的交通网络。

历经百余年的崛起与兴盛，"海纳百川，兼容并蓄"的上海，如今不仅拥有我国最大的工业基地、最大的外贸港口，也是我国重要的科技、贸易、金融和信息中心，更是一个世界文化荟萃之地、靓丽时尚之城。作为长江经济带的龙头城市，上海已经发展成为一个国际化大都市，并致力于建设成为国际金融中心和航运中心。近年来在世界城市体系排名中，上海连续被列为"世界一线城市"中的前十位。

如今的上海，已经成为中国的经济、交通、科技、工业、金融、会展和航运中心之一，是长江三角洲城市群的龙头城市，是中国大陆首个自贸区"中国（上海）自由贸易试验区"所在地。上海市已经成功举办了2010年世界博览会中国上海国际艺术节、上海国际电影节等大型国际活动。

除了经济和贸易的活力，上海还是一个文化繁荣的城市。从黄浦江畔的外滩到高耸入云的东方明珠，再到新天地、周康成花园等各种景点，都展示着上海的历史和文化底蕴。这里有许多令人印象深刻的历史和文化景点，如外滩、豫园和城隍庙。外滩是上海的标志性景点之一，这里有欧洲式的历史建筑，可俯瞰黄浦江和现代化的浦东新区；豫园是一座古老的园林，展示了中国传统的建筑和园艺艺术；城隍庙是一个古老的道教庙宇，吸引了众多信徒和游客。

上海不仅有浓郁的历史人文氛围，还有丰富多样的文化活动。每年的上海国际电影节、音乐节、艺术周等，都是极具吸引力的文艺盛宴。这些活动不仅丰富了本地的居民文化生活，还吸引了来自世界各地的游客，汇聚了多元化的文化、人群和活力。

上海，这座长江边上最年轻的城市，历经百余年的崛起和兴盛，演绎着满目的繁华和时尚，充满了活力和创造力，汇集了中国和世界的精华，展示了中国的现代化和全球化进程。

闲适成都

长江流域还有一座名扬四海、令人神往的城市——天府之国成都。

成都是四川省省会，是重要的科学、文化中心，是西南地区主要的中心城市，也是一座有着悠久历史的文化古城。位于四川盆地西部、成都平原，雄踞四川省中心，东有龙泉山拱卫，西有邛崃山屏障；境内十多条主要河流，岷江、沱江两大水系相织成网，河流纵横，渠堰栉比；属亚热带湿润气候，湿度大，云雾多，日照少，古有"蜀犬吠日"之说。

成都境内气候温和、雨量充沛、土地肥沃，都江堰灌区河网密布，农业生产条件极为优越，是我国著名的农业高产区之一，自古即号称"天府之国"。

3000多年前，成都地区就有原始部落聚居。巴蜀文化可追溯到3700年前的殷商时期。东周末，成都为蜀国辖地。

"一年成聚，两年成邑，三年成都。"据《太平寰宇记》记载，公元前4世纪蜀王开明氏"徙治成都"，成就了这座千古名城，成都城址、城名从此历经2400余年，始终未变。

公元前311年，秦在此置县并由张仪负责筑城，"周回二十里高七丈"，世称张仪城，又因全形似龟，故曰"龟城"。

西汉时，成都与长安、洛阳、邯郸、临淄、宛（今河南南阳）并称全国六大都会，并以物产丰富而著称。东汉时，成都继续保持繁荣并以盛产纺织品、竹木器、盐和铜银制品闻名，是西南地区的贸易中心。

三国时，成都是蜀国都城，蜀锦远销吴、魏，成为蜀国军费的一大来源。东晋时期，成都一度成为成汉政权的都城，并一直拥有非常繁荣的商业。

唐代成都城以繁华闻名天下，"扬一益二"便是最好的注解。成都万里桥一带热闹万分，诗人张籍曾有"万里桥边多酒家，游人爱向谁家宿"的感叹。

唐末王建攻打成都，为提振士气，称成都城内金帛如山，美女如云，一朝攻下，任将士享用。这一招立马奏效，成都城顷刻被破。

五代十国时期，成都受战乱影响较小，富足繁盛，名满天下，与金陵同为全国两大印刷业中心，拥有蚕市、药市等，市场交易活跃。后蜀末代皇帝孟祖号令城内遍植芙蓉，秋日繁艳如锦，故世人又称成都为"蓉城"。

宋代，"蜀人好游乐无时""蜀人游乐不知还"等说法不胫而走。

明清时期，成都号称"名都乐园"，人们生活悠闲，是一个典型的消费城市。清代以湖广为主体的移民进入四川后，形成了现代意义上的川菜，成都成为川菜的核心地区，饮食文化十分发达。

游乐风尚还培养了成都的茶馆文化，成都茶馆之多在全国城市中是罕见的。顿顿吃馆饭，从朝到晚坐茶馆，养成成都人悠闲自得的慢节奏生活，这是成都别具一格的特色。

<u>今日成都，繁华依旧。川菜、川酒、小麻将、农家乐、茶馆，是当地人优哉游哉生活的重要组成部分，颇有往昔灯红酒绿的遗韵。望江楼、合江亭、万里桥、武侯祠，片砖片瓦依然厚重。</u>

作为一座历史文化名城，耀眼的光辉依旧在成都流动。成都市是国务院批复确定的国家重要的高新技术产业基地、商贸物流中心和综合交通枢纽、西部地区重要的中心城市、重要的电子信息产业基地；是成渝地区双城经济圈核心城市，区域经济中心、科技中心、世界文化名城和国际门户枢纽，西南地区的科技中心、商贸中心、金融中心和交通、通信枢纽。截至2021年底，成都共有国家级创新平台130家、国家企业技术中心54家，世界500强企业落户312家。2023年8月，成都成功举办第31届世界大学生夏季运动会。

成都是首批国家历史文化名城、古蜀文明发祥地、中国最佳旅游城市。这里曾是古代蜀国的都城，世界闻名的三星堆遗址见证了这段历史。在这座城市里，可以感受到浓厚的文化氛围，如锦里古街、宽窄巷子等传统街区，以及宏伟的文化建筑，如武侯祠、杜甫草堂等。

除了历史文化，成都还是美食的天堂。川菜闻名全国，成都小吃风味独特。

秀丽春城昆明

昆明，位于云贵高原中部、金沙江支流普渡河上游的滇池湖畔，是金沙江流域最大的城市。

昆明地处滇东高原、滇池盆地之北，海拔1800多米，盆地周围群山环抱。冬季，北部山脉可以抵御南下的冷空气，西部受印度北部大陆暖气流的影响，隆冬腊月仍春光明媚。夏日，因印度洋暖湿气流和季风的影响，保持着春秋季节的凉意。当地人称盆地内的平坦土地为"坝子"，昆明坝子因得天时地利，自古就是富比江南的鱼米之乡。

> 昆明四季如春，一年四时皆有奇花异草争芳斗艳，美色绝伦，被称为"春城""花都"。自然景观优美，文物古迹众多，令人神往。

滇池和西山，山水相映。滇池是长江上游最大的高原湖泊，原本碧波荡漾，但近些年来遭污染，生态环境受到破坏，正在加紧整治中。西山由太华山、华亭山等五座山峦组成，最高的太华山高出滇池水面470米，山峦起伏，远望酷似"睡美人"、"卧佛"，太华寺等掩映在葱绿之中，不是仙境，胜似仙境。

昆明的圆通山、筇竹寺、金殿、黑龙潭、大观楼等名胜古迹，各有特色，各有典故。

整座昆明城，山色深黛，草树葱茏，湖水碧透，百花艳丽。云南的三大名花茶花、杜鹃、报春花，随处可见，四时不衰。

昆明，是长江家族中深藏闺房的秀女，时时细雨蒙蒙，似蒙上神秘面纱。

昆明地处中国—东盟自由贸易区、澜湄合作区域、泛珠三角经济圈交会点，是中国面向南亚东南亚乃至中东、南欧、非洲的前沿和重要门户，具有"东连黔桂通沿海，北经川渝进中原，南下越老达泰柬，西接缅甸连印巴"的独特区位优势。

昆明一景

昆明是著名的历史文化名城。"昆明"一词作为地名，在唐代以前很难稽考。关于"昆明"一词的起源，有多种说法，大多数学者认为，"昆明"最初是中国西南地区一个古代民族的族称。"昆明"在中国古代文献中写作"昆"、"昆弥"、"昆淋"，"昆明"一词见诸文献记载可追溯到汉武帝时期。当时的著名史学家司马迁在《史记·西南夷列传》中写道："西自同师（今保山）以东，北至叶榆，名为嶲、昆明，皆编发，随畜迁徙，毋常处，毋君长，地方可数千里。"由此可见，"昆明"一词是古代云南一个少数民族的族称。

"昆明"作为地名出现，是在唐代。"武德二年，于镇置昆明县，盖南接昆明之地，因此为名。"按此处置昆明县，非今之昆明，乃四川定笮镇（今盐源县境）。此处，昆明仍指昆明族，盖汉唐以前，昆明族大部定居云南西部地区。直到南诏、大理国时期，乌蛮、白蛮兴起，昆明族居住的地方被乌蛮、白蛮据有，昆明族才东迁滇中，聚居于滇池周围。宋宝祐二年（1254），元灭大理，在鄯阐设"昆明千户所"，"昆明"始作为地名出现，延续至今。

昆明是一个多民族汇集的城市，世居 26 个民族，形成聚居村或混居村街的有汉、彝、回、白、苗、哈尼、壮、傣、傈僳等民族。在长期的生产生活中，各民族既相互影响、融会贯通，又保持各自的民族传统，延续着许多独特的生活方式、民俗习惯和文化艺术。生活在昆明地区的各民族同胞热情好客，能歌善舞，民风淳朴，无论是待人接物的礼仪、风味独特的饮食、绚丽多彩的服饰，还是风格各异的民居建筑、妙趣横生的婚嫁，都能使人感受到鲜明的民族特色。

在众多的民族节日中，彝族的"火把节"，白族的"三月街""绕三灵"，傣族的"泼水节"，苗族的"踩花山"，傈僳族的"刀杆节"等久负盛名，节日活动丰富多彩。每逢节日，各民族群众都会穿上手工刺绣、染制的民族盛装，从四面八方会聚到一起，举行摔跤、斗牛、对歌等活动。按照岁时节令，阴历三月初三的西山调子盛会、正月初九的金殿踏春、九九重阳的螺峰登高、中秋之夜的大观赏月等许多习俗在民间十分流行。

昆明地方文艺种类繁多，滇剧、花灯戏、民歌小调及少数民族剧种、民间叙事长诗、民间传说等，历经数百年的发展和传诵，为广大人民群众所喜闻乐见。

長江傳

下篇

新的纪元　巨川安澜

复兴地标　共抓保护

南水北上　巨龙腾飞

新的纪元

长江洪水，中华民族的心腹之患

长江是一条不羁的河流。不论远古传说还是洪痕遗存，都证明长江流域曾无数次遭洪水肆虐，动辄数十万顷良田尽成泽国，数百万生灵流离失所。

在我国常见的十多种自然灾害中，洪灾发生之频繁、影响范围之广、造成损失之大，均居前列。因此，江河防洪古往今来都是关系人民安危和国家盛衰的大事。

长江流域幅员辽阔，洪灾频繁而严重，特别是中下游平原区，受洪水威胁更为严重。

长江洪水与洪灾发生的记述，可追溯至远古时期。

传说早在尧舜时，神州大地就曾发生过全国性的洪水。孟子说："当尧之时，洪水泛滥于天下……"大禹受命平治水土，疏导江河，足迹到过长江流域。

长江的洪灾最早见于文字记载是在汉代。

《汉书·高后记》记载，汉高后吕雉三年（前185年），"夏，江水、汉水溢，流民四千余家"。五年后（前180年），"夏，江水、汉水溢，流万余家"。

据史料记载，从前206年（西汉）至1911年（清末）的2117年间，长江共发生洪灾214次，平均约10年一次，其中，唐代平均18年一次，宋、元时期平均5年一次，明、清时期平均4年一次。19世纪连续发生了1860年、1870年两次特大洪水。

长江是一条典型的雨洪河流。长江洪水由大面积暴雨或长时间降雨形成。长江流域暴雨的范围和出现的时间有一定的规律。

一般情况是：5月份雨带主要分布在湘赣水系及乌江；6月中旬至7月中旬雨带徘徊于干流两岸，中下游进入梅雨季节；7月中旬至8月中旬移至四川和汉江，长江中下游进入大汛；8月下旬北移至黄淮；9—10月份南旋回至长江中上游，长江出现秋汛。

但有的年份也出现某些雨带范围及发生时间的变异，使干支流洪水出现不同于一般的遭遇情况。由于雨带及其强度和遭遇情况的不同，出现不同类型的洪水和不同地区、不同程度的洪灾。

20世纪90年代以来，长江中下游大水频繁，1995—1999年，除1997年外，其余4年均发生洪灾。其中1998年、1999年连续出现历史上罕见的高洪水位现象。1998年洪水属全流域性的大水，1999年洪水属区域性洪水。纵观洪水频繁的原因，一是气候因素，长江出现了时间长度不等的连续大水期或连续小水期，暴雨洪水呈现出不规则的同期性变化，"天有不测风云"；二是洪水流量大小、水位高低受地表和河槽情况的影响，人与水争地，江湖的调蓄能力减弱；三是随着社会经济文化的发展，人们抵御洪水的能力愈来愈强，不同时代对灾害的承受力和损失并不相同。从1999年中下游的洪水来看，堤防的加高加固成效明显。

由于暴雨分布面积广阔，长江干流两岸及上中下游支流两岸较低的平原地区都是洪水威胁的地区。

长江流域除金沙江的中上游、雅砻江上游、大渡河及岷江上游约40万平方千米地区基本无暴雨外，其他广大地区均有暴雨发生。

日降水量大于 50 毫米的降雨为暴雨，大于 100 毫米的为大暴雨，大于 200 毫米的为特大暴雨。通常以多年平均年暴雨日数表示某一地区暴雨的多寡。

长江流域多年平均年暴雨日数在 5 日以上的多暴雨区有五处。

江西暴雨区。主要位于江西东北部至安徽黄山一带，是长江流域范围最大的暴雨区。该区域有两个暴雨中心：一为黄山，多年平均暴雨日数达 8.9 天，1973 年曾出现过 17 天暴雨；另一个为幕阜山地，即鄂东南、赣西北及湘东北交界处，年平均暴雨日数多在 6 天以上。暴雨主要集中在 5—7 月。

川西暴雨区。主要位于四川盆地向川西高原的过渡地带，是长江流域第二大暴雨区，从雅安、峨眉到涪江上游的北川、安县一带。该区域有两个暴雨中心区：一个位于峨眉山到雅安一带，多年平均暴雨日数为 6.7 天。该区域在 1938 年曾出现日雨量最大 565 毫米的纪录。由于降雨连绵不断，故有"雅安天漏""西蜀天漏"之称。该地区多年平均降雨日数为 219～264 天，为我国雨日最多之处。另一个暴雨中心位于北川、安县一带，多年平均暴雨日数为 6.9 天。安县曾出现过 24 小时 577.5 毫米的特大暴雨。暴雨主要出现在 7—8 月。

湘西、鄂西南暴雨区。主要位于长江支流清江流域至洞庭湖水系澧水上中游一带，处于云贵高原东缘向东部平原的过渡地带，是长江流域第三大暴雨区。有两处多暴雨地区：一处位于澧水上游至清江下游五峰一带，另一处位于清江北岸巫山山脉南坡的湖北建始一带。暴雨主要集中在 5—7 月。

大巴山暴雨区。位于大巴山南坡四川万源至巫溪一带。该区秋季暴雨显著。巫溪曾出现过 12 天暴雨，万源 1974 年 9 月出现过 24 小时雨量 450 毫米。暴雨多发生在 7—9 月。

大别山暴雨区。1969 年该区某站曾出现 17 天暴雨。该区的安徽潜山某站曾出现 4 天雨量 1120.9 毫米，在长江流域属罕见。

这五处多暴雨区中，有两处在长江上游北岸，是宜昌以上地区雨洪的主要来源。

大暴雨和特大暴雨的分布与暴雨的分布大致相似，但频率次数明显减少。

特大暴雨主要出现在上述多暴雨区的中心地带，平均5年出现一次。

其他非多雨区也时常有暴雨出现。

近百年来发生的著名暴雨有1870年、1931年、1935年、1954年、1981年、1983年、1998年的几次暴雨。除1870年外，其余几次暴雨的目击者多健在，暴雨强度之烈，用"天漏"不足以形容。

长江流域受洪水侵害是历史的事实，也是中华民族的心腹之患。

水患频仍，百姓难安，长江两岸人民世世代代期盼不受洪灾侵害。

长江新生

1949年夏天解放大军南下时，长江流域发生了大洪水，长江中下游若干地段的堤防溃决成灾，饿殍遍野。

长江，给即将诞生的新中国敲响了防洪的警钟。

由于长江的防洪具有全局性，1949年11月，新中国成立不久，水利部即提出组织流域性的水利机构，目的是统筹规划各重要水道的水利事业，使每个重要水系的上下游，干支流对于防患兴利能够互相照顾。

1950年2月，一个专司长江规划与治理的机构——长江水利委员会在武汉正式成立。

长江委一成立就面临数千千米堤防残破不堪、大量堤防溃口、江河湖泊洪水肆虐的严峻局面。受洪水威胁最严重的首推荆江河段。全长182千米的荆江大堤是江汉平原几百万人口、几百万亩耕地的防洪屏障，一旦溃决，可能造成长江改道，冲毁武汉市，有可能打乱整个国家的经济布局。

长江委提出修建荆江分洪工程的设想，即在南岸开辟分洪区，在荆堤危急时实行分洪旁泄，降低上荆江水位，保障大堤安全。

1950年下半年毛泽东主席同意兴建荆江分洪工程。1951年，周恩来作为政务院总理，正式批准兴建荆江分洪工程。1951年国庆期间，毛泽东得知荆

毛泽东主席亲自题写锦旗

军民奋战在荆江分洪工程工地

北闸——荆江分洪工程进洪闸

南闸——荆江分洪工程节制闸

江分洪工程还未动工，批评了有关部门。历来湘鄂两省对荆江与洞庭湖治理问题的意见就有分歧，对荆江分洪工程也如此。周恩来总理明察秋毫，胸怀全局，实事求是地作出要使江湖都对人民有利的决策和部署。

荆江分洪工程勘测、设计、科研仅用了一年时间。1952年4月5日开工，6月20日全部完工，仅用了75天。

施工期间，毛泽东和周恩来派水利部部长傅作义把由他们亲笔题词的两面锦旗送到工地，关怀与鼓励30万建设大军。毛泽东的题词是："为广大人民的利益，争取荆江分洪工程的胜利！"周恩来的题词是："要使江湖都对人民有利。"

当时，抗美援朝正在进行，百废待兴。在财政相当艰难的情况下，下决心建这么大的工程，需要魄力，需要远见卓识。

荆江分洪工程建成后，在1954年长江大水时大显身手，功盖天下。

1954年，长江流域发生了20世纪最大的一次全流域型洪水，各地外洪内涝，堤防溃决，灾情严重。根据长江委水文部门提供的准确的洪水预报，荆江分洪工程三次启用，降低沙市水位近1米，避免荆江大堤发生严重决口的毁灭性灾害，并为荆江河段以下长江沿岸城乡防洪创造有利条件，为战胜1954年洪水作出了重要贡献。

1954年长江大水的灾害仍然相当严重，虽然保住了荆江大堤、洞庭湖重点堤垸等，但由于洪水持续时间长、峰高量大，仍造成了巨大的洪灾损失。

汉江是长江最大的支流，汉江中下游的洪涝灾害也十分严重。民谚说："沙湖沔阳洲，十年九不收"，"有了一季熟，狗不吃糯米粥"。前两句讲的是灾害之严重，后两句说的是只要有收成，就十分富饶。

为此，毛泽东题词："庆贺武汉人民战胜了1954年的洪水，还要准备战胜今后可能发生的同样严重的洪水。"

1954年9月，周恩来在第一届全国人民代表大会第一次会议上作政府工作报告时指出："今后必须积极从流域规划入手，采取治标治本结合、防洪排涝并重的方针，继续治理危害严重的河流。"

1954年后，中央确定加速长江的治理开发，并立即组织制定长江流域规划。

描绘长江蓝图

规划是一切事业的龙头。

治理长江，目的是除害兴利，工作对象是干支流庞大复杂的水系，涉及的问题广且深，需要制定一个统筹全局又切实可行的长江流域综合规划。

> 党中央明确指出当时水利工作的中心任务：一是恢复、整修和加固原有防洪、灌溉、排水设施，并兴办少量投资少、见效快的群众性骨干工程；二是从速研究制订治本计划，并积极为此搜集流域的自然、社会、经济等基本资料；三是建立健全水利机构体系，成立长江水利委员会，各省（区、市）也先后设立水利、水电厅（局）。

在总结古代治江经验和近代各种治江主张的基础上，根据对长江特点的分析，1951年12月26日，长江委向中央报送《治江计划简要报告》，提出以防洪为重点的"治江三阶段"战略计划：第一步以加强堤防防御能力的办法，挡住1949年或1931年的实有水位；第二步以中游为重点的以蓄洪垦殖为主的办法蓄纳1949年或1931年的决口水量，达到一个可能防护的紧张水位；第三步则以山谷水库拦洪的办法从根治个别支流开始，达到最后降低长江水位为安全水位的目的。

这个方案得到中央领导认可。

1952年，政务院提出水利建设的总方向：由局部转向流域规划，由临时性的转向永久性的工程，由消极的除害转向积极的兴利。

按此方针，长江委在以往工作的基础上对治江方案进行了细化，于1953

年6月19日向中央提交《关于治理长江计划基本方案的报告》，对治江三阶段战略计划作了进一步描述：第一阶段培修加固堤防，适当扩大长江中下游安全泄量；第二阶段堤防结合运用蓄洪垦殖区，蓄纳超过河道安全泄量的超额洪水；第三阶段兴建山谷水库拦洪，达到最后降低长江水位为安全水位的目的。

由于长江流域面积广大，各地经济发展很不平衡，治理开发的迫切性也有很大差别，加之各地已有资料的情况也有较大差异，对全流域均进行详细规划研究需要耗费较长的时日。因此，苏联专家建议先编制一个《长江流域综合利用规划要点报告》（以下简称《要点报告》），以适应比较紧迫的需要，而把资料不足地区的规划和部分一时难以弄清的问题暂时搁置。苏联专家的这一建议得到采纳。

1955年10月起到年底，由国家有关部门负责同志、技术人员及苏联专家组成的"长江查勘团"140多人赶赴四川、贵州两省，对长江上游干支流重要河段进行了大规模的综合查勘，考察了三峡及一批干支流坝址，并征求地方政府意见。

<u>从1955年10月至1956年6月，中苏专家对长江干流和嘉陵江、汉江、湘江、桂江、沅江、赣江，以及下游的太湖、青弋江、水阳江、巢湖、皖河诸流域进行了峡谷坝址、湘桂运河与引江济淮济黄、灌溉为目标的广泛查勘。</u>

长江委将三峡水利枢纽的方案研究成果及干流水库方案的比较情况，于1956年8月写成《长江流域综合利用第一期工程方案选择初步报告》，上报水利部并转呈国务院。

根据这一报告，1958年3月，中央成都会议作出《关于三峡水利枢纽和长江流域规划的意见》的正式决议。

这一决议是指导长江流域规划和三峡工程建设的重要文献。

1959年，我国进入"二五"计划，全国掀起了大规模经济建设的高潮。在长江的治理开发方面，开展了水利枢纽建设和防洪、排涝、灌溉等水利建设。

地图上从此有了丹江口

荆江分洪工程及随后不久兴建的杜家台分洪工程取得了平原建大闸的经验。

丹江口水利枢纽面临峡谷建库的考验。

丹江口水利枢纽是汉江治理开发中的关键性工程，其地理位置相当于三峡水利枢纽在长江干流上的关键性位置。

<u>汉江是长江最大的支流，汉江径流分布极不平均，上游水量大、来势猛，至下游则河槽愈下愈窄，宣泄能力弱，又受长江水位的顶托，遇暴雨年份极易形成洪水灾害。汉江洪水引发的灾情，历来为长江八大支流洪灾之最</u>，一旦发生特大洪水，富饶的江汉平原即陷入灭顶之灾，即使一般洪水也常常造成破堤决口。

历代以来，特别是明清以后，汉江洪灾频仍，给两岸人民带去了巨大的创伤。历史上多次堵口复堤，均未能解决汉江中下游"三年两溃""十年九灾"之局面。1935年7月的汉江特大洪水，遥堤决口，光化（今湖北老河口市）至武汉16个县、市一片汪洋，除淹没江汉平原良田670万亩外，还在一夜之间夺去8万多人的生命，致使汉口城区半年浸泡在洪水之中，受灾人口达370万，震惊中外。

一首当时在民间广为流传的歌谣，可谓是昔日汉江水患灾难史的真实写照：

汉江洪水浪滔天，十年就有九年淹；卖掉儿郎换把米，卖掉妮子好交捐；打死黄牛饿死狗，身背包袱走天边。

1958年9月1日，丹江口工程开工典礼，湖北省、河南省及有关专署的负责同志和参加施工的职工、民工共5000多人参加

1959年3月5日，大围堰施工全貌

1964年底，国务院同意丹江口水利枢纽工程建设新方案，工程复工，进入机械化施工阶段，图为大坝在浇筑混凝土

丹江口水利枢纽工程

　　近代著名水利专家李仪祉曾经指出："汉江之为灾，多于长江。治江必先治汉，汉不治则江不治，殆定论也。"足见汉江洪水灾害已到非治不可的地步。

　　此后，一些中外专家利用现代化科学技术，收集汉江流域的基本资料，研究汉江治理开发方案，纷纷提出治理开发意见。

　　新中国成立后，汉江治理开发进入新的历史时期。

　　丹江口是丹江汇入汉江之处，又是汉江上游山区转向中游丘陵地带的咽喉之地，这里地理位置良好，地质条件优越，此处筑坝可获得较大的有效库容调节洪水，并进行综合利用。

　　1958年9月1日，凤凰山黄土岭上一声炮响，震撼了亿万年来恣意流淌的汉江，丹江口水利枢纽工程正式开工建设。

　　10万民工三班倒，一个班12个小时，你追我赶。上工时敲锣打鼓，白天到处是广播声、号子声，晚上篝火通明，昼夜不停工，"十万大军战丹江，红旗飘飘遍山岗，满坡遍沟芦席棚，风餐露宿歌声扬"。

从1958年11月5日下水填土，到12月25日右岸围堰顺利截流合龙，建设者们以愚公移山的气魄与毅力，只用了50天时间，硬是将右岸的黄土岭"移"进了滔滔汉江，在平均水深6米的河床上，筑起了400米宽、1320米长的围堰。

1959年的汉江春汛来得有些早、有些大，但经过加高培厚的围堰经受住了考验。5月1日，右岸一期围堰工程顺利完工，左岸二期围堰工程开始建设。

1959年7月18日，工程指挥部发出了"腰斩汉江、今冬截流"的号召。10万截流大军大干快上。12月26日，完成工程截流。

丹江口工程进入浇筑大坝阶段，施工强度和难度均有所增大。

1962年3月，丹江口主体工程暂停施工，直到1964年底，才开始重新施工。

1963年，汉江发生了约10年一遇的洪水，中下游防洪形势一度紧张，除杜家台工程分洪外，各地民垸主动扒口，淹没了50万亩良田才保住汉江遥堤。

1965年8月，国务院批准了丹江口工程防洪结合发电的方案，丹江口工程正式复工。

复工后一直进展顺利，于1967年下闸蓄水，1968年10月实现首台机组发电，1973年全面建成。

丹江口大坝全长2494米，由河床混凝土坝和左右岸土石坝组成，最大坝高97米，坝顶高162米。其中左岸土石坝长1223米、右岸土石坝长130米。大坝的建成在汉江丹江口水库回水线沿河道长度形成了177千米长的水库，在丹江形成80千米长的水库，两库相连相通，共同托举起一座浩瀚的人工湖泊。在2013年丹江口大坝加高后，水库的水域面积可达1022多平方千米，蓄水量达290多亿立方米，被称为汉江的水位调节器，有着"亚洲天池"之美誉。

丹江口大坝的建成，实现了千百年来中国人变水害为水利的梦想，被周恩来誉为全国唯一"五利俱全"（防洪、发电、灌溉、航运、养殖）的水利工程。

半个世纪以来，工程运行平稳，效益显著，基本解除了汉江洪水对中下游地区的威胁，为鄂豫两省工农业生产提供了廉价电力，改善了1000多千米汉江航道，灌溉大量良田，作为南水北调中线水源地已经向华北地区供水，发挥出巨大的经济效益和社会效益。

2020年汛期，在长江遭遇超1998年大洪水的最严峻时刻，丹江口水利枢纽及时调减下泄流量，配合拦蓄洪量6.3亿立方米，有效降低汉江中下游河道水位，为降低荆州长湖水位、减轻长江防洪压力，发挥了巨大作用。

万里长江第一坝

一条大江，山光水色。从雪山走来的长江，在三峡走过了最为旖旎壮美的一段历程，浩荡东去，万古奔流。

1970年冬天，毛泽东主席批示"赞成兴建此坝"。一声号令，十几万建设大军满怀豪情齐聚西陵峡口，攻坚克难建成了葛洲坝水利枢纽，完成了人类历史上第一次截断长江的壮举。

从此，万里长江第一坝与万里长江第一山水画廊，在葛洲坝交相辉映。

葛洲坝工程是20世纪七八十年代中国人用自己的力量在万里长江上修建的第一座宏伟水利枢纽。工程坐落于三峡出口南津关下游2.3千米处，距上游三峡水利枢纽三斗坪坝址约38千米。之前，坝址处的葛洲坝、西坝两个小岛把长江自右向左分为大江、二江、

毛泽东主席关于兴建葛洲坝工程的批示

三江。巨龙般的葛洲坝工程就是从西坝的上端和葛洲坝的中部横跨三江的。

雄伟的大坝全长2606.5米，坝顶高程70米，最大坝高53.8米，总库容15.8亿立方米。枢纽主体建筑物包括：一座巨型泄水闸（27孔）、二座冲沙闸（15孔），可宣泄11万立方米每秒的洪水；两座低水头径流电站，共装机21台（大江14台机组、二江7台机组），总容量271.5万千瓦；二条航线、三座单级船闸（大江1座、三江2座）和一道防淤堤。

葛洲坝水利枢纽兴建，离不开三峡工程。当初，它是作为三峡工程的反调

葛洲坝工程大江截流

节枢纽而设计的。

历史常常开人类的玩笑，葛洲坝工程最终建于三峡工程之前，与设想的步骤相反。

1981年1月3日7时30分，葛洲坝大江截流工程开始。1月4日19时52分，运载卡车抛投最后一车石料，大江截流顺利完成，原计划7天，结果只用36小时就实现了壮举。

大江截流后，葛洲坝一期工程进入收获和收尾期。1981年7月11日，葛洲坝二江电站1号17万千瓦发电机组首次开机，7月30日正式并网运行。这台完全由我国设计、制造、安装的发电机组，转轮直径达11.3米，至今依然是世界上尺寸最大轴流转桨式机组，被誉为世界卡普兰式水轮机的里程碑。

葛洲坝二期工程从1982年初全面展开，兴建了大江电厂、一号船闸、大江冲沙闸等，1985年底基本建成，1986年上半年开始发电、通航。1988年底，葛洲坝水利枢纽工程全部建成，比合同规定时间提前一年竣工。

1989年1月3日，新华社报道：长江葛洲坝水利枢纽工程宣告建成，这是我国最大的水利工程。

这项伟大的水利工程，历经整整18个春秋，终于完建。

一个时代有一个时代的标记。

葛洲坝作为我国水利工程建设的里程碑，在20世纪80年代享誉世界，被外媒誉为"中国的新长城"。

巍巍江堤，水上长城

堤防是长江流域最古老、最基本的防洪设施。

长江堤防建设始于城堤的修筑。经考古工作者考证，湖北省武汉市黄陂区境内的盘龙城建于3500年前的商代，该城城址一面临盘龙湖，一面临河，当时修筑的城堤具有防水御敌的双重作用。

"堤防之设，始自楚相孙叔敖"，表明长江流域春秋时期就已筑堤防洪。唐宋以后，全国经济重心南移，围地垦殖的进程加速，圩堤、江堤出现并陆续发展。荆江大堤至宋朝基本形成雏形，明代连成一线，有"始于晋、拓于宋、成于明"之说。其他长江干堤经历宋、元、明、清、民国初年等年代逐步形成。洞庭湖区和鄱阳湖区也在明清期间大量筑堤围垸。

历经 2000 多年的延续，长江流域逐渐形成完善的堤防系统。然而，由于这些堤防都是历代逐渐加高培厚、连接而成，筑堤都是就地取材，堤基也未进行有效处理，存在标准不一、质量参差等问题，整体防洪能力较低。

新中国成立后，根据"治江三阶段"计划，长江委与沿江各地开展了联圩并垸、缩短堤线等工作，并加培、加固和新建了若干堤防。1949 年至 1954 年，以防御 1931 年或 1949 年实际洪水位为标准，以复堤加固为主，全面整修干流堤防。1954 年特大洪水后至 1971 年，长江中下游干流以 1954 年实测最高洪水位为设计防御标准，全线加培堤防，并全面整顿堤垸系统。

1972 年和 1980 年，水利电力部主持召开了两次长江中下游防洪座谈会，对长江中下游防洪方案作了局部调整，提出"近期防洪建设以继续加高加固堤防和建设分蓄洪区为主，将中下游堤防防御水位按 1954 年实际最高水位提高 0.5 米左右"。1980 年的防洪座谈会，还确定由中央投资或补助，开展荆江大堤、武汉市堤防、洞庭湖重点圩堤、无为大堤、同马大堤、鄱阳湖圩堤加固等湘鄂赣皖 4 省 18 项重点防洪工程建设，掀起了新一轮的堤防工程建设高潮。

挑大堤，是这一时期沿江老百姓每年必修的"功课"。所谓"挑大堤"，就是每年冬春农闲时节的堤防岁修，通过人工挑来土石，加高培厚碾实堤身，以防范抗御夏秋汛期洪水的冲刷。

20 世纪 80 年代，第二次长江中下游防洪座谈会后，国家投资对重点堤防进行整修加固，全面提升了中下游干堤和两湖圩堤的防洪标准，大堤建得越来越雄伟结实，并在随后的历次大洪水中发挥了重要作用。而挑大堤也逐渐退出历史舞台，成为一代人记忆中的往事。

1998 年和 1999 年长江流域连续两年发生大洪水，党中央、国务院高度重视长江中下游防洪体系建设，大幅增加了对长江防洪工程建设的资金投入。

长江中下游再次掀起了堤防建设的新高潮。

在这轮堤防建设中，国家先后投入282亿元，这个投资规模相当于1998年之前近50年长江堤防建设投入总和的10倍。

如此规模，在我国水利史上是空前的。

经过近5年的大规模建设，到2004年底，包括长江重要堤防隐蔽工程建设在内的长江干堤加固项目已基本完成，大堤普遍加高1.5～2米，堤身加宽4米左右，中下游堤防面貌发生了翻天覆地的变化。

据2013年发布的第一次全国水利普查公报，长江流域已形成总长约6.4万千米的堤防体系，其中长江中下游干流约3900千米堤防全部达到规划标准，荆江河段、城陵矶河段、武汉河段、湖口河段依靠堤防分别可防御10年一遇、10～20年一遇、20～30年一遇及20年一遇洪水。

巍巍江堤，坐镇大江两岸，犹如水上长城，牢牢锁住滔滔江水，与三峡工程一道，守卫着长江安澜，使沿江人民摆脱了洪水威胁，极大地减少了沿江各省市对防洪抢险的人力、物力和财力投入，解放了生产力，全面促进了地方经济社会发展。

水库，拦洪补枯

除堤防外，长江防洪体系中重要的工程措施还有防洪水库和蓄滞洪区。

长江流域内有记述的水库防洪工程，始于东汉熹平二年（173年）在太湖水系东苕溪上兴建的南湖工程，该水库水面面积约10平方千米，库容数千万立方米，主要作用为削减苕溪洪峰，减轻余杭及杭州地区洪水威胁。西晋惠帝末年（304—306年），在丹阳西北修筑的练湖是比南湖更大的平原水库，主要用于滞洪、灌溉和漕运。

这些古人智慧的杰作，最终湮没于历史长河。

今天我们在长江流域看到的水库，主要是新中国成立后陆续兴建的。

长江上最为人熟知的防洪水库自然是大名鼎鼎的三峡水库。目前，以三峡水库为首的重要大型防洪水库总防洪库容达 627 亿立方米。其中，三峡水库防洪库容 221.5 亿立方米，分为对城陵矶地区进行防洪补偿调度库容、对荆江河段进行防洪补偿调度库容和防御特大洪水的库容三部分。长江上游金沙江干流梨园、阿海、金安桥、龙开口、鲁地拉、观音岩、溪洛渡、向家坝，雅砻江锦屏一级、二滩，岷江紫坪铺、瀑布沟，嘉陵江碧口、宝珠寺、亭子口、草街，乌江构皮滩、思林、沙沱、彭水等重要水库除承担所在河流的防洪任务外，还配合三峡水库承担长江中下游防洪任务；中下游主要支流上的丹江口、水布垭、隔河岩、漳河、五强溪、柘溪、江垭、皂市、万安、峡江、柘林、廖坊等重要水库除承担所在河流的防洪任务外，还配合减轻长江干流的防洪压力。

针对防洪标准低、坝体坝基等存在隐患的病险水库，国家于 1986 年和 1992 年分两批对 20 座大型重点病险水库进行除险加固。1998 年长江大洪水后，根据《全国病险水库、水闸除险加固专项报告》，又补充了 53 座大型、215 座重点中型病险水库列入加固项目。2008 年，国务院批准了《全国病险水库除险加固专项规划》，长江流域 5000 余座大中型和重点小型病险水库列入专项规划进行除险加固。

让病险水库"新生"、承担起防洪重任，让水库下游的老百姓都能"睡个安稳觉"，这就是病险水库除险加固带来的实实在在的民生效益。

据统计，1998 年以来，长江流域共完成 99 座大型水库、930 座中型水库和大量小型病险水库的除险加固。这些水库"强筋壮骨"之后，大坝坝体防渗性能和坝坡抗滑稳定性普遍得到提高，输水管、溢洪道安全状况得到明显改善，防汛道路、通信、水雨情测报等基础设施较为齐备，消除了防洪隐患，保障了水库功能有效发挥。

在大规模兴建水库的同时，为了蓄纳可能出现的超额洪量，根据防洪需要，长江中下游干流还规划了 42 处蓄滞洪区，其中重点蓄滞洪区 1 处、重要蓄滞洪区 12 处、一般蓄滞洪区 13 处、蓄滞洪保留区 16 处，总面积约为 1.2 万平方千米，有效蓄洪容积为 589.7 亿立方米，加上支流滁河流域安排的 4 处蓄滞洪区，总蓄洪容积 591 亿立方米。

黄金水道，扬帆起航

远古肇始，先民刳木为舟，击水中流，开启了长江航运造福华夏的序章。

"南船北马"是我国古代交通运输两大方式，而承东启西、接南纳北的长江堪称国家交通大动脉。

新中国成立后，为了让长江"黄金水道"释放出更大的黄金效益，开展了大规模的干支流航道整治工程。

中游主要是整治被称为"瓶子口"的航道瓶颈。这个瓶颈位于上下荆江交界处的藕池口，因为受到上游周公堤水道的直接影响，所以被称为周天河段。1958年初，长江航道部门采纳了苏联专家舒里平的建议，修建整治建筑物来调节水流，冲刷槽口，整治天兴洲。到了1959年3月，整治工程基本上达到了迫使水流冲刷主航道的预期目标。在1959—1960年的长江枯水期，航道水深达到了3.1米，宽度为120米，比整治前不足3米的历史纪录有了很大提高。

下游的江段则因为江宽水阔，航道整治主要是清除障碍。从20世纪50年代开始，航道部门对马当、东流、江阴等江段进行了大量的勘察、测绘、探摸打捞爆破等工作。在1955—1957年间，对马当沉船进行了部分清除与打捞；到了1964年，再次清理清除了碍航沉船9艘，使航槽拓宽到140米，水深达到了4米以上，从而改善了通航状况。东流水道位于安庆至吉阳矶之间，水雷是这里的重大隐患。1950年，海军组织力量清除了水雷。而在1956年，南京航道工程区曾尝试清除东流水道东港的水下布雷，但没有成功。1958年11月，上海打捞工程局开始打捞治理江阴一段航道沉潜物。经过近10年的施工，打捞了各种船舰30艘，使航道宽度由390米拓宽到800米，水深达到了10.15～12.8米，航道的航行条件得到了根本性的改善。

"掌控长江口，突破拦门沙"，这是数代中国人的梦想。自1958年起，

长江堤防

大批的专家和学者对长江口进行了大规模的观测和试验,对其进行了系统的研究。在20世纪70—80年代,尽管交通运输部门努力治理长江口航道,但效果并不理想。

1992年,"长江口拦门沙航道演变规律研究"被列为国家"八五"科技攻关项目,并取得了重大突破。基本上掌握了长江口的水沙运动特点和河床演变规律,论证了选择南港北槽作为深水航道先期整治开发的可行性,提出了整治与疏浚相结合的工程治理总体方案。这为实施新中国成立以来规模最大、技术最复杂的巨型河口治理工程奠定了坚实的技术基础。

然而,由于1999年的洪水携带了大量泥沙,长江全线尤其是中下游河床发生了巨大变化,航道遭到严重破坏。面对这一严峻局面,航道局提出了对14个重点河段和浅滩进行应急治理。国家计委和交通部对此高度重视,决定投资2亿元实施清淤应急工程,并在2000年底至2003年初的两届枯水期内完成了该工程。长航局采用了先进的结构形式和建筑材料,并通过精心组织和科学管理,使工程按时完工。这缓解了航道维护面临的严峻局面,并为重点浅滩的系统整治奠定了基础。

2001年5月18日，长江口深水航道治理一期工程完工并通过了交通部的验收，长江口航道水深由7米提高到了8.5米。接着，在2002年4月，长江口深水航道治理二期工程开工，并在2005年5月完工，水深进一步提高到了10.5米。在工程治理前，"拦门沙"滩顶水深仅为5.5~6米，5万吨级以上的船舶难以通过。然而，在8.5米水深航道开通后，平均每天有3~4艘次船舶通过。而在10.5米水深航道开通后，平均每天通过的船舶达到了13艘次。到了2004年，上海港的货物吞吐量达到了惊人的3.8亿吨，跃居世界第二位。同年11月21日，交通部宣布长江口深水航道治理二期工程及10.5米深水航道向上延伸至南京的工程竣工。这意味着5万吨级的海轮可以在特定的潮汐条件下通航，3万吨级的海轮则可以通达南京。

　　2003年6月，三峡库区的水位攀升至135米，三峡船闸开始试通航，使得库区的通航条件得到了全面的改善：航道拓宽，水深大幅提高，水流变得平缓，碍航的险滩基本消失。万吨级的船队可以畅通无阻，库区的航运量也因此跳跃式增长。到了2005年底，货运量、周转量、港口吞吐量连年大幅攀升，船舶的平均吨位更是跃居全国内河第一。

　　与此同时，三峡库区的淹没复建工程也在顺利进行。库尾的娄溪沟至铜锣峡的炸礁工程已经完成，海事、通信等支持保障系统的复建项目也基本完成并开始试运行。涪陵、万州、巴东、宜昌等港口的客、货港区也在加快建设，部分项目已经开始简易投产。

　　三峡工程蓄水至175米水位后，库区通航条件大为改善，万吨级船队可直达重庆主城港区。Ⅲ级航道由重庆上延至宜宾，实现全线夜航。

　　截至2020年底，长江经济带11个省（自治区、直辖市）内河航道里程达9.22万千米，基本形成以长江干线为主轴，以京杭大运河、长江三角洲高等级航道网和岷江、嘉陵江等支流高等级航道为主体，干支衔接，通江达海的航道网络体系。

　　奔腾的长江黄金水道，再启新程。

复兴地标

深秋时节，三峡水库水位上升至175米标识线，长江三峡段迎来婀娜多姿的平湖时光。

平湖之上，水天一色，流光溢彩，江清岸洁，百鸟翱翔。

从提出设想到科学论证，再到正式开工和建成运行，三峡工程已经悄然走过了百年岁月。2020年11月1日，三峡工程迎来了其百年逐梦历程中的高光时刻：完成竣工验收！

这是几代中国人梦寐以求的时刻，中华民族追寻了百年的"三峡梦"终于画上圆满句号。

"神女应无恙，当惊世界殊。"今天，屹然矗立在西陵峡口的三峡工程，已在防洪、发电、航运、补水、生态等各个方面发挥巨大综合效益，成为长江上最醒目的新地标，成为中华民族伟大复兴的重要标志。

巍巍大坝，国之重器；巍巍大坝，复兴地标。

旧中国"三峡梦"折戟沉沙

在长江三峡建坝的设想，肇始于中国民主革命的伟大先行者孙中山先生。

投身革命、立志振兴中华以来，孙中山夙兴夜寐地在谋划着，为当时积贫积弱的中国，寻找一条迅速通往现代化强国的道路。

辛亥革命推翻清政府，结束中国两千多年的帝制后，各路军阀趁机登场，"城头变幻大王旗"。面对新的乱局，孙中山试图走"实业救国"之路。1918年11月，孙中山在上海的寓所里用英文撰写了"The International Development of China"（《国际共同发展中国实业计划》），意在引起国际实业界的响应。

1919年6月，文章在上海英文报纸 Far Eastern Review（《远东时报》）发表。两个月后，朱执信、廖仲恺等追随者将文章翻译成中文，在《建设》杂志上陆续发表。文中提出在长江三峡河段修建闸坝，改善航运、发展水力发电。这是兴建三峡工程设想最早的中文文献记载。

孙中山的设想为：在长江三峡修筑大坝，改善川江航道，从而使巨轮可以从上海直抵重庆，为"实业兴国"提供高效的运输动能。尽管这一设想仅限于兴长江之水利，未涉及除长江之水患，但在当时的历史条件下，以现代科学的观点提出了开发三峡、振兴中华的宏图伟略。

惜乎天不假年，带着未能实现"振兴中华"理想的不甘，1925年3月12日，孙中山先生在北京逝世，留下了"革命尚未成功，同志仍须努力"的遗训。

斯人虽已逝，三峡梦未断。

孙中山关于开发三峡水力资源的论著，在当时引起了国内外的广泛关注。

1929年1月，国民政府内政部水利科工程师陈湛恩在《扬子江水道月刊》发表《扬子江最近之情势及整治意见》，提出开发三峡水能发展电力的初步设计。

这是中国人自己提出的第一个开发三峡水力资源的专业方案。

1930年初，国民政府工商部拟在长江上游筹设水电厂，并着手收集有关资料和图表，但对坝区的勘察工作始终未能进行。

1932年10月，由国民政府建设委员会电气工程师恽震倡议，国防设计委员会赞助，组织了长江上游水力发电勘测队，在三峡地区进行了两个月的勘查和测量。

这次勘测是对长江三峡水力资源的首次勘查和测量，勘测成果为后来三峡工程的规划勘测和设计建设提供了必要的初步参考资料。

勘测队员翻山越岭，抢抓长江枯水期的有利时机，进行了大量的实地勘测，以严谨的科学态度编写出了《扬子江上游水力发电勘测报告》。这份报告从供电范围、技术条件考虑，选定地形、地质条件良好的西陵峡东段的黄陵庙和葛洲坝两处低坝坝址，推荐在葛洲坝修建水头12.8米、装机容量30万千瓦的水电站，并设置船闸。

今天回过头来看，这次勘测选定的两处坝址相当精准——黄陵庙所在的三斗坪上已经矗立了举世瞩目的三峡大坝，而葛洲坝坝址也修建了葛洲坝工程。

在这次考察的推动下，向三峡进军的呼声逐渐高涨起来。1933年4月，扬子江水道整理委员会依据勘测报告，编制了《长江上游水力发电计划》。

这份计划是把孙中山构想的"三峡水利兴国梦"，变为现实的第一张规划草图。

1944年，中国人民艰苦卓绝的抗日战争进入战略反攻阶段，胜利曙光已现。但经过连年战争，国家损失巨大，国民政府寄望加强生产弥补战争消耗，成立了战时生产局，聘请美国著名经济专家潘绥任战时生产局顾问，希望得到更多美援。

潘绥根据美国修建高坝和大型水电站的经验，于1944年4月向国民政府提交了一份题为《利用美贷筹建中国水力发电厂与清偿贷款方法》的报告，提议由美国贷款9亿美元并提供设备，在三峡地区修建一座装机容量为1000万千瓦的水电站和一座年产量500万吨的化肥厂，利用三峡廉价电力生产化肥，以作偿还借款之用。这就是著名的潘绥报告。

潘绥报告引起了业内享有盛誉的坝工专家、美国垦务局设计总工程师萨凡奇的关注。1944年9月，他受国民政府资源委员会邀请刚刚考察完大渡河、岷江和龙溪河，看到潘绥报告，激动不已，不顾年事已高和三峡地区处于抗日前线，坚持亲自去三峡实地考察。

9月下旬，萨凡奇一行乘木船到达距宜昌仅10千米的平善坝，下船步行溯江而上，翻山越岭，到达现在的三峡坝址三斗坪，结束了为期10天的考察。萨凡奇返回原四川省长寿县后，在20多名中国工程技术人员的协助下，完成了《扬子江三峡计划初步报告》。

萨凡奇考察三峡

  这就是同年由美国白宫披露、轰动世界的"萨凡奇计划",该"计划"的坝址选在南津关上游约 2000 米处的石灰岩地区,最大坝高 225 米,水库正常蓄水位 200 米高程,水电站装机总容量 1056 万千瓦,单机容量 11 万千瓦,设船闸通航,大吨位船队可通达重庆,还可拦蓄洪水,工程建成后兼有防洪、航运、灌溉的功能。

  应当说,"萨凡奇计划"是第一个比较具体的、具有兴利除害效益的三峡工程建设方案。

中国人民的选择

  旧中国的"三峡梦"虽未能付诸实施,但孙中山唤起的开发长江、振兴中华的强国之梦,已经在中国人民心中点燃了希望之火。

此后不论经历多少历史风雨，这团希望之火都没被浇灭。

历史的车轮滚滚向前，中国共产党挑起了中华民族伟大复兴的重任，也开启了中国人民新的长江兴水梦。

新中国成立后，中国共产党领导下的长江治理事业呈现崭新局面。

"更立西江石壁，截断巫山云雨，高峡出平湖。"毛泽东的诗情再次点燃了国人的三峡梦。20世纪50年代中后期，"三峡热"冲天而起。

党的十一届三中全会以后，党和国家的工作重心转移到经济建设上，提出了建设小康社会的宏伟目标。改革开放总设计师邓小平为中国擘画了新蓝图——到20世纪末工农业总产值翻两番，人民生活达到小康水平。

然而要实现这个目标，又谈何容易。

20世纪70年代末80年代初，长江中下游地区发生了多次洪灾，给人民的生命财产和国家经济造成了巨大的损失。三峡工程上马的呼声再起。

1980年7月中旬，邓小平同志亲临三峡视察。

1986年6月2日，中共中央、国务院下发《关于长江三峡工程论证有关问题的通知》，要求通过重新论证，拿出一个"好处最大，坏处最小"的三峡工程建设方案。这是继1958年3月中央成都会议决议后，中共中央关于三峡工程的第二个重要文件。

水电部根据"要注意吸收有不同观点的专家参加，发扬技术民主，充分展开讨论"的原则，遴选了一支由412位著名专家组成的庞大论证团队。这412名专家来自国务院所属17个部门、单位，中国科学院所属12个院所，28所高校和8个省市专业部门，具有广泛的代表性。论证共分14个专题组，包括：地震地质、枢纽建筑物、水文、防洪、泥沙、航运、电力、机电设备、移民、生态与环境、综合规划与水位、施工、投资估算、综合经济评价。

经过2年8个多月科学民主的论证，预测三峡工程建设中可能存在的各种问题，制定了相应的对策。

论证推荐的三峡工程建设方案为"一级开发，一次建成，分期蓄水，连续移民"，即大坝坝顶高程185米，一次建成，最终正常蓄水位175米。

1990年8月，国务院成立"三峡工程审查委员会"，聘请163位专家，分成地质与地震、水文与防洪、发电与电力系统、航运与泥沙、机电设备、工程规模及枢纽建筑物与施工、移民、生态与环境、投资估算及经济评价与资金筹措、综合共10个专题专家预审组。

审委会一致同意《长江三峡水利枢纽可行性研究报告》所推荐的三峡工程建设方案，以及关于兴建三峡工程的必要性、重要性、紧迫性和可行性的结论。

1992年2月20日，中央政治局常委会召开扩大会议，讨论国务院提交的《关于兴建长江三峡工程决议》，同意将这个议案提交全国人民代表大会审议。

一个多月后，第七届全国人大五次会议召开，《关于兴建长江三峡工程决议（草案）》摆到代表们面前。

经过全体人大代表分组审议，终于在4月3日迎来了历史性时刻——由全国人民代表大会表决，《关于兴建长江三峡工程的决议》以2/3以上的赞成票获得通过！

这是国家最高权力机关做出的一项历史性决议和庄严决定，是新中国成立以来由全国人大全体会议表决通过兴建的唯一工程。

从70年多前的梦想，到新中国成立后40多年规划设计研究，三峡工程被长期争论、大量论证；从丹江口工程、陆水试验坝到葛洲坝工程，进行了充分的试验准备和施工实践。中国共产党几代领导人为之殚精竭虑，几代水利技术专家为之付出青春与心血，投入力量之雄厚、论证之谨慎，在世界工程史上堪称罕见。

1992年春天，三峡工程通过人民的选择，上马了！

"全球一号水利工程"的建设交响

东经111.3°，北纬30.7°。

1994年12月14日，第一仓混凝土稳稳地浇筑在三峡水利枢纽坝址所在的江心岩石上，一项伟大的跨世纪工程正从这里崛起。

当天上午，隆重而简朴的"长江三峡工程开工典礼"在三斗坪坝址举行。

中华民族几代杰出人士为之倾注心血的世纪之坝,终于开工建设了!

1994年6月,在巴塞罗那举行的全球超级工程会议上,三峡工程被列为全球超级工程。7月28日,俄罗斯《真理报》发表《巨龙之尾》称,三峡工程是当今全球"一号工程",它可以同万里长城和大运河相媲美,它不仅是中国的世纪工程,也是属于全世界的。

机器的轰鸣声划破了三峡上空的寂静,峡江两岸的宜昌人民发现,20多年前葛洲坝工程开工时10万大军肩挑背扛的情景,已经被机械化施工和现代化施工工艺取代。

依托国家日益提升的国力,三峡建设者们以自身的智慧和胆略,精心雕琢着这一举世无双的作品。短短几年的时间,三斗坪长江两岸就开始发生翻天覆地的变化——三峡工程的通信、供水、供电、场内交通、港口码头、仓储工程初具规模;连接对外公路的桥梁、涵洞,沟通长江两岸的西陵长江大桥陆续落成。一期围堰通过验收,导流明渠竣工;被称为三峡工程"咽喉"的临时船闸和升船机工程进入混凝土浇筑和金属结构安装……

经过四年多的建设,1997年5月1日导流明渠完工。长3000米、底部宽350米的导流明渠,为浩荡江水和往来船只开辟了一个新的通道。接下来要做的就是截断长江主流,为主河床段的大坝施工辟出场地。10月6日,导流明渠正式通航。10月14日,国务院通过三峡工程大江截流前验收报告,决定11月8日实施大江截流。

1997年11月8日8时45分,3颗信号弹随即腾空而起。400多辆满载石料的重型装载车犹如威猛的雄狮咆哮而出,直逼江水奔腾的龙口,成千上万吨石料倒入江心。戗堤两头乱石穿空、惊涛拍岸……长江两岸呈现出一派金戈铁马、气吞山河的壮观场面。15时30分,上游左右两道戗堤连接在一起,建设者们跨过合龙处,紧紧拥抱在一起。

大江截流后,三峡工程进入二期工程施工。

1999年2月12日,三峡大坝开始浇筑。经过5年的建设,左岸大坝节

三峡工程大江截流

节增高至 135 米，具备了挡水、船闸通航和首批发电机组安装调试的功能和条件。

　　三峡大坝左岸有一条人工开凿的巨大峡谷，这就是三峡双线五级船闸。船闸主体部分长 1.6 千米，加上上下游航道总长 6.4 千米，有人把它称作长江第四峡。1994 年 4 月，当三峡大坝还在进行前期施工准备时，双线五级船闸的开挖就已经动工了。

　　船闸工程要在陡峭、坚硬的花岗岩山体上削平 18 座山头。为减少对山体的震动，武警水电部队采用光面爆破和预裂爆破等技术，在坚硬的花岗岩中开挖出上下两道槽形航道，槽形航道两侧的直立墙高达 68.5 米，相当于 23 层普通居民楼。

　　双线五级船闸一共有 12 套闸门，分别由江南造船厂和武昌造船厂制造。在船厂制造完成的闸门拼装验收后，为方便运输，解体成 12 节，分批装船运往三峡工地。船闸的闸门关闭时，两扇门形似大写的中国汉字"人"，故称"人字门"。单扇的人字门重 850 吨，最大高度 38.5 米，宽约 18 米，面积相当于两个篮球场，堪称"天下第一门"。

　　这座世界上最大的内河船闸通航后，"水涨船高，水落船低"，货船、客轮在不停的涨落中，平静通畅地驶过船闸航道，上达重庆，下行出海。

三峡水电站的机组布置在大坝后侧，共有32台70万千瓦水轮发电机，其巨大规模和安装难度让人无法想象。发电机转轮最大直径10.6米、高5.11米、重445吨，是机组中单体最重的，也是3308吨重的水轮机的核心部件。发电机转子直径18.74米、高3.6米、重1780吨，是由转子壳体394吨和内部安装的1385吨的磁轭、磁极组成的圆盘体大件。它和由32万张硅钢片堆成铁芯的800吨重的环形大件定子在另一个坑里组装好后再吊入安装基坑安装。如此往返起吊，机组运行只允许几根头发丝的误差，工程的宏大与精细可见一斑。发电机转子和定子组成的发电机组通高22米，相当于一座7层大楼，连同尾水管和廊道，高50多米，每台机组重6730吨。定子和转子组装后，盘车时摆度达到0.06毫米的精度，转子的同心圆度误差小于0.6毫米。

2002年11月6日，党和国家领导人出席三峡工程导流明渠截流仪式。9时50分截流成功，三峡工程进入第三期施工。当天，世界上最大的水力发电厂——三峡电厂举行揭牌仪式。

<u>2003年6月1日，三峡工程正式下闸蓄水。至6月10日，水位由原来的80米提高到135米高程，平湖初现。6月13日，船闸实船通航试验成功。与此同时，首台机组即2号机组启动成功，调试合格，于7月10日正式并网发电。</u>

至此，在开工建设的第十个年头，三峡工程实现了初期蓄水、永久船闸通航、首批机组并网发电三大目标。

黄牛岩，三峡坝区的制高点，以"土星化神牛，开山助禹治水"的神话传说而得名。2006年5月20日，黄牛岩静静地见证着三峡大坝长达14年的登攀——全线到达185米设计高程。

从黄牛岩顶西眺，2309米长的巨坝如银龙卧波，截断巫山云雨，彻底束住桀骜的江水。

2007年4月末，船闸完建工程竣工验收，2007年5月1日恢复双线船

三峡水利枢纽工程

闸通航。2007年，三峡大坝景区成为首批国家AAAAA级旅游景区。2008年6月6日，《中国工业发展报告——中国工业改革开放30年》参评过程中，中国社会科学院工业经济研究所专家和学者评选出了"中国工业改革开放30年最具影响力的30件大事"，三峡工程名列其中。

青山绿水，烟雨三峡。2010年10月26日，当江水在蒙蒙雨雾中缓缓升至三峡大坝上游面标有"175米"红色数字的标记时，又一项关于三峡工程的"大事记"诞生了——三峡工程首次达到初步设计的175米正常蓄水位。标志着三峡工程的防洪、发电、通航、补水等各项功能都达到设计要求，其综合效益将全部发挥。

千百年来，峡江的水，从未这般宁静，从青藏高原奔腾而来的滚滚江水，在雄伟的三峡大坝前化为一面平湖。

2012年7月4日，随着最后一台水电机组投产，装机容量达到2240万千瓦的三峡水电站，成为世界最大的水力发电站和清洁能源生产基地。2016年9月18日下午，三峡升船机试通航。该升船机全线总长约5000米，船厢室段塔柱建筑高度146米，最大提升高度为113米、最大提升重量超过1.55万吨，承船厢长132米、宽23.4米、高10米，可提升3000吨级的船舶过坝。这些数据显示三峡升船机是世界上规模最大、技术难度最高的升船机工程。2017年，三峡工程完成竣工验收的全部现场和技术工作。2019年，三峡升船机完成通航及竣工验收。

2020年11月1日，水利部、国家发改委公布，三峡工程日前完成整体竣工验收全部程序。

截断巫山云雨的国之重器三峡工程建设，画上了一个圆满句号！

百年逐梦今朝圆。

巍巍大坝，屹然矗立，成为万里长江上新的坐标，印记着中华民族百年来的强国之梦、复兴之路。

百万移民

故乡，故土，故园，皆是温暖的名词。小溪蜿蜒，山道盘旋，布谷鸟的春歌，蟋蟀的夜曲……足以构成故乡的温馨意境。

故乡正如母亲，绝无好歹之分，更无选择之念。世代居之，游子系之，落叶归之。

然而，三峡工程因规模巨大，却要将峡江人民的故乡沉入平湖之下。这些人将要接受一个新称谓：移民，难免纠结与不舍。

三峡大坝截断巫山云雨的背后，发挥防洪、发电、航运、补水、生态等巨大综合效益的背后，是库区百万移民的无私奉献。

如今已奠基在三峡大坝之下的中堡岛，见证了太多历史。1992年11月，随着第一台推土机开进芳草萋萋的中堡岛，三峡百万移民便从这座只有0.15平方米的江心小岛上正式拉开序幕。

1992年底，湖北宜昌三斗坪镇、太平溪镇、乐天溪镇和秭归县茅坪镇的14584位坝区居民，成了最早的一批三峡移民。

按照三峡工程175米设计正常蓄水水位，三峡水库淹没涉及湖北和重庆的20个区市县、12个城镇、114个集镇、1632家企业，淹没陆地面积632平方千米，耕地30多万亩，湖北的秭归、巴东和兴山县城，重庆的巫山、奉节等9座城市将全部或部分淹没，移民总数接近130万人。

三峡移民成败的关键在于让移民有一个稳定的生产生活条件。开发性移民政策的核心为"前期生活补助，后期发展扶持"，从而实现"稳得住，能致富"。

湖北巴东县雷家坪是三峡库区一个偏僻贫穷的小山村。当初在村里进行开发性移民试点，山民们开始谁也不愿意搬。最终，李斯勇、李斯国兄弟俩当起了探路者，他们用移民资金在库区淹没线上栽柑橘、种茶叶，不到两年，荒山上橘树、茶树葱茏青翠，迎来了收获。

如今，昔日贫瘠的雷家坪已变成巴东库区的首富村。

三峡移民看重庆，重庆移民看万州。

地处三峡库区腹地的万州，"上束巴蜀，下锁荆楚"，自古就是"万川毕汇""万商云集"之地。作为库区最大移民城市，万州需要搬迁移民26.3万人，占三峡移民总数的1/5。如今的万州，逐步建设成为一个集江城、山城、湖城、桥城、港城于一体的宜居之都。

不仅仅是万州，湖北的秭归、兴山，重庆的巫山、云阳，一座座新城沿江而建，山水相融，好似一颗颗镶嵌在高峡平湖上的明珠。

新城崛起，产业兴旺，人民生活水平大幅提高，昔日连片贫困的三峡库区山河巨变，迎来发展最快的历史时期。

实践证明，开发性移民方针是破解三峡移民这道世界级难题的"金钥匙"。"边移民、边开发、边致富"，开放性移民的探索，使中国人找到了一条

三峡移民搬迁车队

正确的妥善安置、发展生产和开发致富的移民道路。

全国有 11 个省（自治区、直辖市）接收了 12.5 万三峡外迁移民。一批批移民在迁入地党委政府和群众的帮助下，开启了新的生活。

17 年的大规模移民搬迁重建，库区城镇居民人均可支配收入增长 8 倍多，农民人均收入增长 6 倍多，库区社会保持了长期稳定，步入逐步致富的快速发展轨道，库区人民的生活水平逐步提高，生产条件显著改善，移民搬迁城镇和基础设施建设实现了跨越式发展。

在完成百万移民搬迁安置的同时，三峡库区迎来历史上发展最快的时期。多年来，三峡库区的经济增长速度高于全国、湖北省和重庆市同期水平，库区还实现了经济结构重大调整和社会结构重大转型。实践证明，三峡移民工程初步破解了水库移民长期次生贫困以及引发多种社会矛盾集聚的世界性难题。

三峡移民工程这一人类壮举史无前例、世界唯一。这不是百万人口的简单重组，更不因搬迁安置任务的结束而结束。党和政府通过各种方式，加大投入，出台政策，对三峡移民进行后期扶持。

大国重器，惠泽神州

2003年6月10日22时。

当三峡工程梯调中心的多媒体荧屏跳出"135米"时，现场雷动的掌声和相机的"咔嚓"声响成一片。

长江三峡首次蓄水成库，坝前水位达到135米，电站首批机组发电、双线五级船闸试通航。这意味着三峡工程蓄水、通航、发电三大目标初步实现，进入初期运行。

这是一个历史性的时刻！

135米蓄水后，随着大坝节节攀高，三峡水库于2006年10月实现156米蓄水，进入初期运行；2010年10月首次达到初步设计的175米正常蓄水位，全面发挥防洪、发电、通航和补水等综合效益。

安澜之基

2020年8月23日8时，长江2020年第5号洪峰裹挟着滚滚波涛而来，入库流量高达75000立方米每秒。

这是三峡工程自2003年蓄水运用以来遭遇的最大洪峰流量。

自7月2日以来，三峡工程已成功应对了连续四轮编号洪水，洪峰量级分别为50000立方米每秒、58000立方米每秒、60000立方米每秒、62000立方米每秒，一次比一次猛，一次比一次急。

为科学应对这次最大洪峰，最大程度减轻长江中下游防洪压力，长江委科学研判，调度三峡工程出库流量按49200立方米每秒下泄，削峰率达34.4%。这也刷新了三峡工程建库以来最大下泄流量的纪录。

流域性大洪水狂涌而至，三峡工程全年累计拦蓄洪量280亿立方米以上，相当于2000个杭州西湖水量，有效保证了中下游地区防洪安全，为沿江各地

三峡泄洪

复工复产作出了重要支撑和保障。

三峡工程运行后,通过221.5亿立方米的防洪库容调蓄,可使荆江河段的防洪标准由十年一遇提高到百年一遇,有效保护了江汉平原和洞庭湖地区1500万人口及2300万亩良田安全。遇千年一遇的特大洪水,可配合荆江分洪等分蓄洪工程的运用,防止荆江河段发生干堤溃决的毁灭性灾害。

2012年7月24日,7亿立方米每秒的洪峰顺利通过三峡大坝,三峡水库先后3次实施防洪运用,累计拦蓄洪水200多亿立方米。2016年汛期,面对长江流域1998年以来的最大洪水,科学调度三峡及上中游30余座大型水库,拦蓄洪水227亿立方米。2017年汛期,三峡水库连续5次压减出库流量应对长江中游地区洪水,缩短了洞庭湖城陵矶站超保证水位时间约6天。2020年汛期，长江上游5轮编号洪水接踵而至，三峡水库从容应对，拦洪总量280亿立方米，为长江中下游干流防洪安全提供了强有力保障。

据统计，从蓄水至2020年8月底，三峡水库累计拦洪总量超过1800亿立方米，极大减轻了长江中下游地区防洪压力，为区域经济社会发展和人民群众生产生活营造了安澜环境。

伏波安澜于无声无息，荆江无险、武汉无忧。实践证明，三峡工程显著提高了长江中下游地区防洪能力，使荆江河段防洪形势发生了根本性改善。三峡工程建设前，国家在长江中下游确定了40多处蓄滞洪区，总面积1.2万平方千米，耕地面积705万亩。三峡工程建成运行后，蓄滞洪区的宝贵耕地和建设用地资源得到释放，为当地经济社会发展建设带来了新空间、新机遇。

有了三峡工程，长江已经从"水患时代"进入了"安澜时代"！

电耀中华

三峡工程的发电效益，比防洪效益发挥得更早一些。

这是由工程建设顺序决定的。2003年6月10日，三峡大坝坝前水位达到海拔高程135米。蓄水135米，称为围堰挡水发电期，标志着三峡工程开始初步发挥效益。

7月10日，也就是大坝蓄水135米的整整一个月后，三峡工程第一台发电机组——装机容量70万千瓦的2号机组，提前20天实现并网发电。

自此，流经三峡的滔滔江水开始化为源源不断的电能，照耀神州大地。

2012年7月4日，三峡电站最后一台机组正式并网发电。这意味着，经过10多年的安装、调试，三峡工程设计安装的机组全面完工并投产发电。总装机容量2250万千瓦的三峡电站全面建成投产，成为世界最大水电站和清洁能源基地。

自2003年首台机组投产发电以来，三峡工程将电能源源不断地输送到华中、华东、华南和西南地区，惠及湖北、河南、江苏、广东、重庆、上海等九

省二市，为这些地区的经济发展日夜输送着能量，大大缓解了这些地区电力供应紧张局面，为国民经济发展提供了强有力的能源支持。

> 2013年3月发布的第一次全国水利普查资料显示，长江流域是我国水资源最丰沛的地区，也是我国水能资源最富集的地区，水能资源理论蕴藏量3.05亿千瓦，约占全国的40%，年发电量2.67万亿千瓦时；技术可开发装机容量2.81亿千瓦，年发电量1.32万亿千瓦时，约占全国的60%。

三峡电站中控室，记录着2003年发电以来的所有重大成绩——2018年，三峡电站年发电量达1016亿千瓦时，首次突破1000亿千瓦时大关；2020年，年发电量达1118亿千瓦时，创造了单座水电站年发电量新的世界纪录。

如果每千瓦时电能创造的平均产值以8元计，即使按设计年均发电量847亿千瓦时算，三峡电站每年也能创造6700多亿的财富。

水电是对水能的充分利用，不消耗任何不可再生的自然资源，是地地道道的清洁能源。三峡工程生产的清洁能源，在为国民经济发展提供绿色动力的同时，还有着巨大的节能减排效益。

同样按设计年均发电量847亿千瓦时换算，相当于三峡工程每年节约原煤5000万吨，相应地每年减排二氧化碳1亿吨、二氧化硫200多万吨、一氧化碳1万吨、氮氧化物37万吨，并减少火电所产生的大量工业废水。世界著名科普杂志《科学美国》将三峡工程列为世界十大可再生能源工程。

此外，三峡的丰水期刚好和上海、广东等地用电高峰期相吻合。如果没有三峡工程为这些地区提供清洁电力，这些地区还需要建设多个火电厂，不但占地面积更大，还要设置灰场，而且还会大大增加减排压力。

水上高速

重庆唐家沱码头，滚装船满载新下线的长安福特轿车，准备运往下游。

早在2001年，福特汽车和长安汽车就在重庆成立了合资公司。福特选择重庆的一个重要原因，就是三峡工程蓄水后长江便利的航运条件。

曾经的川江航道，有"西陵峡中行节稠，滩滩都是鬼见愁"之说，以滩浅、礁多、水急而著称，夜不能航。即使是白天，船只逆流而上，也必须依赖外部的牵引力渡过这些激流险滩。纤夫，就是这些航船的动力。

2003年6月1日，随着20号导流底孔的闸门徐徐关闭，三峡大坝拦蓄江水的功能开始正式发挥。6月10日，坝前水位达到高程135米。

短短10天，三峡实现了由江到湖的巨变；短短10天，创造了2000多年川江航运不曾有过的奇迹——三峡水库回水长达500千米，到达重庆涪陵。川江上，丰都以下的险滩已全部被江水淹没，仅有的两处禁止夜航的河段也被撤销。

"自古川江不夜航"的历史，就此宣告结束。

3000吨的轮船或者万吨级的船队已经可以从上海直达重庆，川江单向年运输能力从1000万吨提高到近5000万吨。库区船舶单位马力拖带量提高了1倍多，船舶单位平均能耗降低了20%以上，有效地降低了船舶运输成本。

随着坝前水位的不断上升，进一步改善川江航道的工程，也继续向上游的重庆延伸。2006年10月27日，三峡大坝全线到顶5个月后，水库成功蓄水至156米高程，库区的回水从丰都延伸至重庆的铜锣峡，包括蚕背梁在内的川江最后一些碍航礁石滩险，从此永沉江底。

2010年10月26日，三峡工程首次蓄水至175米高程，水库回水末端到达重庆市主城区，涪陵以下"窄、弯、浅、险"的自然航行条件得到根本改善，宜昌至重庆660千米河段的航道等级从3级升级为1级，原来滩险水急的川江航道就此步入百舸争流的时代，实现了全年全线昼夜通航，显现出一派繁荣的景象。

航道改善，带来的是航运能力"水涨船高"。今天，万吨级船队不仅可直达重庆朝天门，而且船舶的运行周期大大缩短，宜昌至重庆的深水航道，成为水上"高速公路"，以往航道"上行走缓流，下行走主流"的航行方式变为高速公路式的分边航行，航行时间比以前可节省6~8个小时，大大提高了航运效能。

三峡工程 2011 年过闸货运量首次突破 1 亿吨，提前 19 年达到船闸设计水平年 2030 年的规划货运量，就是航运效能大幅提升的有力证明。截至 2020 年 8 月底，三峡累计过闸货运量 14.83 亿吨。

航道的改善，也有效保障了航运安全。2003 年以前，川江航道平均每年有 57 起事故，85 人死亡，1100 多万元经济损失，每 12 个月发生一次死亡 10 人以上的事故；2003 年三峡蓄水成库后，平均每年事故降至 13 起，10 人以上死亡事故未出现一起，安全形势持续好转。

受益的不只是上游航道。每年 10 月汛期过后，长江由丰水期转入枯水期，航道水深不足，严重时可能导致轮船搁浅、堵航，甚至停航。如今，通过科学调度三峡工程，增大下泄流量，对中下游航道适度补水，增加航道水深，枯水季节也能行大船了。

江宽水阔好行船。正是三峡工程运行后发挥出的巨大通航效益，才使得长江"黄金水道"名副其实。

<u>长江是沟通我国东南沿海和西南腹地的交通大动脉，年运量约占我国内河运量的 80%，沿岸大型企业生产所需 80% 的铁矿石、72% 的原油、83% 的电煤均靠长江水运保障。</u>

借助水运优势，长江对沿江省份的辐射力明显增强。一大批新兴产业纷纷落户上游沿江城市，并带动这些城市的飞速发展。重庆，万州、涪陵、长寿等城市迅速成为东部产业的西部承接地，正在加速崛起；巫山、奉节等城市正借助三峡成库形成新的自然景观积极打造旅游产业，已经探索出一条环保绿色的发展之路。

拦洪补枯

三峡工程在"除水弊"的基础上，最大限度实现了"兴水利"，这是中国千年治水智慧和现代水利工程科技共同结出的丰硕成果，其多元功能和巨大效益更成为推动国家经济社会发展的重要引擎。

库容近 400 亿立方米的大型水库使我国拥有了最大的水资源储备库，充分提高了我国的水安全值。

三峡工程总库容 393 亿立方米，在正常蓄水位 175 米至防洪限制水位 145 米间，有 221.5 亿立方米的可用防洪库容。每年长江汛期到来之前，水位要消落至 145 米，腾出足够的防洪库容迎汛；汛后再蓄水至 175 米，用于发电和为枯水期中下游河道补水。

在这 145～175 米的水位起落之间，三峡工程让洪水可最大限度地变为资源，水库"蓄丰补枯"，每年枯水季节为长江中下游补水 200 多亿立方米。截至 2020 年 8 月底，三峡水库为下游累计补水 2267 天，补水总量 2894 亿立方米。

既是保障用水的"压舱石"，也是抗旱补水、应急调度的"生力军"。2011 年 1 月至 6 月上旬，干旱席卷长江中下游。三峡水库累计为下游补水 150 天，补水 215 亿立方米，抬高了河道水位，保障了沿线地区人畜饮水安全，有效改善了长江航运条件。

凭借巨大库容，三峡水库可以在枯水期为下游提供生产生活用水，为城市工业发展注入持久动力，还能为珍稀鱼类繁衍生息创造有利条件。自 2011 年以来，三峡工程连续 7 年通过科学调度模拟适合四大家鱼自然繁殖所需的洪水过程。监测结果显示，长江宜都断面平均卵苗密度是实施生态调度以前的 7 倍。

随着技术进步、认识深化和管理水平提升，三峡工程的多种效益还将越来越大、越来越好，并且在新的技术条件下不断拓展新功能和新效益。

2014 年 2 月，受降水偏少、来水偏枯和强潮汐活动影响，上海长江口水源地遭遇历史上持续时间最长的咸潮入侵，200 万居民饮用水告急。三峡工程按照长江防总调度指令，第一时间启动"压咸潮"补水调度，累计向下游补水 17.3 亿立方米，成功抑制了 1800 千米外的长江口咸潮，上海饮用水危机得到有效缓解。

2015 年 6 月 1 日深夜，东方之星号客轮遭遇强对流天气并在三峡大坝下游约 200 千米外的监利水域沉没，根据长江防总调度令，三峡水库下泄流量由 17000 立方米每秒减至 7000 立方米每秒，降低监利水文站水位约 3 米，为救援打捞提供了有利条件。这种功能未在工程设计之中，恰恰是三峡工程的巨大调节功能，让我们在应对长江突发事件中多了一种办法和可能。

2020年初，由于新冠疫情，湖北省电煤储备和电厂投产受到一定程度影响。根据国家电网电力调度中心请求，综合考虑湖北省疫情防控期间沿江供水需求、高峰电力调度需求及春运期间航运用水需求，经请示水利部同意，长江水利委员会调度三峡水库2月上旬日均出库流量继续维持在7000立方米每秒左右，加大向中下游补水力度，有力地保障了疫情防控期间长江中下游供水、发电用水和航运用水需求。

<u>洪来拦蓄，旱至补水。三峡工程凭借巨大的库容和灵活的调节性能实现"拦洪补枯"，利用洪水资源增加枯水期长江中下游下泄流量，成为我国重要的淡水资源库和生态环境调节器。</u>

南水北上

2013年11月15日和2014年12月12日，两条向北方大地"输血"的生命线——南水北调东、中线一期工程正式通水，南水北上，润豫冀、济京津。

滔滔江水北上，南北从此共饮长江水。

40多座大中城市、260多个县区，约1.2亿人的生活，被南来的长江之水悄然改变。

南北共饮一江水，这是人间奇迹！

从南方借点水给北方

水是生命之源。

我国年降水总量约6.2万亿立方米，分布极不均匀。长江流域及以南地区多年平均降水量在1000毫米以上，东北、华北平原只有400~800毫米。降水量地区间的巨大差异，导致我国水资源量区域分布的巨大差异，65%的水资源集中在长江及其以南的地区，而黄河、海河所占不到4%，径流深大于800毫米的地区均位于长江流域及其以南地区，因此也形成了我国水资源"南方多，北方少"的特点。

与根治南方洪水一样，解决北方干旱问题也一直萦绕在党和国家领导人的心头。1952年10月，毛泽东主席视察黄河，听取黄河水利委员会关于从长江引水补济黄河设想的汇报后，他凝望着滔滔大河说："南方水多，北方水少，如有可能，借点水来也是可以的。"

这是党中央领导人第一次提出南水北调的设想。

自毛泽东主席提出"南水北调"伟大构想后，相关的规划勘察与研究论证，就在紧锣密鼓地进行。

1958年3月，中央成都会议正式批准兴建丹江口水利枢纽初期工程。毛泽东在会上再次提及要把长江水"借"到北方，他兴致高昂地勾画图景："打开通天河、白龙江，借长江水济黄，从丹江口引汉济黄，引黄济卫，同北京连起来！"

同年8月，北戴河会议通过并发出了《关于水利工作的指示》："全国范围的较长远的水利规划，首先是以南水（主要是长江水系）北调为主要目的，即将江、淮、河、汉、海河各流域联系为统一的水利系统规划，应即加速制订。"

"南水北调"一词，第一次见诸中央文件。

1959年编制完成的《长江流域综合利用规划要点报告》明确，南水北调是长江综合开发利用的重要任务，首次提出从长江上、中、下游引水的南水北调总体布局。上游从金沙江、怒江、澜沧江调水济黄；中游近期从丹江口水库调水，远景从长江干流调水济黄济淮；下游沿京杭大运河从长江调水济黄济淮，从裕溪口、凤凰颈调水济淮。

南水北调基本框架，就此奠定。

1992年，党的十四大把"南水北调"列入中国跨世纪的骨干工程之一。1995年12月，南水北调工程开始全面论证，国务院先后成立了南水北调工程论证委员会和审查委员会。

南水北调工程论证审查委员会分综合、规划、工程、经济、环境5个专题组，审查了东、中、西线的论证报告。于1997年3月提出《南水北调审查报告》（讨论稿），指出南水北调必须以解决京、津、华北地区用水为主要目标，同意论证委员会提出的按照中、东、西线顺序实施南水北调的结论。

2000年9月27日,党中央、国务院决定分东、中、西三路实施南水北调,要求务必做到"先节水后调水、先治污后通水、先环保后用水"。

其后,水利部于2002年编制完成《南水北调工程总体规划》及12个附件,并与国家发展计划委员会联合呈报国务院审批。

2002年10月,中共中央政治局常务会议审议并通过经国务院同意的《南水北调工程总体规划》。当年12月23日,国务院正式批复《南水北调工程总体规划》。

五十载寒来暑往,为了将"从南方借点水给北方"的宏伟构想落到实处,先后有水利、经济、社会、环境、农业等24个不同领域的规划设计及科研单位、6000余人次知名专家、110多人次院士参与献计献策,召开100多次研讨会,研究讨论50余种比选方案,才形成这份饱含民主参与和科学论证的最终方案。

作为人类有史以来规模最庞大的水利工程,南水北调是有效缓解我国北方地区水资源短缺,构筑"四横三纵、南北调配、东西互济"的水资源总体格局,保证我国经济社会和生态环境协调发展的重大举措。总体规划确定,南水北调工程划分为东、中、西三条线路,分别从长江流域下、中、上游,由南往北调水,规划总工期40年至50年,最终调水规模为448亿立方米,略小于一条黄河的水量。

这意味着在数十年后,神州大地上将有三条大型水道纵贯南北,与东西流向的海河、黄河、淮河、长江,形成"四横三纵"的巨型水网。

中国智慧筑成"人间天河"

21世纪初,南水北调工程进入了建设高潮期。

2002年12月27日,东线在江苏和山东各一处工地响起了开工的炮声和锣鼓声。翌年，中线的京石（北京—石家庄）段开工。东、中线又各自历经11年建设后，分别于2013年11月和2014年12月通水。西线工程尚在规划中未开工建设。

东线一期工程，是利用京杭大运河及其他几条南北向的河流作为现成的通道往北调水。由于地势原因，东线工程的输水路线从南到北逐渐抬升，最低点到最高点落差近40米。要实现"水往高处流"，只能将长江水逐级提升近40米往北送，沿途建设泵站提水。

中线工程在水源地丹江口水库大坝加高后蓄水位抬升，取水点水位高程较高，虽然不用操心"水往高处流"，但是没有类似京杭大运河这样的现成水道可以借用，需要重新建设一条输水干渠。这条输水干渠，从丹江口水库至北京、天津，全长1432千米，要穿越包括黄河在内的686条河流，还有2387座大大小小的建筑物，以及无数的铁路、公路，要攻克膨胀土等复杂的地质条件，要搬迁大量移民和保护文物……

南水北调中线一期工程由水源工程、输水工程和汉江中下游治理工程组成。水源工程包括丹江口大坝加高和陶岔枢纽工程，输水工程包括穿黄工程、管涵工程、渠道工程等，汉江中下游治理工程包括兴隆水利枢纽、引江济汉、部分闸站改扩建和局部航道整治工程。

丹江口大坝"穿衣戴帽"

2005年9月，在汉江与其支流丹江交汇口下游800米处，再次响起爆破声。

1958年9月那声炮响，宣告了丹江口大坝开工兴建。47年后这声炮响，则是要爆破拆除已建成近40年的大坝表层，不久之后，会在大坝背后和顶上各贴一块混凝土，将原有的坝体由162米抬高至176.6米。如同给原来的大坝穿上一件大衣，再戴上一顶高帽。

这是在丹江口水利枢纽建设之初就规划好了的。加高大坝，就是为了给丹江口水库扩容增量，保障有足够的水源能调往北方。

根据规划，南水北调一期工程年均向河南、河北、天津、北京等省（直辖市）调水95亿立方米。在坝顶高程162米、正常蓄水位157米的情况下，丹江口水库库容为174.5亿立方米。大坝加高14.6米后，库容增加到290.5亿立方米，比原来增加了116亿立方米，既满足了调水所需的水量，又不影响丹江口水库原有功能和效益的发挥。

为了跨越这道前无古人的水电建设技术"天堑"，水利工程师们从20世纪90年代就开始研究，在丹坝背水面选择了一段28米的试验坝，先后做了3次新老混凝土结合试验。并在试验坝体内埋设了258台仪器，随时监测坝体新老混凝土的结合情况，取得了理想的数据。

丹江口大坝加高到176.6米

通过大量科技攻关，技术人员提出以直接浇筑为主，在竖直结合面采用人工补凿键槽、溢流坝段堰面采用宽槽回填为辅的总体方案，从而达到新老坝体联合受力。通俗来讲，就是在大坝的老混凝土上，切割出一道道键槽，再顺着键槽植入钢筋，而在大坝顶部，则向20个闸墩中，垂直植入钢筋，使浇筑时新老混凝土能紧紧"咬合"在一起。

此外，在大坝加高设计过程中，长江设计院在国内首次开展了大型水电工程高水头帷幕补强灌浆中水泥浆液扩散试验研究、涌水孔段不同待凝时间效果分析，提出了高水头下帷幕补强灌浆的方法与工艺、灌浆材料及配比、灌浆压力等控制指标。

2013年5月底，丹江口大坝主坝工程完工，新老大坝完成"世纪之吻"后，大坝坝顶高程定格为176.6米，相应地，丹江口水库正常蓄水位升高至170米，比江淮分水岭的方城垭口高出25米，比北京高出100余米，从而保障了来自丹江口水库的清清南水，一路欢畅地自流到北京。

"天下第一渠首"华丽蜕变

如果把丹江口水库看作南水北调中线的"大水缸"，其东岸的陶岔渠首枢纽工程，则是中线输水总干渠的"水龙头"、向北方送水的"总阀门"，被人们誉称"天下第一渠首"。一渠清水便是从这里踏上奔赴京津的迢迢征程，滋润广袤的华北大地。

1973年，丹江口水利枢纽初期工程完工，河南南阳人民历时5年战天斗地，在淅川县九重镇陶岔村兴建起一座大闸，取名引汉渠首闸，并修建成一条长十余千米的大水渠，从丹江口水库东岸引水，用以浇灌沃野良田。

进入新世纪，南水北调中线工程正式上马，渠首枢纽也"落户"陶岔村，陶岔闸担负起调配水源地水资源的历史使命。

好比一大缸水，怎样有效控制调出水量，"水龙头"的好坏是关键。若直接利用老闸，需要解决老闸输水箱涵净空高度不足、闸室底板结构配筋量偏小、闸基防渗深度和范围不足、金结和机电设备需要重新更换等问题，在对老闸进行加高加固的同时需修建上游围堰，工程量较大；而在上游修建新闸，上游需修建施工围堰，工程量也较大，同时对施工期灌溉有一定影响……

只有把新闸建在下游，才能直接利用老闸作为施工围堰，减少工程量和导流的费用，施工期间也不会影响老闸对原灌区的正常引水灌溉，可谓一举多得。

综合考虑，新闸选址在老闸下游 70 米处。

此外，丹江口大坝加高后水库水位抬升，渠首闸上下游最大水头落差较初期工程加大，具有一定的可利用水能资源，从水资源综合利用角度考虑，设计人员还增加了陶岔渠首闸的发电功能。

渠首闸上下游最大水头差达 24.86 米，建设一座电站，可有效缓解中线工程调水后丹江口电站发电量减少对淅川县经济社会发展带来的不利影响，洁净的电能也有利于促进库区经济社会的可持续发展。

2013 年 1 月，滋润两岸百姓近 40 年的渠首老闸寿终正寝；同年 12 月，陶岔渠首枢纽工程主体完工，并在 8 个月后的一次临时"大考"中初显身手。2014 年入夏后，河南省平顶山市遭受了严重旱情，为缓解燃眉之急，8 月底，国家防总决定从丹江口水库向平顶山市实施应急调水。一泓碧水从陶岔渠首闸口奔涌而出，急需"救命水"的平顶山人民喝上了清澈甘甜的长江水。

长桥卧波，不霁何虹

从陶岔渠首开始，丹江口水库甘甜的南水流入南水北调中线总干渠，沿伏牛山、嵩山、太行山山前平原，一路向北，奔腾 1432 千米后，最终汇入北京团城湖和天津外环河。

这么长距离的自流输水，中间要经过包括黄河在内的 686 条大大小小的河流，要保证丹江口水库清洁优质的Ⅰ类水在沿途不被交叉污染、不受洪涝侵袭，并非易事。中线总干渠在设计上是全程封闭输水，与沿线所经河流相交时，或架设渡槽凌空而过，或挖掘隧洞、埋设管道从地底穿过，从而有效保证中线输水不受其他水系干扰。

这种设计方案被形象地称为"上天入地"。

什么叫"上天"呢？就是通过架槽的方式，让输水干渠从原有河道的上面通过。"入地"则是通过隧洞或管道的方式，让干渠从河底下穿过去。

中线总干渠碰到的第一条较大的河是河南邓州境内的湍河。这条河，《水经注》称淯水，因上游穿峡切割而下，水流湍急，故得"湍河"之名。

根据湍河河势及地质条件，经过前期勘察数据比较，长江委设计院选定的设计方案为"上天",就是架设渡槽从河面飞越过去。

渡槽也称"过水桥",是一种输送水流跨越河道、溪谷、洼地、道路等的架空水槽,相比直接从地面开挖的明渠,渡槽安全系数高,但施工难度大,必须做到滴水不漏。

湍河渡槽当时是世界单跨流量最大的U形薄壁渡槽,被誉为"天下第一跨"。

根据设计方案,湍河渡槽全长1030米,跨度40米,设计流量为350立方米每秒,加大流量为420立方米每秒。按过水加大流量计算,一个半小时就可将北京昆明湖灌满。

如此大的过水流量,决定了湍河渡槽的体量也十分惊人——其内径尺寸为9米、单跨跨度则达到40米,尽管采用了U形薄壁设计,单节槽身的重量仍有1600吨,这在世界同类工程中都是首屈一指的。

通过多方联合攻关,工程师们摒弃缓慢烦琐的"预制浇筑+起吊吊装"的传统建槽方式,采用了技术含量更高、施工速度更快更安全的新工艺,在国内首次引入造槽机"原位现浇"技术,筑造出总共18跨的世界上规模最大的U形渡槽。

湍河渡槽造槽机结构设计新颖,在施工工艺和设备制造上均属史无前例的创新,被国家列入"十二五"技术装备重点攻关项目,之后在鄂北水资源配置工程等大型输水调水工程建设中被广泛应用。

2013年9月28日,湍河渡槽第54榀槽身浇筑完成,标志着渡槽主体工程全部完工。

经过充水和通水试验检验,湍河渡槽工作性态良好,工程安全,设计成果已经得到较好的验证。2014年3月,国务院南水北调办公室组织召开验收会议,湍河渡槽工程顺利通过验收。

渡槽飞架,过水无忧。过了湍河,中线总干渠继续北进,一座座庞大的"水上立交"横空出世,恍若一条条蜿蜒的空中巨龙,"驮运"着南来之水,从地面道道河流上凌空而过。

"青龙"穿黄河，南北永通渠

中线总干渠一路需穿越众多河流、道路和其他建筑物，并非全部是采用架槽"上天"的方式通过，更多的是采用"入地"的方式，在河床底下穿越。

其中，难度最大、规模最大、最引人关注的，是南水北调中线的"咽喉"——穿黄工程。

经过反复论证，水利部最终选择了隧洞穿黄方案。与渡槽凌空穿黄相比，隧洞穿黄对黄河冲淤变化、河势改变、生态与环境影响不大，为该河段保护与利用留有较大余地。此外，穿黄隧洞还可以避免外界冰冻、台风等气象条件的干扰，耐久性好，检修维护相对简单。

作为人类历史上最宏大的穿越大江大河的水利工程，穿黄工程是整个南水北调中线的标志性、控制性工程。主体工程由南、北岸渠，南岸退水洞，进口建筑物，穿黄隧洞，出口建筑物，北岸防护堤，北岸新、老蟒河交叉工程，以及孤柏嘴控导工程等组成。

其中最引人瞩目的也是难度最大的，当数穿黄隧洞。隧洞需要穿越黄河下游游荡性河段，该河段所处围土为饱和砂土地层，河势和地质条件相当复杂。

此外，这个隧洞不同于我们日常所见的过地铁或者过汽车的交通隧洞，穿黄隧洞要过的是高压水，而同时隧洞上方的黄河，也在给隧洞外部施加压力，可谓是内挤外压。

"穿黄不通，千里无功。"突破难题需要的不只是过硬的技术，更需要丰富的想象力和大无畏的魄力。为解决高压内水外渗、隧洞围土破坏而导致结构失稳，以及游荡性河势引起的隧洞纵向动态大变形等难题，长江委设计院在穿黄隧洞建设中开创性地设计了具有内、外两层衬砌的新型式隧洞，其内径达7米，内层为厚0.45米钢筋混凝土预应力衬砌，外层为厚0.4米拼装式管片结构衬砌，两层衬砌之间采用透水垫层隔开，内、外衬砌分别承受内、外水的压力。两条长4250米隧洞平行布置，中心线间距为28米，各采用一台泥水平衡盾构机自黄河北岸向南岸掘进施工。

这项设计成果，在学术上被命名为"盾构隧洞预应力复合衬砌"新型水工

南水北调中线穿黄工程全景

隧洞方案。该成果在穿黄工程成功实践后，全面提升了我国水下软土地层高压输水隧洞工程技术水平，被推广应用到众多国家重点工程项目的隧洞建设中。这一技术创新还获得了2项发明专利，以及2020年度水力发电科学技术奖特等奖。

在古老的黄河河床下，用盾构机进行水工隧道的掘进施工，挑战可不小。因为黄河河道历史上多次演变，其河床底下的地质条件非常特殊和复杂，主要是软土层，中间夹杂着黏土层、壤土层，还有大量河道演变过程中沉积下来的古木、岩石等。

为应对这些不利影响，建设者们在黄河北岸开凿了两个深50米、内径18米的圆筒状安全竖井，这两座几乎可以各自容纳一栋15层高楼、类似火箭发射场的垂直通道，就是盾构施工掘进始发地。其具体做法为，将盾构机分部件运进安全竖井，在地下组装后，再进行隧洞挖掘，施工面刮出的泥土、砂石等，都通过竖井输送出来。

安全竖井是一项深基坑工程，就在距离黄河河道不远处，如何防止地下水渗入竖井，成为最大的难点。设计人员最终选择用双轮铣将泥土慢慢掏出，再用混凝土从底部浇灌，这样混凝土一点一点地挤出渗透进来的地下水。而1.4米厚的井壁，不仅有效防止地下水的渗透，同时也起到防压作用。

竖井完工，穿黄隧洞掘进的"主角"——直径9米、长达80多米、总重量1100吨的盾构机强势登场，这个庞然大物开始从黄河河床下50多米处向南掘进，如同一条钻地"巨龙"。

穿黄工程盾构机是向德国一家公司专门定制的，体格要比挖地铁隧洞的盾构机大得多。它的施工面就像电动剃须刀，根据隧洞的直径制作。穿黄工程使用的盾构机直径为9米，工作时将施工面的泥土刮出，通过专用的传输带，将泥土送出施工隧洞。

2007年7月8日，两台盾构机从各自安全竖井内始发，以每月200米的速度，自北向南掘进开挖穿黄隧洞。在盾构机作业期间，两岸田野里劳作的农民，黄河上穿梭往来的船只，均毫无感觉。

至2010年4月8日，两条隧洞过河段全部贯通。巨大的盾构机在大河之下，穿行了近 1000 多个日夜后，终于在黄河南岸，再见明媚春光。

<u>穿黄工程 2005 年 9 月正式开工建设，2013 年 12 月主体完工，自此，中线总干渠终于穿越黄河"天堑"，继续北上。</u>

中线工程通水后，江水与河水在此形成十字"立交"，错身而过，如同一次浪漫的邂逅……这是亘古未有的人文与自然奇观。

这正是，江河从此过，南北永通渠。

"拦路虎"变"纸老虎"

有着工程癌症之称的"膨胀土"，是中线工程在"上天入地"之外，平地修渠的最大"拦路虎"。

中线总干渠从陶岔渠首到北京团城湖的总长度是 1276 千米，加上中间分到天津外环河的 156 千米，加起来一共是 1432 千米，其中，有近 400 千米的渠道要穿越膨胀土地区。

"晴天一把刀，雨天一团糟"，是农谚对膨胀土的生动描绘。由于反复胀缩，膨胀土土体结构发生破坏，力学强度随之降低，常常造成工程破坏，因此在土木工程界，膨胀土更是被称为"工程癌症"。

在膨胀土上修渠，坡岸会反复地遇水膨胀，失水收缩，造成渠道垮塌。1970 年陶岔渠首施工过程中，膨胀土渠坡上陆续发生了 14 处滑坡。

直到 2011 年 8 月，中线膨胀土段施工方案才最终确定下来——把膨胀土换填成水泥改性土，即在膨胀土中加入水泥，使其改变"遇水膨胀，失水收缩"的性质。

不止是膨胀土，中线总干渠一路向北的地表旅途中，还要经过高填方区、煤矿采空塌陷区等，修渠过程中面临的防渗透、防塌陷等难题也一一被攻克。

暗涵入京

一路攻克重重难关，中线工程终于来到了北京。

如何穿城？要防止污染，还要减少占地，中线工程在北京市内采用的是埋设PCCP管道。

PCCP管是"预应力钢筒混凝土管"英文的缩写，这是一种复合结构管材，管内胆为混凝土防护层，中间为钢筒，外为钢筋混凝土，并缠绕一层钢丝，最外面喷砂浆保护层。层层包裹的结构，令其防渗、抗震、可靠、耐久。

为充分保障过水量和满足水压，经过大量实验，中线工程PCCP管建设标准确定为直径达4米，这样单管就重达78吨。

这是国内首次运用这么大管径的PCCP管，在世界范围内也是少有的。

这期间，为了解决道路限高等问题，技术人员专门为运送管材设计了专用的拖管车，并破解了大口径PCCP输水管近距离下穿城市综合交通枢纽等一系列难题。

之后，中线工程经过最后一段长约13千米的北京西四环暗涵，抵达了千里送水北上的终点——颐和园内的团城湖。

至此，中线工程全线贯通。全程27座渡槽、102座倒虹吸、17座暗渠、12座隧洞、1座泵站、476座排水建筑物、303座控制建筑物、将这条千里水脉逐一串联。

共挖掘8.8亿立方米土石方量，相当于挖了63个西湖。
累计浇筑3000多万立方米的混凝土，相当于浇筑了2个三峡大坝。
整个用钢量178万吨，相当于43个北京奥运会鸟巢的用钢量。

南水北调中线工程规模之浩大，举世罕见。

如今，这条规模浩大的水脉载着优质的长江水，源源不断地流向干渴的北方，通往千家万户的水龙头。

南北共饮长江水

五棵松地铁站是首都北京一个十分重要的交通枢纽，每隔 2 分钟就有一班地铁呼啸而过，运送着往来的乘客。

过往的乘客并不知道，五棵松站台下方隐藏着南水北调中线工程的输水暗涵，奔涌着来自长江的南水。

截至 2024 年 3 月，北京每 10 杯水中有 8.5 杯是南水，至少 1600 万北京市民已喝上长江水。整个华北大地，受益人数达 1.76 亿。随着受水区配套设施进一步完善，这个数字还将继续扩大。

时钟回拨到 2014 年 12 月 12 日 14 时 32 分，陶岔渠首大闸缓缓开启，南水北调中线工程正式通水。

蓄势已久的南水终于踏上"从南方借点水给北方"的圆梦之旅——从丹江口水库出发，顺干渠奔涌、沿渡槽飞架、经隧道穿黄，一路向北，跨越华北平原，如同一条"人间天河"，蜿蜒流过 1432 千米，沿途润泽豫、冀、京、津。

从此，南北共饮长江水。

江水汤汤，长渠逶迤。

南来之水，润泽北方。

2023 年 12 月 12 日，中线通水已整 9 年，丹江口水库累计向北方供水 600 亿立方米。

9 年来，丹江口水库的清水源源不断北上，惠及中线工程沿途 24 个大中城市及 130 多个县区，已成为多个重要城市生活用水的主力水源，提高了 8500 万北方老百姓的饮水质量，优化了黄淮海平原的水资源配置格局。

南水滋润北方干渴的大地，补充生态用水，使得因缺水而萎缩的部分湖泊、湿地再现生机，山水复绿、鱼鸟重现。华北平原地下水位也在持续回升，为京津冀协同发展等国家重大战略实施，提供了可靠的水资源支撑。

南方的水来了，北方的水"甜"了

"水碱明显少了，水的口感甜了。"这是南水进京后，北京市民对水质变化的切身感受。

北京市主城区自来水供应 70% 以上来自南水，且水质始终稳定在地表水环境质量标准 Ⅱ 类以上，全市直接受益人口超过 1200 万。全市人均水资源量由原来的 100 立方米提升至 150 立方米，中心城区供水安全系数由 1.0 提升至 1.2。

南水成为自来水供应的主要水源，还为北京市大规模开展自备井置换提供了水源保障。2020 年，北京中心城区及城市副中心自备井，已全部置换为市政供水，市民"打开水龙头，能明显感受到水压增加"。

在天津，南水北调中线一度成为"生命线"，全市 14 个行政区居民都喝上了南水，从单一"引滦"水源变双水源保障，供水保证率大大提高。

除了润泽京津，甘甜的长江水从丹江口水库也流入干渴多年的冀中南地区，让这里的 1200 万人喝上了长江水。黄淮海平原盐渍危害最严重的地区黑龙港流域，500 多万人告别了长期饮用高氟水、苦咸水的历史。

浸润一方水、疗愈一方人。在河北省枣强县大营镇普路屯村，由于长期饮用高氟地下水，村里大部分老人患有氟骨症，手脚关节变形，严重时生活不能自理。饮用长江水数年后，老人们发现由于骨关节变形产生的疼痛感正在逐渐减轻，孙子们的牙齿也不再长斑变黄。

南水北调中线正式通水前，河南平顶山市民就进行了"试水"。2014 年 8 月，平顶山市遭受建市以来最为严重的旱灾，用为城市居民供水的白龟山水库见底。危急时刻，国家防总通过中线工程从丹江口水库紧急调水至平顶山"解渴"。通水后，中线在河南供水范围覆盖南阳、漯河、平顶山、许昌、郑州、焦作、新乡、鹤壁、濮阳等十多个城市。

南方的水来了，地下的水"升"了

南水北上，成为华北地区地下水止跌回升的转折点。

南水进京之前，北京市地下水位已经连续 16 年下降。中线通水之后，除了提供饮用水，源源不断的南水还把原来为城市供水而占用的河道水、生态水还了回去，让怀柔、平谷等应急水源地得以休养生息。同时，南水成为北京自来水供水主力，也保障了自备井置换工作顺利进行，使得减采地下水得以实现。

监测数据显示，中线工程通水后，北京平原地区地下水平均埋深连年实现回升，由2015年的25.75米回升到2023年的14.74米，累计回升了11.01米，地下水储量增加了56.4亿立方米，昌平、延庆、怀柔、门头沟等区的村庄出现泉眼复涌。

不仅是北京，华北平原上南水北调受水区的地下水位都在持续回升。

中线通水以来，河北深层地下水位由每年下降0.45米转为上升0.52米；河南受水区地下水位平均回升0.95米。

2019年开始，中线工程承担起华北地区地下水超采综合治理的重要任务。据统计，在全年平均降水量没有增加的情况下，2020年5月至11月的深层、浅层地下水水位平均埋深，与2019年同期相比呈现上升态势，生态补水河流沿线地下水位回升尤其明显，地下水资源得到有效涵养，有力遏制了地下水严重超采、"漏斗"沉降趋势。

南方的水来了，沿线的水"活"了

问渠哪得清如许？为有源头活水来。安阳河是河南安阳人民的母亲河，随着工农业快速发展，上游来水逐渐减少，河水污染越来越严重，成了一条排污沟。中线工程通水后，通过南水北调生态补水，辅以综合治理措施，安阳河水逐渐变得清亮起来，安阳河河岸公园也成为市民休闲的好去处。

修复生态正是南水北调工程的重要功能之一。

丰盈的丹江口水库为实施生态补水提供了充足水源。2018年5月，南水北调中线工程开始向华北明珠——白洋淀实施生态补水，来自长江流域的清水在河北省保定市容城县汇入白洋淀。到2020年底，中线工程累计为白洋淀和河北、河南两省25条河流生态补水39亿立方米，形成有水河道2578千米、水面面积 175.6 平方千米。一批重要河湖还实现了常态补水，对改善河湖水质和生态环境发挥了重要作用。许多补水河道恢复了河畅、水清、岸绿、景美的勃勃生机。

中线一期工程全面通水以来，向天津市子牙河、海河生态补水量连年增长，累计达 12.7 亿立方米，生态环境和人居环境显著改善。

2020 年，通过春秋季两次生态补水，因缺水干涸 25 年之久的北京永定河全线通水，恢复成"流动的河"，水面面积达到 1800 公顷。当年冬天在永定河稻田水库，有摄影爱好者还拍到了几十年不见的国家一级保护动物黑鹳。

密云水库的蓄水量也在中线通水后迅速攀升，从通水前的 8 亿立方米，到现在稳定在 26 亿立方米以上，增加了首都水资源战略储备，筑牢首都水安全命脉。

南水北调中线工程贯穿京津冀，源源不断的南来之水，使三地沿线河湖生态得到有效恢复，实现了河畅岸绿水清景美，促进了三地水系形成互联、互通、共济新格局，为京津冀协同发展描绘出了一幅天蓝地绿水清的新画卷。

一路北上，南水情长。

这条"人间天河"，成为连接亿万群众的民心河、幸福河。

饮水思源

一库碧水，一渠清流，汩汩往北流淌，跨越 7 个纬度，穿过 4 个省份，纵贯千里，给干旱的北方地区送去了"生命之源"。这背后，是丹江口库区 34 万移民的无私奉献与付出。

一渠清水，饱含着水源地人民奉献的深情！

为了有足够的水源输送给北方，丹江口大坝从 162 米加高至 176.6 米，相应地，水库水位抬高 13 米，可增加 116 亿立方米的蓄水量，充分保证了中线一期 98 亿立方米的设计调水量。

然而水库水位成功抬高 13 米，水库水面也相应地扩大到了 1022 平方千米。

丹江口库区移民搬迁

这意味着，大坝加高后新增的 116 亿立方米水，要淹没水库周边超过 300 平方千米的土地，涉及河南、湖北两省 6 个区县的 40 个乡镇、441 个村，34 万人的家园将没入茫茫碧波。

2009 年 8 月 20 日，湖北省丹江口市均县镇关门岩村村民徐克友将最后一件家当——装有全家照片的相框递给车上的妻子，锁上空空如也的老屋，与来自均县镇和习家店镇的 4000 多名乡亲们一起，加入浩浩荡荡的运送移民车队，前往位于湖北省枣阳市的移民安置新区。

在随后的两年时间里，中线水源地 34.5 万移民陆续挥别祖祖辈辈生活的故土，到达一片陌生的土地，重新建立新的家园。

丹江口库区移民搬迁工作四年任务，两年基本完成，做到了"不伤、不亡、不漏一人"。

北方受水区人民受益了，水源地搬迁的移民群众的发展也不能落下。

住，是中国人安家落户的根本。房子对大多数中国人来说，意味着家。在国家强有力的政策支持下，迁入地政府均高标准建设了移民新村，绝大部分移民群众的居住体验，从人均20平方米的土木房、土坯房，上升至人均24～34平方米的砖混楼房。

湖北省团风县黄湖移民新村是南水北调中线最大的一个移民安置区，这里居住着从丹江口搬迁来的移民874户、3723人。走进这个移民新村，映入眼帘的，是一排排齐整美观的新房，水、电、天然气皆通，医院、学校、健身广场一应俱全。不远处，便是开垦的农田。老人们在广场的体育器材上健身。不远处，崭新的新区小学下课铃声响起，一群孩子簇拥着冲出教室、涌到操场上。

搬得出，稳得住，还要能致富。2011年6月25日，滚滚车尘中，河南省淅川县香花镇柴沟村的李建军，与乡亲们挥泪告别故乡，翻南山、过丹江，颠簸70多千米来到厚坡镇柴沟移民新村。年近花甲的李建军没有想到的是，移民新村成了他人生新的起点。通过政府组织的移民技能培训，李建军学习了蛋鸽养殖技术，在财政资助、品牌认证奖励、基地建设奖励等扶持下，他建造了标准化鸽舍，买进600对鸽子，开始养起了鸽子。凭着聪明勤劳，逐渐发展成远近闻名的"鸽大王"。

自己日子红火，一起搬来的乡亲还在为生计奔波，李建军心里不是滋味。"养鸽子能让我富起来，也能让他们富起来！"打定主意，李建军成立养鸽合作社，拉着乡亲们入股。几年后，每户年净收入都在十几万元以上。

不只是搬迁移民为"一渠清水永续北送"作出贡献和牺牲，渠清如许，也离不开"源头"的保护与付出。

中线水源地和核心水源区，两大"头衔"无疑给丹江口库区经济发展戴上了"紧箍咒"。为了保护水库水质，库区周围有铁律：有树不能伐、有鱼不能捕、有矿不能开、有畜不能养。水源地政府和人民主动调整产业结构，以良好的生态环境保南北都能共饮一江清水。

丹江口库区周边，绿水青山相映生辉。水面上，巡逻队员随时清理打捞水面杂物，监控探头守护着水库，水质变化尽在掌握。山坡上，遍布猕猴桃、茶叶、金银花种植基地。

一渠清水润万家，一脉真情连南北。

共饮长江水，南北若比邻。

巨川安澜

朝阳绯红的霞光逐渐散开，江面上吹来习习凉风。汉口江滩上，晨练的老人们悠然自得地打着太极拳，散步的小两口满怀欣喜地推着婴儿车，他们脚下不远处，是滚滚东去的长江洪水。

连续5轮洪峰首尾相连、接踵而至的2020年夏天，长江中游重镇武汉江边的一个普通早晨。主汛期沿江居民闲庭信步看惊涛的情形，在荆州、九江、芜湖、镇江等长江沿岸城市也随处可见。

今天的沿江人民，比起历史上任何时代，在滔滔洪水面前更显从容和淡定。

经过70余年持续不断的治理与建设，长江流域基本建成以堤防为基础，三峡工程为骨干，其他干支流水库、蓄滞洪区、河道整治相配合，平垸行洪、退田还湖、水土保持等工程措施和预报预警等非工程措施相结合的综合防洪减灾体系，保护着我国腹地1/5的国土面积，保护着全国1/3的人口、1/3的粮食产量和1/3的GDP。

涛声依旧，大江巨变。昔日桀骜不驯、多灾多难的长江，已成为一条洪行其道、惠泽人民的安澜巨川，成为实现中华民族伟大复兴的重要战略支点。

长江抗洪壮歌

新中国成立前，发生于1931年、1935年和1949年的三场大洪水，损失惨重。

长江是一条雨洪河流，丰平交替，洪水年距有一定规律，但更多的是偶然，有时连年发生，有时相隔较久。

1954年暴发了20世纪最大的流域性大洪水，1980年中游大洪水，1981年上游大洪水，1983年中游大洪水，1991年下游大洪水，1995、1996年中下游大洪水，1998年流域性大洪水，1999、2002年中游大洪水，2016年中下游大洪水，2017年中游大洪水，2020年流域性大洪水，达10余次之多。

1954年抗洪：热血史诗

1954年夏天，长江中下游地区梅雨期长达50天，且在长达4个月的时间里，形成了由20次暴雨组合成的暴雨群降雨，仅7月就出现8次暴雨，每次持续2~8天不等，差不多整月都在下暴雨。7月之后，长江上游川江连降大雨，洪水自上游飞流直下，荆江河段形成一个涨落缓慢、持续时间特长的庞大单一洪峰，长江中下游的洪水量达到1070亿立方米，沙市水位迅猛上涨，达到44.38米。

荆江大堤是守卫"鱼米之乡"江汉平原的屏障。在荆江大堤全线抢护斗争中，董家拐特大险工的抢护颇具代表性。根据上级"巩固堤基，争取时间"的指示，水利工程师制定了开沟导渗、外帮防渗、填塘固基、内坡土撑阻崩和还坡护堤等应急技术方案。8000多军民，历经10昼夜紧张抢护后终于除险成功。这是采用合理技术方案应急抢护成功的范例，很快在全江堤防抢险中推广。

华中重镇武汉是当年全江防汛确保的重点之一。8月19日，武汉关水位达到29.73米，是武汉关水文站自1865年建站以来的最高水位，武汉被洪水包围。

一方有难，八方支援。这期间，武汉收到来自全国援助的抽水机273部，麻袋、草袋800多万条，草席80多万张，各种工具、缆绳、铁锚、煤炭、粮食、副食、药品等物质不计其数。

最终，通过三次运用刚刚建成的荆江分洪工程分洪、临时扒口分洪，以及抢筑子堤等措施，沿江近千万军民奋力抗洪抢险、全国各地

1954年，武汉关江边

支援，历时数月，保卫了荆江大堤和武汉、南京等重点堤段和重要城市的安全，防止了毁灭性的灾害发生，夺取了抗洪斗争的伟大胜利。

党和国家领导人意识到，仅凭堤防和分蓄洪工程不能解决遭遇特大洪水的问题，必须要在长江干支流上建设控制性工程，实行综合利用才能达到根本目的。此后，在长江流域综合规划的指导下，丹江口、葛洲坝、三峡等一批干支流控制性水利枢纽陆续开建。沿江各地以防御1954年实际最高洪水位为标准，对沿江重要堤防加高加固，洞庭湖区、洪湖区、武汉附近区、鄱阳湖及华阳河的分蓄洪区相继建成。

1998年抗洪：众志成城

厄尔尼诺是指赤道太平洋中东部海洋表面温度持续异常增温的现象。这一现象会导致太平洋沿岸的海面水温异常升高，海水水位上涨，并形成一股暖流向南流动，使原属冷水域的太平洋东部水域变成暖水域，引起暴风骤雨，从而

1998 年，防御长江特大洪水

造成一些地区干旱，另一些地区又降雨过多的异常气候。

受厄尔尼诺现象影响，1998 年的夏天，长江洪水再一次向沿岸人民发难。

1998 年 7—8 月，长江干流先后出现 8 次洪峰，中下游干流沙市至螺山、武穴至九江河段以及洞庭湖、鄱阳湖水位多次超历史最高纪录，干流洪水位超历史最高洪水位达 0.55～1.25 米，时间长达 40 多天，沙市曾 3 次超过历史最高水位，最高洪峰水位超过分洪争取水位 0.22 米。

进入汛期后，暴雨一轮接一轮，雨带上下移动、南北拉锯徘徊。面对复杂多变的水雨情形势，长江委多次重大关键性水文预报，为国家防洪决策起到了至关重要的作用，流域内水库拦蓄洪量 340 亿立方米，发挥了重要削峰、滞峰作用，避免了荆江分洪工程和武汉附近杜家台等分洪区分洪。

湖北嘉鱼簰洲湾 98 抗洪纪念馆陈列着橡皮艇、水壶、臂章、救生圈等展品。一件件实物、一帧帧影像、一幅幅照片，向人们诉说着当年人民子弟兵奋不顾身、抗洪抢险的事迹。

1998年战胜特大洪水后,国家大幅增加对防洪工程的投入,沿江各地开展了以堤防为重点的防洪工程建设,长江干堤得到全面加高加固,主要支流堤防以及洞庭湖、鄱阳湖区等堤防也陆续加高培厚。尤其是三峡工程建设完成,"大国重器"在拦洪错峰中发挥显著作用。

与此同时,"封山育林、退耕还林、退田还湖、平垸行洪、以工代赈、移民建镇,加固干堤、疏浚河道"的32字方针,以及人水和谐的理念也深入人心,通过"退田还湖、平垸行洪"等措施,长江综合防洪体系进一步得到增强。

2020年抗洪:且看惊涛

暴雨滂沱,上下游移,江湖猛涨,洪峰迭至。

2020年夏天,新冠疫情的阴霾尚未完全消散,流域性大洪水时隔22年再度突袭,长江先后发生5次编号洪水,中下游干流(宜昌以下,除枝城江段外)及两湖水位全线超警,部分堤段超保证水位,三峡水库出现2003年建库以来最大入库流量,流域内14个省(自治区、直辖市)378条河流发生超警以上洪水。

洪水黄色预警!洪水橙色预警!洪水红色预警!

水旱灾害防御Ⅳ级应急响应!Ⅲ级应急响应!Ⅱ级应急响应!

水利部门立足以防为主,强化监测预报预警、水工程防洪调度、堤防巡查防守和抢险技术支撑,流域内重要水库无一垮坝、重要堤防无一决口,取得了长江防汛抗洪的重大胜利。

不少人将2020年汛情与1998年特大洪水作对比。尽管从降水量来看,2020年6月份以后长江流域平均降水量达369.9毫米,较1998年同期偏多54.8毫米,但各地因洪受灾的损失却远低于1998年。一个重要原因,就是我国综合防汛抗洪能力早已今非昔比,有了更多更先进的预测预报手段和科技设备,有了加固培厚巍巍江堤,更重要的是有了以三峡工程为首的御洪"重器天团"。

精准预报是防汛抗洪的坚实基础,掌握跟踪好河流、水库的降雨、流量、水位等关键数据,对长江防汛至关重要。

据水利部水旱灾害防御司统计，2020年长江流域共发布7.7万次县级山洪灾害预警，利用山洪灾害监测预警平台向516.9万名相关防汛责任人发送预警短信1953.9万条，启动预警广播29.4万次，通过三大运营商向社会公众发布预警短信1.4亿条，转移群众98.3万人，为避险减灾赢得了时间和空间。

2020年9月1日，长江中下游暑热未消。随着莲花塘站水位降至警戒线以下，累计超警59天、超保6天的长江中下游干流终于全线退至警戒水位以下，汛情总体趋于平稳。

山河无恙，大江安澜，大雨大汛无大灾。

最强防洪军团

2020年7月，正式投产发电的新时代国之重器乌东德水电站，被列入长江防洪控制性水库群。至此，以三峡工程为核心的"重器天团"增至41座。

这个总防洪库容达598亿立方米、阵容豪华的"重器天团"，在联合调度打造下，成为长江流域"最强防洪军团"。

一座独立水库的运行，无论是防洪、供水，还是发电，只要控制风险，就会获取效益。但对于水库群而言，对上下游、汛期与非汛期、洪水与水量、单库与多库的调度，是一项庞杂精细的系统工程。

从2012年开始，联合调度的研究与应用得到充分重视，在洪水、干旱、咸潮等自然命题的考验下发挥着作用。

时间回溯到2012年10月30日，三峡水库连续第三年蓄水至175米。

175米，意味着长江中下游防洪、供水安全、通航、发电等综合效应得到保障，昭示来年春灌和丰收的希望。

此时，长江上游已经规划了三峡、金沙江溪洛渡等一批库容大、调节能力好的综合利用水利枢纽工程，梯级水库总库容达1000余亿立方米，预留防洪

库容500余亿立方米。

随着这些水库群的逐步建成运行，在兴利之外，蓄泄矛盾也逐步升级。

如此大的防洪库容，如果在汛期，水库的调度各自为政，一场洪水下来，该拦洪时不拦洪，该下泄时不下泄，可能人为造成洪水的叠加，形成人造洪峰，反而大大增加防洪压力。

如果是干旱年份，则可能会出现上游水库争抢蓄水。1000多亿立方米的调节库容，若集中在汛末一个月蓄满，需要截流长江流量约38000立方米每秒，极有可能导致三峡水库无法蓄满之虞，进而对发电、航运、供水及生态等综合效应产生影响，带来的损失将不可估量。

联合调度要解决的核心问题，是对上游的大型水库群进行通盘考虑，妥善、有序、依次地安排好调度工作。

2014年初，长江口遭遇历史最长咸潮期。

受长江枯水期低水位和潮汐现象共同影响，2月的咸潮入侵使上海市约200万人饮水受到影响。

几个月后的主汛期，超历史洪水侵袭乌江流域。乌江沿岸的重庆彭水、武隆两县洪峰水位预计超过堤防3米，计划按20年一遇洪水，划定转移范围约5万人，沿岸地区将遭受巨大损失。危急关头，乌江水库群首次启动防洪联合调度，彭水、武隆两地的洪峰水位均削减至5年一遇，洪峰安全通过。

共抓保护

上善若水，水善利万物而不争。

岁月用东去的江河水，勾勒出中华文明的生命线。

奔流不息的滔滔江水，一碧万顷的潋滟湖光，一起滋养了渔歌唱晚、稻荷飘香的梦里水乡，共同塑造了只争朝夕、蓬勃盎然的江畔热土。

长江流域山水林田湖浑然一体，具有强大的涵养水源、繁育生物、释氧固碳、净化环境功能，是我国重要的生态安全屏障，更是子孙后代生生不息、永续发展的重要支撑。

生态优先、绿色发展，从曾经的选择题变为此时的必答题。在"共抓大保护"的旗帜下，沿江各地以壮士断腕的决心、雷霆万钧的力度，向破坏长江生态顽疾宣战，治污染、保水土、复岸线、护砂石、禁捕捞、设河长……促进流域经济社会发展全面绿色转型，长江经济带生态环境保护发生转折性变化。

江水滚滚东逝，江岸黄了又绿，长江的模样也在日复一日的努力中发生着可喜变化，一幅生态画卷正在铺展——江边，"又绿江南岸"的景象正在恢复，一簇簇、一排排新植的杨树或柳树，将过去被砂石码头、垃圾废渣侵占的岸线装点得生机盎然；江面，客船、货轮往来穿梭井然有序，曾经一度猖獗的非法采砂船不见踪迹；江中，清波流碧映彩云，武汉、池州、镇江等水域再现了多年难见的江豚戏水画面。

一江碧水绿意浓

　　一只通体灰黑色、形若大纺锤的家伙跃出江面，吐出一片水花，划出一道优美的弧线，又重新没入水中。

　　这是 2019 年 12 月 26 日下午，长江湖北黄石段西塞山水域出现的一幕。

　　西塞山水域，江山形胜，景色壮丽，自古以来即是文人墨客游历之地，李白、刘禹锡、韦庄、陆游、黄庭坚等，均曾在此吟诗赋词，抒发情怀，留下不少传世之作。而张志和《渔歌子》中，那句广为人知、脍炙人口的"西塞山前白鹭飞，桃花流水鳜鱼肥"，更是将古代西塞山水域良好的水生态环境，描绘得淋漓尽致。时过境迁，粗放的经济发展，破坏了长江生态，让往日美景渐成回忆。

　　江豚戏水画面重现，为今日的西塞山水域再添旖旎风情。

长江江豚

长江是一个庞大的水系家族，其水生态系统也是一个庞大的系统。特别是中下游，水系纵横交织、湖泊星罗棋布，形成了独特的江湖复合生态系统。在这个系统中湖泊与河流的关系非常密切，它们侧向连通是维持健康河流、健康江湖关系的重要因素。

长江干流水生态在快速修复，重要通江湖泊也不甘落后，水生态、水环境都在持续向好。升金湖就是其中的范例之一。

升金湖，位于长江下游南岸安徽省池州市，属通江浅水性湖泊，水产、水禽等水生动植物资源极为丰富，因湖中日产鱼货价值"升金"而得名，是以珍稀越冬水鸟及其栖息地为主要保护对象的国家级自然保护区，被编入《国际重要湿地名录》。

此前由于发展模式粗放，沿湖群众靠湖吃湖，大面积围网养鱼、养蟹，沿湖圈地养殖禽畜，导致湖区水草大面积减少，水体富营养化，湿地生态环境退化，严重破坏了野生鱼类的正常洄游繁衍和候鸟的食物源。2017年，中央环保督察反馈，升金湖国家级自然保护区内存在人工养殖面积过大、水质下降、保护区核心区和缓冲区违法违规新建、扩建大量生态旅游项目等突出环境问题。

变化，源自当地修复升金湖水生态的重大行动：拆除湖面全部人工养殖围网，关停污染企业，收缴清理各类船只，安置数千名专业渔民……为此，池州市、贵池区、东至县共投入资金近4亿元。

整治效果立竿见影，升金湖在2018年底迎来生态转折点，越冬候鸟总量增加到约6.4万只，种类从2017年的29种增加到41种，鸻鹬类候鸟增加显著。

长江碧水，浩荡东流，舒展万里。

监测数据显示，2020年前11个月，长江经济带水质优良断面比例为86.6%，较2016年提高13.3%；劣Ⅴ类水质比例为0.4%，较2016年下降2.9%。

为生态"留白"，给自然"种绿"。长江流域管理机构和沿江各地政府全面贯彻落实"共抓大保护，不搞大开发"方针，秉持绿水青山就是金山银山的理念，统筹上下游、左右岸、干支流，探索开展水生态修复，取得明显成效，让大江南北重现更多碧波荡漾、水清草丰的生态家园。

两岸葱茏送青来

迎着湿润的江风，一簇簇、一排排杨树，将安徽省芜湖市二坝镇康湾段长江岸线装点得生机盎然。而就在两年多前，这里还是机器轰鸣、灰舞尘扬的堆沙码头。

2016年推动长江经济带发展座谈会召开后，安徽把长江干流岸线整治作为落实大保护的重要抓手，全力推进岸线整治工作，治违建、清岸线、治砂场、清滩地。通过集中整治，释放了大量岸线资源，现状利用长度仅有116.7千米，利用率为10.5%，港口码头运营进一步规范，长江岸线资源得到集约利用。

与安徽一样，沿江各地也都雷厉风行地开展了岸线清理整治行动，让长江两岸少了"脏乱差"的小码头、弃渣场，多了"高颜值"的景观带、亲水台。

长江岸线是指长江沿岸规定范围内的水域和陆域共同组成的地带，包括江心洲、外滩圩和长江主要支流入江口河岸等。

对长江而言，两岸岸线是防洪的重要保护屏障，是生态系统的重要组成部分，还是依托黄金水道推动长江经济带发展的战略资源和重要载体。

长江沿岸地区横跨我国中纬度地带，岸线开发历史悠久，沿岸广布港口码头、工业企业和城镇居民点，成为我国乃至世界最为典型的大河流域岸线开发地区，已然成为"世界上规模最大的内河产业带"。

密集的岸线开发活动，导致了突出的生态环境问题。

通过清理整治，侵占长江岸线的行为得到有效遏制，共同保护好长江岸线的良好氛围正在逐步形成。

生生不息翔浅底

一尾尾欢蹦乱跳的中华鲟，顺着滑道，争相而下，跃入长江……

2021年4月10日，在湖北宜昌的长江珍稀鱼类放流点，1万尾佩戴"身份证"的中华鲟放归长江，开启"回家"之旅。它们将在随后的十数天里，伴着长江的涛声顺流而下，洄游入海。

这是长江保护法和"长江十年禁渔计划"实施后，长江上的首次大规模放流活动。活动延续"中、青、幼"相结合的策略，共放流5个年龄梯队的人工繁殖"子二代"中华鲟1万尾，促进中华鲟种群资源恢复和长江水生生物保护。

相关监测显示，20世纪70年代，长江里的中华鲟繁殖群体能达到1万余尾。受人为捕捞、水质污染等影响，20世纪80年代后，中华鲟的数量骤减到2176尾，2000年仅有363尾，2010年估算只剩57尾。因此，在1988年，中华鲟就被列为国家一级保护动物；到2010年，被世界自然保护联盟（IUCN）列为极度濒危物种。

人工培育并进行增殖放流，是促进中华鲟种群资源恢复的重要措施。

为了"母亲河"水长绿、鱼长欢，除了连续多年实施增殖放流外，水利部门持续开展水工程生态调度，农业部门设置水生生物保护区、实施"十年禁渔"……把水生生物保护、渔业资源保护付诸行动。

鱼翔浅底，生生不息。人、水、鱼和谐共生，才能构建协同发展的生态文明蓝图。

2021年1月1日零时起，一场为了"生命长江"永葆青春、永续发展的"长跑"启幕——长江流域"一江两湖七河"等重点水域开始实行为期十年的禁捕。

长江禁渔，缘于渔业资源的持续衰退，"鱼米之乡"面临鱼类资源枯竭威胁，鄱阳湖、洞庭湖水系"长江四大家鱼"产卵场几近消失。

长江渔业资源告急，不能再掠夺，不能再索取。

中国科学院院士曹文宣认为，"要恢复长江野生鱼类的自然生态系统，必须通过全面禁渔保护长江自然种质资源。"

为响应长江禁渔行动，沿江各地都提前启动了渔民退捕转产工作。

长江的水生生物有了十年宝贵的休养生息之期。

一泓清流唤乡愁

2013年以来，大江两岸越来越多的地区先行先试，实行河长制、湖长制，积极探索以水污染防治为主要内容的河湖管护体制机制创新，让当地的每一条河流、每一个湖泊，在健康畅流中创造出更大的绿色收益，成为惠及百姓的最大民生，为全面推行河湖长制奠定了坚实基础。

河水流到哪里，哪里就会有人对其负责，这是推行河长制的初衷。这些对河流"负责"的人，就是从省到市、县、乡、村的各级河长。实践证明，河长制改变了部门各自为政局面，将部门负责制上升为党政首长负责制，形成了治水合力。

多级河长责任网全面覆盖。河长制发源地江苏省正在打造"升级版"，管理体系由骨干河道扩展到10万多条村级河道。

随着河长制、湖长制的层层推进，沿江各地涉水产业结构调整也在不断加速，沿河、沿湖企业不得不放弃传统落后的生产方式，关停超标排污企业，寻求清洁生产方式，促进循环经济发展。

河流湖泊都有自己的生态，每一位河长、湖长就是守护河流湖泊生态的责任人。河湖长制的推行，就是要让"每条家门口的河湖都有责任人，出了问题一追到底"。

爱水护水，没有旁观者，人人都是参与者，河长上岗激发了全民护水热情。在各级河长的带动下，大江南北"民间河长""党员河长""团员河长""小小河长"不断涌现，河长队伍逐渐壮大，共治共享氛围浓厚。

巨龙腾飞

善水万年，载物百代。

滔滔江水浇灌着滋养万民的千里沃野，流淌着造福家国的滚滚财富。

长江流域农商经济兴盛，已形成至今已一千多年的"国家根本，仰给东南"局面。

近代，长江流域领风气之先，担起中国近代工商业先导之重任，成为引领国家近代化进程的重要线路。

长江流域以不到全国 1/5 的国土面积，生产了全国 1/3 的粮食，创造了全国 1/3 的国内生产总值。

悠悠长江，绵延万里，横贯神州大地，托起中国最具发展潜力的经济带，宛如一条腾飞的巨龙，引领着中华民族伟大复兴。

大江流日夜，慷慨歌未央。

在百年未有的世界大变局中，一曲雄浑壮美的新时代长江之歌正在母亲河上唱响，如春潮连海，随波万里，昼夜不息。

应运而兴的长江经济带

江河是大自然给予人类的恩赐。自古以来，人们逐水而居，沿江河繁衍生息，一些大江大河两岸成为古代文明的发祥地。

随着社会生产力的发展和科学技术的进步，人类对大江大河在发展国民经济中的地位、作用和重要性的认识，不断提高和深化。

从古代农商经济的兴盛，到近代工商业的奠基，长江生命力旺盛的庞大水系，涤荡出了一条照亮古今、富有活力的经济带，遂有近年应运而兴的推动长江经济带发展战略。

尽管长江是中国第一大内河，但长江经济带成为国家发展战略，历经了一个长期的思想酝酿过程。

新中国成立后，党中央高度重视长江治理工作，流域的水利建设、防洪减灾、交通运输等工作都取得了巨大进步，沿江经济社会迅猛发展，综合实力快速提升，拥有货运量位居全球内河第一的黄金水道，拥有上海、江苏、浙江等我国经济最发达和城乡居民最富庶的地方，长期是我国经济的重心所在、活力所在。

进入20世纪90年代，"长江热"持续在中华大地上涌动。1990年4月，党中央、国务院公布关于开发浦东、开放浦东的战略决策，并强调开发开放浦东必将带动长江三角洲地区乃至整个长江流域经济的开发和繁荣。同年9月，由长江委编制完成的《长江流域综合利用规划简要报告》获国务院批准，该《报告》指出长江沿岸地区是我国本世纪或更长时期内重点开发的地区之一，在我国经济建设和社会发展中占有极其重要的战略地位。1992年4月，第七届全国人大第五次会议通过决议，批准将兴建长江三峡工程列入国民经济和社会发展十年规划。随后，党中央、国务院又决定进一步对外开放芜湖、九江、武汉、岳阳、重庆等沿江城市，对这些城市实行沿海开放城市的有关政策。

1992年6月，国务院召开长江三角洲及长江沿江地区经济规划座谈会。党和国家领导人强调要充分认识开发开放长江三角洲及沿江地区的战略意义，指出加快这一地区的开发开放，对于推动我国全方位的对外开放的格局的形成，以及胜利实现三步走的战略部署，都有着极其重要的意义。其后，党的十四大和十四届五中全会均提出"建设以上海为龙头的长江三角洲及沿江地区经济带"，谋划通过辐射，让上海起到带动作用。

加速建设以长江为主轴的经济带，已经历史性地走到了全国人民面前。建设长江经济带，不仅有其现实的必要性，也有着其客观必然性。

长江磅礴的力量，一直在推动着新的时代。

长江经济带再次纳入国家发展战略的契机是《全国主体功能区规划》。"该规划从国家"顶层设计"层面强调了长江流域地区在国土空间开发格局中的重要地位。主要体现在：沿长江通道是"两横（陆桥通道、沿长江通道）三纵（沿海、京哈京广、包昆通道）"为主体的城市化战略格局中的重要发展轴；长江流域农业主产区是"七区二十三带"为主体的农业战略格局中的重要农业主产区；青藏高原生态屏障、黄土高原—川滇生态屏障是"两屏三带"为主体的生态安全战略格局中的重要生态屏障；长江三角洲地区是国家层面的三大优化开发区域之一，江淮地区、长江中游地区（含武汉城市圈、环长株潭城市群、鄱阳湖生态经济区）、成渝地区、黔中地区、滇中地区名列国家层面的 18 个重点开发区域之中。

<u>长江承东启西、接南济北、通江达海、人文荟萃，滋养了绵延数千年的中华文明，如今必然也会继续成为引领中国开放发展的重要轴线。党的十八大后，长江经济带正式定位为国家重点发展战略区域。</u>

将长江的发展上升为国家战略，使中华文明的发祥地长江，成为支撑我国经济社会发展的重要命脉。

建设长江经济带的实践将重塑中国经济发展战略格局。长江经济带将成为打造中国经济升级版、支撑中国经济转型发展的重要新支撑带；将成为推动中国东中西三大地带协调发展、推进全面小康社会建设的重要经济带；将成为推动中国新型城镇化发展的重要支撑带；将成为完善中国区域开放格局的重要支撑带；将成为完善中国综合交通运输体系的重要支撑带。

生态优先，绿色发展

应运而兴的长江经济带，是中国经济版图中的重要轴线。

千百年来，长江以水为纽带，连接上下游、左右岸、干支流，带给世世代代的人们灌溉之利、舟楫之便、鱼米之裕，始终在我国经济社会发展中占有重要地位。

> 这是一条加速腾飞的经济带。横贯东中西，连接东部沿海和广袤内陆，也是连接丝绸之路经济带和21世纪海上丝绸之路的重要纽带。流域覆盖上海、江苏、浙江、安徽、江西、湖北、湖南、重庆、四川、云南、贵州等11个省（自治区、直辖市），面积约205万平方千米，人口和生产总值均超过全国的40%。依托黄金水道打造长江经济带，大力构建绿色生态廊道、建设综合立体交通走廊和现代产业走廊，发展沿江的长三角、长江中游和成渝三大城市群，具有独特的优势和巨大的潜力。

人类因水而兴。从沿海起步先行，溯内河向纵深腹地梯度发展，是许多发达国家在现代化进程中的共同经历。

长江流域是中国经济基础最好、最具开发潜力的区域，是全国最重要的高密度经济走廊。依托长江，打造一条经济带，有独特的优势和巨大的潜力，也是长江区域经济发展的最佳选择。

长江经济带属于典型的流域经济，以沿线城市经济体为支撑点，以沿岸水陆交通物流体系为纽带，具有以河流为纽带、产业布局呈梯度分布、生态环境紧密联系等流域经济三个重要特征。长江流域拥有诸多得天独厚的优势，包括丰富的水、矿资源，良好的区位优势，较高程度的城市化与城市集群，扎实的产业基础以及丰富的人力资源等，具有巨大的开发潜力。

安吉县余村

　　作为一个充满活力的经济体,保护好生态环境是其高质量发展的前提和底线,必须加强生态管制和修复,坚持生态优先、绿色发展,共抓大保护,不搞大开发的原则。

　　2020年12月26日,十三届全国人大常委会第二十四次会议表决通过《中华人民共和国长江保护法》(以下简称《长江保护法》),自2021年3月1日施行,从根本上夯实了长江大保护的制度保障。

　　《长江保护法》以推进共抓大保护、不搞大开发,提高长江流域生态环境保护的整体性和系统性为立法思路,以生态优先、绿色发展为立法原则,以实现长江经济带高质量发展为立法目标,在立法理念和立法内容等方面均有重大创新与突破。

大江东去,巨龙起舞

　　党的十八大以来,以习近平同志为核心的党中央高瞻远瞩、审时度势,把生态环境保护摆上优先地位,以改革激发活力、以创新增强动力、以开放提升竞争力,依托长江黄金水道,大力推进长江经济带建设这一重大国家战略,一曲生态优先、绿色发展的长江之歌正在神州大地上唱响,母亲河焕发出了新的生机与活力。在"共抓大保护、不搞大开发"理念的引领下，长江沿线省份推进生态环境整治，促进经济社会发展全面绿色转型，力度之大、规模之广、影响之深，前所未有。

当前，长江经济带生态环境保护发生转折性变化，经济社会发展取得历史性成就，中华民族母亲河生机盎然、焕发新颜，正成为我国生态优先绿色发展主战场、畅通国内国际双循环主动脉、引领经济高质量发展主力军。

这是一条由安澜长江拱卫的经济带。

一代又一代治江人70余年接续奋斗，长江流域初步建成了以堤防为基础，三峡工程为骨干，其他干支流水库、蓄滞洪区、河道整治相配合，平垸行洪、退田还湖、水土保持等工程措施与以水工程联合调度为代表的防洪非工程措施相结合的综合防洪减灾体系，流域整体防洪减灾能力显著提高。

2016年，习近平总书记关于防灾减灾救灾"两个坚持、三个转变"的重要论述，为长江防洪保安注入了新的动力。长江防洪进入了从水库"单兵作战"到水工程"集团防御"的新阶段，长江流域水利工程联合调度为推动长江经济带高质量发展提供了有力支撑和保障——成功应对了2020年流域性大洪水和2012年、2016年、2017年、2021年等不同类型的区域性大洪水，切实保障了流域人民群众生命财产安全。

在坚实防洪体系的守护下，岁岁安澜的长江，不仅为两岸人民的生产生活提供了可靠的防洪安全保障，而且对沿江地区经济和社会的全面发展也产生了巨大的推动作用和极其深远的影响。一批世界500强企业纷纷到沿江落户，一批新兴产业迅猛发展，有效促进了长江经济带高质量发展。

这是一条由绿色能源支撑的经济带。

"长江滚滚向东流，流的都是煤和油。"据测算，长江水能资源如不加以利用，等于每年有5.6亿吨煤白白流入大海。而对长江水能资源最有效的利用，就是发电。第二次工业革命中，电力的出现产生了深远影响，它使得工业生产更加高效，大大提高了生产力，改变了人们的生活方式，为社会发展带来了新的动力。

水电是纯粹的清洁能源，水能在转换为电能的过程中不发生化学变化，不排出有害物质，对空气和水体本身不产生污染。并且，作为可再生能源，只要

白鹤滩水电站

溪洛渡水电站

乌东德水电站

向家坝水电站

有水，水电就取之不尽、用之不竭。

涛声隆隆的长江，不仅是我国最密集高效的清洁能源基地，也是世界最大的清洁能源走廊。全球12大水电站中，有5座在这座清洁能源基地里，分别是三峡、白鹤滩、溪洛渡、乌东德、向家坝水电站。全球127台70万千瓦以上水轮发电机组，有86台在这条清洁能源走廊。

长江源源不断产生的绿色电能，照亮了无数人的低碳生活，成为长江经济带绿色发展的动力支撑。

这是一条由黄金水道托举的经济带。

长江南京段，水深江阔，浪花翻涌。一艘艘巨轮满载各色集装箱，上下穿梭，往来不断。

一寸水深一寸金。随着干线航道通航条件明显改善，5万吨级海轮直达南京、5000吨级船舶直达武汉、3000吨级船舶直达重庆、2000吨级船舶直达宜宾，有力支撑了长江航运快速发展，促进上海、武汉、重庆3个航运中心和22个主要港口的布局和建设，沿江亿吨级大港已达15个。

长江干线已形成了重庆、武汉、上海三大航运中心、22个国家级主要港口，有近4000座现代化码头泊位矗立在大江两岸，昼夜不停地为长江上的16万艘船舶通江达海提供快捷高效的服务。

依托长江黄金水道开展的多式联运，沿江地区聚集了全国500强企业中的近200家，更便捷的物流条件、更低廉的物流成本，增添了企业的幸福感和获得感，也让长江经济带成为我国最富活力和最具竞争力的经济区域之一。

长江滚滚东流，昼夜不息，赋予我们舟楫之便。绵延2800多千米的长江干流航道，如今已经成为世界上最忙碌的内陆水上运输大动脉。这条"黄金水道"通过能力的进一步提升，对畅通国内国际双循环主动脉意义重大。

这是一条由科技创新驱动的经济带。

创新是引领发展的第一动力，是建设现代化经济体系的战略支撑。向改革要活力，向创新要动力，长江沿线11个省（自治区、直辖市）自主创新赛跑风生水起，一大批各具特色的战略性新兴产业在长江沿岸茁壮成长。2015—2022年，长江经济带的研发经费投入强度从2%提升到2.52%，一批科技创新策源地、新兴产业聚集地加快形成。

在长江经济带战略驱动下,长江中游城市群聚力打造基于创新资源、产业优势和实际需求的协同创新共同体。长江中游城市群科技创新联盟已有2200余家科技服务机构入驻,累计促成科技服务交易327笔、交易额达1.21亿元。

从长江中游向西眺望,成渝地区的创新协作更加密切;向东远眺,长三角城市群产、学、研正在深度融合。

<u>引领创新,崛起高质量发展高地。放眼长江流域,围绕产业基础高级化、产业链现代化,发挥协同联动的整体优势,长江经济带正成为推动我国经济高质量发展的生力军。</u>

来自国家统计局的数据显示:截至2022年末,长江经济带常住人口数量占全国比重为43.1%;地区生产总值占全国比重为46.5%。"半壁江山"的特殊地位更加凸显。

大江东去,奔流不息。

长江是大自然给予中华民族的厚馈,其生命力旺盛的庞大水系,涤荡出了一条最富活力的经济带,如同滋养国运之血脉,为民族复兴和大国崛起注入澎湃动力。

在百年未有的世界大变局中,一曲雄浑壮美的新时代长江之歌正在母亲河上唱响,如巨龙腾飞,随波起舞,不舍昼夜。

后 记

大江东去　文脉永续

当最后一页墨香在春日暖阳中渐渐沉淀，我仿佛看见长江之水从唐古拉山脉的冰川深处奔涌而来，带着雪域的圣洁与高原的苍茫，穿越横断山脉的褶皱，在三峡的峭壁间奏响雄浑的乐章，最终汇入东海的怀抱。这条流淌了亿万年的大江，是中华民族的母亲河，更是新版《长江传》中跃动的灵魂。

此次新版《长江传》，不仅是对文本的打磨与重构，更是一次跨越时空的文明对话，一场以江河为脉、以史笔为梭的精神远征。2022年夏秋之交，长江出版社赵冕社长邀我主笔修订《长江传》。起初我有些犹豫，朱汝兰女士是我们尊敬的前辈，原作出版于2001年，长江在这20余年里发生了翻天覆地的变化，新的考古发现不断揭示古老文明的秘密，现代化的建设让长江焕发出前所未有的生机，这必然要求修订工作要在保持原作逻辑体系的基础上，进行大量增补，任务艰巨。我恐力有不逮，修订后破坏了原作的神韵。虽然顾虑重重，但为长江立传的诱惑又实在太大。这些年来我虽然创作出版了七八部以长江为主题的文学作品，但胸中依然有许多对长江的思考需要表达，有许多对长江的眷念需要倾诉，而在《长江传》中表达和倾诉无疑是个很好的机遇。权衡之后，我还是接下了这项艰巨和富有挑战的任务。

本次修订，我对全书进行了全面而深入的梳理与重构，分上、中、下三篇，共14章，以多维视角再塑大江传奇：上篇溯地质史诗，探文明摇篮，从巫山猿火到良渚神徽，揭开长江孕育华夏的密码；中篇绘千载风流，展

后记

城邑华章、三峡烟雨、金陵王气、苏杭锦绣与楚辞汉赋、唐宋诗文共织长江人文长卷；下篇叩时代命题，书生态觉醒，从三峡壮歌到南水北调，在治水智慧与生态阵痛中追问文明未来，力图熔山河之壮、人文之灿、忧思之切于一炉，以长江为镜，照见中华文明的来路与归途。

长江，从来不是一条默默无闻的河流。在写作的过程中，我无数次叩问：何为长江？是地理课本上"世界第三长河"的冰冷定义，是诗词歌赋中"孤帆远影碧空尽"的意象符号，还是经济版图上"黄金水道"的功利标签？当我深入长江流域的考古现场，触摸河姆渡的炭化稻谷，凝视良渚古城的玉琮纹路，一个答案逐渐清晰——长江是中华文明的基因库，是五千年文明从未断裂的活态见证。此次修订，我增补了21世纪以来的重大考古发现。良渚古城遗址的惊世出土，将长江流域文明史向前推进了千年；三星堆青铜神树的神秘纹饰，昭示着古蜀先民对太阳的崇拜与长江流域的文明交流。这些发现如同散落的珍珠，被串联成长江文明的璀璨长链。在"文明摇篮"章节中，我试图还原这样的场景：在中华文明的起源之处，长江之滨的先民早已用稻作农业滋养了最初的城邦，用独木舟划开了文明的航道。

长江的壮美，在于其地理跨度的极致张力，从世界屋脊的冰川融水，到东海之滨的潮汐澎湃；从横断山脉的峡谷怒涛，到江汉平原的九曲回肠。此次，我以更精准的笔触描绘长江的"地理人格"：唐古拉山脉主峰各拉丹冬的冰川，是长江生命的原点；金沙江的虎跳峡，是大地震颤的裂痕；三峡的瞿塘峡、巫峡、西陵峡，是时光雕刻的史诗长廊。长江水资源的最新数据：年径流量达1

万亿立方米，相当于黄河的 20 倍；水能资源蕴藏量占全国 40%，三峡水电站单机容量突破百万千瓦，这些数字背后，是长江对中华大地的慷慨馈赠。但写作的笔触并未止步于赞美，我亦直面长江的"病况"——水土流失、水污染、生物多样性锐减。在"共抓保护"章节中，我记录了长江大保护的实践，这些文字是长江的"病历"，更是长江的疗愈日记。

长江的传奇，在于她始终与民族命运同频共振。此次删减了原书中部分陈旧表述，但那些关于长江的深情凝视始终未变。新中国成立后的治江事业，从荆江分洪工程的惊心动魄，到三峡工程的世纪论证；从南水北调的史诗级调水，到长江黄金水道的数字化升级，这些篇章是人与江的对话史，是科技与自然的协奏曲。我特别增补了"南水北上"章节，详述这项跨越半个世纪的调水工程。从丹江口水库的碧波荡漾，到京津冀大地的甘霖普降，清水北送，滋润了亿万人的心田。在"巨川安澜"章节中，我记录了长江防洪体系的蜕变，从"万里长江，险在荆江"的提心吊胆到"智能防洪"系统的精准预警，从"人水相争"到"人水和谐"，长江正以更从容的姿态拥抱时代。

站在长江经济带的坐标系上，我看见了长江的另一种可能。长三角掀起数字经济浪潮：上海的"一网通办"刷新政务效率，杭州的云计算重塑商业生态，合肥的量子计算突破科技边疆。长江中游城市群崛起：武汉的光谷激光切割出"中国芯"，长沙的工程机械筑起"中国高度"，重庆的智能网联汽车驶向"中国速度"。我新增了"巨龙腾飞"章节，展望长江经济带的未来图景。当 5G 基站沿江星罗棋布，当氢能源船舶劈波斩浪，当"双碳"目标融入每一滴江水，长江不再是传统的"黄金水道"，而是新时代的"创新走廊"。每一立方米的清水，都是高质量发展的基准线；每一只重现的江豚，都是生态文明建设的里程碑。

2023 年金秋时节，写作进入尾声，深夜伏案时我仿佛听见不远处的江涛声。那是长江在诉说，从青藏高原的冰川到东海的浪涌，从良渚先民的独木舟到万吨巨轮的汽笛，从大禹治水的传说到数字孪生流域的构建，这条大江始终在书写，在创造，在重生。作为写作者，我们不过是拾起江畔的贝壳，将那些闪烁着文明光芒的珍珠串联成链。借此机会，我要感谢赵冕社长给予的鼓励和帮助，

感谢编辑张琼、朱舒、彭微，感谢所有支持我的读者朋友。

即将完成这篇后记的时候，窗外正飘洒着江南的春雨，雨丝在桌面铺陈的长江水系图上洇开一片淡淡的墨痕，恍若大江在历史长卷中留下的泪与笑。我想，这部新版《长江传》，既是对母亲河的献礼，亦是对中华文明基因的解码。愿每位读者翻开书页时，都能听见长江的浪涛在血脉中轰鸣，看见文明的火种在江风中永续传承。正如屈原在《楚辞》中所咏："沧浪之水清兮，可以濯吾缨；沧浪之水浊兮，可以濯吾足。"长江永远在那里，以她的包容与智慧，等待着新一代行吟者的到来。

陈松平

2025 年春

图书在版编目（CIP）数据

长江传 / 朱汝兰，陈松平著. -- 武汉：长江出版社，2025.5. -- ISBN 978-7-5492-9524-1

Ⅰ．K928.6-49

中国国家版本馆 CIP 数据核字第 2024HZ1273 号

长江传
CHANGJIANGZHUAN
朱汝兰　陈松平　著

出版策划：赵冕　张琼
责任编辑：朱舒
装帧设计：彭微　郑泽芒
出版发行：长江出版社
地　　址：武汉市江岸区解放大道 1863 号
邮　　编：430010
网　　址：https://www.cjpress.cn
电　　话：027-82926557（总编室）
　　　　　027-82926806（市场营销部）
经　　销：各地新华书店
印　　刷：湖北金港彩印有限公司
规　　格：787mm×1092mm
开　　本：16
印　　张：20.75
字　　数：300 千字
版　　次：2025 年 5 月第 1 版
印　　次：2025 年 5 月第 1 次
书　　号：ISBN 978-7-5492-9524-1
定　　价：148.00 元

（版权所有　翻版必究　印装有误　负责调换）